SELECT

POPULAR ORATIONS

OF

DEMOSTHENES,

WITH NOTES

AND

A CHRONOLOGICAL TABLE.

BY

J. T. CHAMPLIN,

PROFESSOR OF GREEK AND LATIN IN WATERVILLE COLLEGE.

SECOND EDITION, REVISED.

BOSTON AND CAMBRIDGE:

JAMES MUNROE AND COMPANY.

1859.

PREFACE.

THIS book is not, in all respects, what it was intended to be when commenced. It was my purpose, at the outset, to embrace in the selection specimens of each of the three different kinds of orations found in Demosthenes, — Private, Judicial, and Popular. But as, upon more reflection, it was thought best to make the selections rather with reference to their use as a text-book in the earlier part of the college course, than to exhibiting specimens of the different styles of address employed by Demosthenes, this plan was abandoned.

While all the orations of Demosthenes are pervaded by a spirit of life and power which awaken attention, — while they all have "a frenzy in the words which none can fail to understand, if not the words themselves," — only the popular orations, by their simplicity, brevity, and unelaborate style, are entirely fitted for the use of students in the earlier part of their academic course. As these were delivered in the popular assembly, where all classes of the inhabitants of Athens were expected to attend, they were necessarily thrown into the simplest form of which the subject admitted, in order that they might be understood and felt. Besides, being upon questions of great public interest, they are animated by stirring appeals and earnest expostulations, by pointed allusions and keen invective, by sportive raillery and scorching sarcasm, by home thrusts and pertinent illustrations which kindle the mind of the reader and make his task easier.

Of the seventeen popular orations which stand accredited to Demosthenes, a few of them under some suspicion as to their genuineness, I have selected such as seemed to present a fair specimen of his manner in such addresses, and, at the same time, are upon subjects of as much general interest as any. That so many of them relate to Philip is only because nearly all of the popular orations have to do with him, since he was the great enemy of Athens during the larger part of the public life of Demosthenes.

This able and insidious monarch, coming to the throne of Macedonia at a period when it was distracted by divisions within, and pressed on the north and west by savage hordes, while it was begirt on the coast by a line of Grecian cities, mostly in alliance with Athens, as soon as he had quieted internal divisions and repelled the savage tribes, commenced opening for himself a freer access to the coast, by subduing and adding to his kingdom one Grecian city after another, and finally, having thus destroyed these outposts of Grecian power, descended upon Greece itself. Demosthenes early perceived his designs, and set himself to resist him at every step. He harangued the people against him on all suitable occasions, went on embassies to stir up the other States, and both in public and in private did every thing in his power to open the eyes of the Greeks to his hostile character and dangerous designs. But it was all to little purpose. The pleasure-seeking Athenians of his time, trained under the demagogues to theatrical exhibitions and other exciting indulgences, shrunk from leaving their beloved Athens to take the field, and hence listened to the soothing assurances of peace and safety given by the venal orators, rather than to the warning voice of Demosthenes.

Of the merits of the book others must judge. I can only say, that I have employed in its preparation as much care and as diligent a use of all the helps at my command, as I could well exercise. Schäffer, Vömel, Franke, and Sauppe have been continually before me and constantly consulted. To indicate, in some small degree, my indebtedness to these commentators, as well as to contribute something towards forming in pupils the very useful habit of using Latin notes with facility, I have transferred to my pages many of their notes in Latin, when I entirely coincided with them, and when they seemed sufficiently simple to be readily understood. As the book is designed for the earlier part of the college course, I have bestowed considerable attention upon mere questions of language, and have made copious references to grammatical principles. As the historical events of the times referred to are very complicated, and the historical allusions in these, as well as in the other orations, very numerous, I have added a Table of the Life and Times of Demosthenes, which will be found useful in reading any of his orations. This is based upon the Chronological Table of Franke, appended to his edition of the Philippics, but has been entirely remodelled, and revised by the light of Clinton and Thirlwall, and extended over the whole period of the life of the orator. In fixing upon the date of the birth of Demosthenes, I have felt compelled to follow Clinton, against many weighty authorities which place it three years earlier.

For the mere preparation of a drill-book, many other authors might have been selected with equal advantage; but for adaptation in matter and tone to the spirit of the age and the genius of our institutions, I know of nothing in Greek, nor indeed in any language, which can take precedence of the popular orations of Demosthenes. An age so thoroughly agitated as the present by the great contest between popular and aristocratic institutions, and a people like ours, who have embraced democracy as their birthright, cannot fail to feel a sympathy with the great defender of democratical institutions in ancient times, when threatened with extinction from the overwhelming pressure of oligarchical and monarchical power. In a country where every thing is arranged upon the popular principle, — where mind is moved by motive rather than by force or authority, and where, consequently, power of thought and expression constitute the grand instrument of usefulness as well as of success, the breathing thoughts and burning words of the greatest of orators will not be lost. Why should a single oration of such an author, who has left more than fifty, be thought sufficient for the educated youth of a free country? Why should not a more extensive reading of his works be encouraged among the young, that they may both acquire something of the power, and catch something of the spirit, of the patriot orator?

WATERVILLE COLLEGE, September, 1848.

THIS edition has been carefully revised, and will be found, it is hoped, not unworthy of the continued patronage of the public.

ΔΗΜΟΣΘΕΝΟΥΣ

ΟΛΥΝΘΙΑΚΟΣ Α.

Ἀντὶ πολλῶν ἄν, ὦ ἄνδρες Ἀθηναῖοι, χρημάτων ὑμᾶς ἑλέσθαι νομίζω, εἰ φανερὸν γένοιτο τὸ μέλλον συνοίσειν τῇ πόλει περὶ ὧν νυνὶ σκοπεῖτε. Ὅτε τοίνυν τοῦθ' οὕτως ἔχει, προσήκει προθύμως ἐθέλειν ἀκούειν τῶν βουλομένων συμβουλεύειν· οὐ γὰρ μόνον εἴ τι χρήσιμον ἐσκεμμένος ἥκει τις, τοῦτ' ἂν ἀκούσαντες λάβοιτε, ἀλλὰ καὶ τῆς ὑμετέρας τύχης ὑπολαμβάνω πολλὰ τῶν δεόντων ἐκ τοῦ παραχρῆμα ἐνίοις ἂν ἐπελθεῖν εἰπεῖν, ὥστ' ἐξ ἁπάντων ῥᾳδίαν τὴν τοῦ συμφέροντος ὑμῖν αἵρεσιν γενέσθαι.

Ὁ μὲν οὖν παρὼν καιρός, ὦ ἄνδρες Ἀθηναῖοι, μόνον 2
οὐχὶ λέγει φωνὴν ἀφιείς, ὅτι τῶν πραγμάτων ὑμῖν
ἐκείνων αὐτοῖς ἀντιληπτέον ἐστίν, εἴπερ ὑπὲρ σωτηρίας
αὐτῶν φροντίζετε· ἡμεῖς δ' οὐκ οἶδ' ὅντινά μοι δοκοῦμεν ἔχειν τρόπον πρὸς αὐτά. Ἔστι δὴ τά γ' ἐμοὶ
δοκοῦντα ψηφίσασθαι μὲν ἤδη τὴν βοήθειαν, καὶ παρασκευάσασθαι τὴν ταχίστην, ὅπως ἐνθένδε βοηθήσητε
καὶ μὴ πάθητε ταὐτὸν ὅπερ καὶ πρότερον, πρεσβείαν

δὲ πέμπειν, ἥτις ταῦτ᾽ ἐρεῖ καὶ παρέσται τοῖς πράγμα-
3 σιν. Ὡς ἔστι μάλιστα τοῦτο δέος, μὴ πανοῦργος ὢν
καὶ δεινὸς ἄνθρωπος πράγμασι χρῆσθαι, τὰ μὲν εἴκων,
ἡνίκα ἂν τύχῃ, τὰ δ᾽ ἀπειλῶν (ἀξιοπιστος δ᾽ ἂν εἰκό-
τως φαίνοιτο), τὰ δ᾽ ἡμᾶς διαβάλλων καὶ τὴν ἀπουσίαν
τὴν ἡμετέραν, τρέψηται καὶ παρασπάσηταί τι τῶν ὅλων
4 πραγμάτων. Οὐ μὴν ἀλλ᾽ ἐπιεικῶς, ὦ ἄνδρες Ἀθη-
ναῖοι, τοῦθ᾽, ὃ δυσμαχώτατόν ἐστι τῶν Φιλίππου
πραγμάτων, καὶ βέλτιστον ὑμῖν· τὸ γὰρ εἶναι πάντων
ἐκεῖνον ἕνα ὄντα κύριον καὶ ῥητῶν καὶ ἀπορρήτων καὶ
ἅμα στρατηγὸν καὶ δεσπότην καὶ ταμίαν καὶ πανταχοῦ
αὐτὸν παρεῖναι τῷ στρατεύματι, πρὸς μὲν τὸ τὰ τοῦ
πολέμου ταχὺ καὶ κατὰ καιρὸν πράττεσθαι πολλῷ
προέχει, πρὸς δὲ τὰς καταλλαγάς, ἃς ἂν ἐκεῖνος ποιή-
5 σαιτο ἄσμενος πρὸς Ὀλυνθίους, ἐναντίως ἔχει. Δῆλον
γάρ ἐστι τοῖς Ὀλυνθίοις, ὅτι νῦν οὐ περὶ δόξης οὐδ᾽
ὑπὲρ μέρους χώρας πολεμοῦσιν, ἀλλ᾽ ἀναστάσεως καὶ
ἀνδραποδισμοῦ τῆς πατρίδος, καὶ ἴσασιν ἅ τ᾽ Ἀμφι-
πολιτῶν ἐποίησε τοὺς παραδόντας αὐτῷ τὴν πόλιν καὶ
Πυδναίων τοὺς ὑποδεξαμένους· καὶ ὅλως ἄπιστον,
οἶμαι, ταῖς πολιτείαις ἡ τυραννίς, ἄλλως τε κἂν ὅμορον
χώραν ἔχωσι.

6 Ταῦτ᾽ οὖν ἐγνωκότας ὑμᾶς, ὦ ἄνδρες Ἀθηναῖοι, καὶ
τἆλλ᾽ ἃ προσήκει πάντα ἐνθυμουμένους, φημὶ δεῖν
ἐθελῆσαι καὶ παροξυνθῆναι καὶ τῷ πολέμῳ προσέχειν,
εἴπερ ποτέ, καὶ νῦν, χρήματα εἰσφέροντας προθύμως
καὶ αὐτοὺς ἐξιόντας καὶ μηδὲν ἐλλείποντας. Οὐδὲ γὰρ

λόγος οὐδὲ σκῆψις ἔθ᾽ ὑμῖν τοῦ μὴ τὰ δέοντα ποιεῖν
ἐθέλειν ὑπολείπεται. Νυνὶ γάρ, ὃ πάντες ἐθρύλουν, 7
11 ὡς Ὀλυνθίους ἐκπολεμῶσαι δεῖ Φιλίππῳ, γέγονεν αὐ-
τόματον, καὶ ταῦθ᾽ ὡς ἂν ὑμῖν μάλιστα συμφέροι.
Εἰ μὲν γὰρ ὑφ᾽ ὑμῶν πεισθέντες ἀνείλοντο τὸν πόλε-
μον, σφαλεροὶ σύμμαχοι καὶ μέχρι του ταῦτ᾽ ἂν ἐγνω-
κότες ἦσαν ἴσως· ἐπειδὴ δ᾽ ἐκ τῶν πρὸς αὑτοὺς ἐγκλη-
μάτων μισοῦσι, βεβαίαν εἰκὸς τὴν ἔχθραν αὐτοὺς ὑπὲρ
ὧν φοβοῦνται καὶ πεπόνθασιν ἔχειν. Οὐ δεῖ δὴ τοιοῦ- 8
τον, ὦ ἄνδρες Ἀθηναῖοι, παραπεπτωκότα καιρὸν ἀφεῖ-
ναι, οὐδὲ παθεῖν ταὐτόν, ὅπερ ἤδη πολλάκις πρότερον
πεπόνθατε. Εἰ γάρ, ὅθ᾽ ἥκομεν Εὐβοεῦσι βεβοηθη-
κότες καὶ παρῆσαν Ἀμφιπολιτῶν Ἱέραξ καὶ Στρα-
τοκλῆς ἐπὶ τουτὶ τὸ βῆμα, κελεύοντες ἡμᾶς πλεῖν καὶ
παραλαμβάνειν τὴν πόλιν, τὴν αὐτὴν παρειχόμεθ᾽ ἡμεῖς
ὑπὲρ ἡμῶν αὐτῶν προθυμίαν, ἥνπερ ὑπὲρ τῆς Εὐβοέων
σωτηρίας, εἴχετ᾽ ἂν Ἀμφίπολιν τότε καὶ πάντων τῶν
μετὰ ταῦτα ἂν ἦτε ἀπηλλαγμένοι πραγμάτων. Καὶ 9
πάλιν ἡνίκα Πύδνα, Ποτίδαια, Μεθώνη, Παγασαί,
τἆλλα, ἵνα μὴ καθ᾽ ἕκαστα λέγων διατρίβω, πολιορ-
κούμενα ἀπηγγέλλετο, εἰ τότε τούτων ἑνί τῳ πρώτῳ
προθύμως καὶ ὡς προσῆκεν ἐβοηθήσαμεν αὐτοί, ῥᾴονι
καὶ πολὺ ταπεινοτέρῳ νῦν ἂν ἐχρώμεθα τῷ Φιλίππῳ.
Νῦν δὲ τὸ μὲν παρὸν ἀεὶ προϊέμενοι, τὰ δὲ μέλλοντα
αὐτόματ᾽ οἰόμενοι σχήσειν καλῶς, ηὐξήσαμεν, ὦ ἄνδρες
Ἀθηναῖοι, Φίλιππον ἡμεῖς, καὶ κατεστήσαμεν τηλι-
κοῦτον, ἡλίκος οὐδείς πω βασιλεὺς γέγονε Μακεδονίας.

Νῦν ἤδη καιρὸς ἥκει τις, οὗτος ὁ τῶν Ὀλυνθίων, αὐτό-
ματος τῇ πόλει, ὃς οὐδενός ἐστιν ἐλάττων τῶν προτέρων 12
10 ἐκείνων. Καὶ ἔμοιγε δοκεῖ τις ἄν, ὦ ἄνδρες Ἀθηναῖοι,
δίκαιος λογιστὴς τῶν παρὰ τῶν θεῶν ἡμῖν ὑπηργμένων
καταστάς, καίπερ οὐκ ἐχόντων ὡς δεῖ πολλῶν, ὅμως
μεγάλην ἂν ἔχειν αὐτοῖς χάριν, εἰκότως· τὸ μὲν γὰρ
πολλὰ ἀπολωλεκέναι κατὰ τὸν πόλεμον, τῆς ἡμετέρας
ἀμελείας ἄν τις θείη δικαίως, τὸ δὲ μήτε πάλαι τοῦτο
πεπονθέναι, πεφηνέναι τέ τινα ἡμῖν συμμαχίαν τούτων
ἀντίῤῥοπον, ἂν βουλώμεθα χρῆσθαι, τῆς παρ' ἐκείνων
11 εὐνοίας εὐεργέτημ' ἂν ἔγωγε θείην. Ἀλλ' οἶμαι, πα-
ρόμοιόν ἐστιν ὅπερ καὶ περὶ τῆς τῶν χρημάτων κτή-
σεως· ἂν μὲν γὰρ ὅσα ἄν τις λάβῃ καὶ σώσῃ, μεγάλην
ἔχει τῇ τύχῃ τὴν χάριν, ἂν δ' ἀναλώσας λάθῃ, συνα-
νάλωσε καὶ τὸ μεμνῆσθαι τὴν χάριν. Καὶ περὶ τῶν
πραγμάτων οὕτως οἱ μὴ χρησάμενοι τοῖς καιροῖς ὀρθῶς,
οὐδ' εἰ συνέβη τι παρὰ τῶν θεῶν χρηστόν, μνημονεύου-
σι· πρὸς γὰρ τὸ τελευταῖον ἐκβὰν ἕκαστον τῶν ὑπαρ-
ξάντων κρίνεται. Διὸ καὶ σφόδρα δεῖ τῶν λοιπῶν
ἡμᾶς, ὦ ἄνδρες Ἀθηναῖοι, φροντίσαι, ἵνα ταῦτ' ἐπα-
νορθωσάμενοι τὴν ἐπὶ τοῖς πεπραγμένοις ἀδοξίαν ἀπο-
τριψώμεθα.

12 Εἰ δὲ προησόμεθα, ὦ ἄνδρες Ἀθηναῖοι, καὶ τούτους
τοὺς ἀνθρώπους, εἶτ' Ὄλυνθον ἐκεῖνος καταστρέψεται,
φρασάτω τις ἐμοὶ τί τὸ κωλῦον ἔτ' αὐτὸν ἔσται βαδί-
ζειν ὅποι βούλεται. Ἆρα λογίζεταί τις ὑμῶν, ὦ ἄνδρες
Ἀθηναῖοι, καὶ θεωρεῖ τὸν τρόπον δι' ὃν μέγας γέγονεν,

ἀσθενὴς ὢν τὸ κατ' ἀρχάς, Φίλιππος; Τὸ πρῶτον Ἀμφίπολιν λαβών, μετὰ ταῦτα Πύδναν, πάλιν Ποτίδαιαν, Μεθώνην αὖθις, εἶτα Θετταλίας ἐπέβη· μετὰ 13
ταῦτα Φεράς, Παγασάς, Μαγνησίαν, πάνθ' ὃν ἐβούλετο
13 εὐτρεπίσας τρόπον ᾤχετ' εἰς Θρᾴκην· εἶτ' ἐκεῖ τοὺς μὲν ἐκβαλών, τοὺς δὲ καταστήσας τῶν βασιλέων, ἠσθένησε· πάλιν ῥαΐσας οὐκ ἐπὶ τὸ ῥᾳθυμεῖν ἀπέκλινεν, ἀλλ' εὐθὺς Ὀλυνθίοις ἐπεχείρησεν. Τὰς δ' ἐπ' Ἰλλυριοὺς καὶ Παίονας αὐτοῦ καὶ πρὸς Ἀρύμβαν καὶ ὅποι τις ἂν εἴποι παραλείπω στρατείας.

Τί οὖν, τις ἂν εἴποι, ταῦτα λέγεις ἡμῖν νῦν; Ἵνα 14
γνῶτε, ὦ ἄνδρες Ἀθηναῖοι, καὶ αἴσθησθε ἀμφότερα, καὶ τὸ προΐεσθαι καθ' ἕκαστον ἀεί τι τῶν πραγμάτων ὡς ἀλυσιτελές, καὶ τὴν φιλοπραγμοσύνην ᾗ χρῆται καὶ συζῇ Φίλιππος, ὑφ' ἧς οὐκ ἔστιν ὅπως ἀγαπήσας τοῖς πεπραγμένοις ἡσυχίαν σχήσει. Εἰ δ' ὁ μὲν ὡς ἀεί τι μεῖζον τῶν ὑπαρχόντων δεῖ πράττειν ἐγνωκὼς ἔσται, ὑμεῖς δὲ ὡς οὐδενὸς ἀντιληπτέον ἐῤῥωμένως τῶν πραγμάτων, σκοπεῖσθε εἰς τί ποτ' ἐλπὶς ταῦτα τελευτῆσαι.
Πρὸς θεῶν, τίς οὕτως εὐήθης ἐστὶν ὑμῶν ὅστις ἀγνοεῖ 15
τὸν ἐκεῖθεν πόλεμον δεῦρο ἥξοντα, ἂν ἀμελήσωμεν; Ἀλλὰ μὴν εἰ τοῦτο γενήσεται, δέδοικα, ὦ ἄνδρες Ἀθηναῖοι, μὴ τὸν αὐτὸν τρόπον, ὥσπερ οἱ δανειζόμενοι ῥᾳδίως ἐπὶ τοῖς μεγάλοις τόκοις, μικρὸν εὐπορήσαντες χρόνον, ὕστερον καὶ τῶν ἀρχαίων ἀπέστησαν, οὕτω καὶ ἡμεῖς, ἂν ἐπὶ πολλῷ φανῶμεν ἐῤῥᾳθυμηκότες καὶ ἅπαντα πρὸς ἡδονὴν ζητοῦντες, πολλὰ καὶ χαλεπά, ὧν

οὐκ ἠβουλόμεθα, ὕστερον εἰς ἀνάγκην ἔλθωμεν ποιεῖν, καὶ κινδυνεύσωμεν περὶ τῶν ἐν αὐτῇ τῇ χώρᾳ.

16 Τὸ μὲν οὖν ἐπιτιμᾶν, ἴσως φήσαι τις ἄν, ῥᾴδιον καὶ παντὸς εἶναι, τὸ δ' ὑπὲρ τῶν παρόντων ὅ τι δεῖ πράττειν ἀποφαίνεσθαι, τοῦτ' εἶναι συμβούλου. Ἐγὼ δὲ
οὐκ ἀγνοῶ μέν, ὦ ἄνδρες Ἀθηναῖοι, τοῦθ', ὅτι πολλάκις 14
ὑμεῖς οὐ τοὺς αἰτίους, ἀλλὰ τοὺς ὑστάτους περὶ τῶν πραγμάτων εἰπόντας ἐν ὀργῇ ποιεῖσθε, ἄν τι μὴ κατὰ γνώμην ἐκβῇ· οὐ μὴν οἴομαί γε δεῖν τὴν ἰδίαν ἀσφάλειαν σκοποῦνθ' ὑποστείλασθαι περὶ ὧν ὑμῖν συμφέ-
17 ρειν ἡγοῦμαι. Φημὶ δὴ διχῇ βοηθητέον εἶναι τοῖς πράγμασιν ὑμῖν, τῷ τε τὰς πόλεις τοῖς Ὀλυνθίοις σώζειν καὶ τοὺς τοῦτο ποιήσοντας στρατιώτας ἐκπέμπειν, καὶ τῷ τὴν ἐκείνου χώραν κακῶς ποιεῖν καὶ τριήρεσι καὶ στρατιώταις ἑτέροις· εἰ δὲ θατέρου τούτων ὀλιγωρήσετε, ὀκνῶ μὴ μάταιος ὑμῖν ἡ στρατεία γένηται.
18 Εἴτε γάρ, ὑμῶν τὴν ἐκείνου κακῶς ποιούντων, ὑπομείνας τοῦτο Ὄλυνθον παραστήσεται, ῥᾳδίως ἐπὶ τὴν οἰκείαν ἐλθὼν ἀμυνεῖται· εἴτε, βοηθησάντων μόνον ὑμῶν εἰς Ὄλυνθον, ἀκινδύνως ὁρῶν ἔχοντα τὰ οἴκοι προσκαθεδεῖται καὶ προσεδρεύσει τοῖς πράγμασι, περιέσται τῷ χρόνῳ τῶν πολιορκουμένων. Δεῖ δὴ πολλὴν καὶ διχῇ τὴν βοήθειαν εἶναι.

19 Καὶ περὶ μὲν τῆς βοηθείας ταῦτα γιγνώσκω· περὶ δὲ χρημάτων πόρου, ἔστιν, ὦ ἄνδρες Ἀθηναῖοι, χρήματα ὑμῖν, ἔστιν ὅσα οὐδενὶ τῶν ἄλλων ἀνθρώπων στρατιωτικά· ταῦτα δὲ ὑμεῖς οὕτως ὡς βούλεσθε λαμ

βάνετε. Εἰ μὲν οὖν ταῦτα τοῖς στρατευομένοις ἀπο-
δώσετε, οὐδενὸς ὑμῖν προσδεῖ πόρου, εἰ δὲ μή, προσδεῖ,
μᾶλλον δ' ἅπαντος ἐνδεῖ τοῦ πόρου. Τί οὖν, ἄν τις
εἴποι, σὺ γράφεις ταῦτ' εἶναι στρατιωτικά;
Μὰ Δί' οὐκ ἔγωγε. Ἐγὼ μὲν γὰρ ἡγοῦμαι στρα- 20
τιώτας δεῖν κατασκευασθῆναι, καὶ ταῦτ' εἶναι στρα-
τιωτικά, καὶ μίαν σύνταξιν εἶναι, τὴν αὐτὴν τοῦ τε
λαμβάνειν καὶ τοῦ ποιεῖν τὰ δέοντα· ὑμεῖς δὲ οὕτω
πως ἄνευ πραγμάτων ταῦτα λαμβάνετε, εἰς τὰς ἑορτάς.
Ἔστι δὴ λοιπόν, οἶμαι, πάντας εἰσφέρειν, ἂν πολλῶν
δέῃ, πολλά, ἂν ὀλίγων, ὀλίγα. Δεῖ δὲ χρημάτων,
καὶ ἄνευ τούτων οὐδὲν ἔστι γενέσθαι τῶν δεόντων.
Λέγουσι δὲ καὶ ἄλλους τινὰς ἄλλοι πόρους, ὧν ἕλεσθε
ὅστις ὑμῖν συμφέρειν δοκεῖ· καὶ ἕως ἐστὶ καιρός,
ἀντιλάβεσθε τῶν πραγμάτων.

Ἄξιον δὲ ἐνθυμηθῆναι καὶ λογίσασθαι τὰ πράγματα, 21
ἐν ᾧ καθέστηκε νυνί, τὰ Φιλίππου. Οὔτε γάρ, ὡς
δοκεῖ καὶ φήσειέ τις ἂν μὴ σκοπῶν ἀκριβῶς, εὐτρεπῶς,
οὐδ' ὡς ἂν κάλλιστ' αὐτῷ τὰ παρόντ' ἔχοι· οὔτ' ἂν
ἐξήνεγκε τὸν πόλεμόν ποτε τοῦτον ἐκεῖνος, εἰ πολεμεῖν
ᾠήθη δεήσειν αὐτόν, ἀλλ' ὡς ἐπιὼν ἅπαντα τότε ἤλπιζε
τὰ πράγματα ἀναιρήσεσθαι, κᾆτα διέψευσται. Τοῦτο
δὴ πρῶτον αὐτὸν ταράττει παρὰ γνώμην γεγονός, καὶ
πολλὴν ἀθυμίαν αὐτῷ παρέχει, εἶτα τὰ τῶν Θετταλῶν.
Ταῦτα γὰρ ἄπιστα μὲν ἦν δήπου φύσει καὶ ἀεὶ πᾶσιν 22
ἀνθρώποις, κομιδῇ δ', ὥσπερ ἦν, καὶ ἔστι νῦν τούτῳ.
Καὶ γὰρ Παγασὰς ἀπαιτεῖν αὐτόν εἰσιν ἐψηφισμένοι,

καὶ Μαγνησίαν κεκωλύκασι τειχίζειν. Ἤκουον δ'
ἔγωγέ τινων, ὡς οὐδὲ τοὺς λιμένας καὶ τὰς ἀγορὰς ἔτι
δώσοιεν αὐτῷ καρποῦσθαι· τὰ γὰρ κοινὰ τὰ Θετταλῶν
ἀπὸ τούτων δέοι διοικεῖν, οὐ Φίλιππον λαμβάνειν. Εἰ
δὲ τούτων ἀποστερηθήσεται τῶν χρημάτων, εἰς στενὸν
κομιδῇ τὰ τῆς τροφῆς τοῖς ξένοις αὐτῷ καταστήσεται.
23 Ἀλλὰ μὴν τόν γε Παίονα καὶ τὸν Ἰλλυριὸν καὶ ἁπλῶς
τούτους ἅπαντας ἡγεῖσθαι χρὴ αὐτονόμους ἥδιον ἂν καὶ
ἐλευθέρους ἢ δούλους εἶναι· καὶ γὰρ ἀήθεις τοῦ κατα-
κούειν τινός εἰσι, καὶ ἄνθρωπος ὑβριστής, ὥς φασιν.
Καὶ μὰ Δί' οὐδὲν ἄπιστον ἴσως· τὸ γὰρ εὖ πράττειν 16
παρὰ τὴν ἀξίαν ἀφορμὴ τοῦ κακῶς φρονεῖν τοῖς ἀνοή-
τοις γίγνεται, διόπερ πολλάκις δοκεῖ τὸ φυλάξαι τἀγαθὰ
24 τοῦ κτήσασθαι χαλεπώτερον εἶναι. Δεῖ τοίνυν ὑμᾶς,
ὦ ἄνδρες Ἀθηναῖοι, τὴν ἀκαιρίαν τὴν ἐκείνου καιρὸν
ὑμέτερον νομίσαντας ἑτοίμως συναρᾶσθαι τὰ πράγματα,
καὶ πρεσβευομένους ἐφ' ἃ δεῖ καὶ στρατευομένους αὐ-
τοὺς καὶ παροξύνοντας τοὺς ἄλλους ἅπαντας, λογιζομέ-
νους, εἰ Φίλιππος λάβοι καθ' ἡμῶν τοιοῦτον καιρὸν καὶ
πόλεμος γένοιτο πρὸς τῇ χώρᾳ, πῶς ἂν αὐτὸν οἴεσθε
ἑτοίμως ἐφ' ὑμᾶς ἐλθεῖν; Εἶτ' οὐκ αἰσχύνεσθε, εἰ μηδ'
ἃ πάθοιτ' ἄν, εἰ δύναιτ' ἐκεῖνος, ταῦτα ποιῆσαι καιρὸν
ἔχοντες οὐ τολμήσετε;

25 Ἔτι τοίνυν, ὦ ἄνδρες Ἀθηναῖοι, μηδὲ τοῦθ' ὑμᾶς
λανθανέτω, ὅτι νῦν αἵρεσίς ἐστιν ὑμῖν, πότερ' ὑμᾶς ἐκεῖ
χρὴ πολεμεῖν ἢ παρ' ὑμῖν ἐκεῖνον. Ἐὰν μὲν γὰρ
ἀντέχῃ τὰ τῶν Ὀλυνθίων, ὑμεῖς ἐκεῖ πολεμήσετε καὶ

τὴν ἐκείνου κακῶς ποιήσετε, τὴν ὑπάρχουσαν καὶ τὴν
οἰκείαν ταύτην ἀδεῶς καρπούμενοι· ἂν δ' ἐκεῖνα Φί-
λιππος λάβῃ, τίς αὐτὸν ἔτι κωλύσει δεῦρο βαδίζειν;
Θηβαῖοι; Μὴ λίαν πικρὸν εἰπεῖν ᾖ, καὶ συνεισβα- 26
λοῦσιν ἑτοίμως. Ἀλλὰ Φωκεῖς; Οἵ τὴν οἰκείαν οὐχ
οἷοί τε ὄντες φυλάττειν, ἐὰν μὴ βοηθήσηθ' ὑμεῖς. Ἢ
ἄλλος τις; Ἀλλ' ὦ τᾶν οὐχὶ βουλήσεται. Τῶν
ἀτοπωτάτων μέντἂν εἴη, εἰ ἃ νῦν ἄνοιαν ὀφλισκάνων
ὅμως ἐκλαλεῖ, ταῦτα δυνηθεὶς μὴ πράξει. Ἀλλὰ μὴν 27
ἡλίκα γ' ἐστὶ τὰ διάφορα ἐνθάδε ἢ ἐκεῖ πολεμεῖν, οὐδὲ
λόγου προσδεῖν ἡγοῦμαι. Εἰ γὰρ ὑμᾶς δεήσειεν αὐ-
τοὺς τριάκοντα ἡμέρας μόνας ἔξω γενέσθαι καὶ ὅσα
ἀνάγκη στρατοπέδῳ χρωμένους τῶν ἐκ τῆς χώρας
17 λαμβάνειν, μηδενὸς ὄντος ἐν αὐτῇ πολεμίου λέγω,
πλέον ἂν οἶμαι ζημιωθῆναι τοὺς γεωργοῦντας ὑμῶν
ἢ ὅσα εἰς ἅπαντα τὸν πρὸ τοῦ πόλεμον δεδαπάνησθε.
Εἰ δὲ δὴ πόλεμός τις ἥξει, πόσα χρὴ νομίσαι ζημιώ-
σεσθαι; Καὶ προσέσθ' ἡ ὕβρις καὶ ἔτι ἡ τῶν πρα-
γμάτων αἰσχύνη, οὐδεμιᾶς ἐλάττων ζημίας τοῖς γε
σώφροσιν.

Πάντα δὴ ταῦτα δεῖ συνιδόντας ἅπαντας βοηθεῖν καὶ 28
ἀπωθεῖν ἐκεῖσε τὸν πόλεμον, τοὺς μὲν εὐπόρους, ἵν'
ὑπὲρ τῶν πολλῶν ὧν καλῶς ποιοῦντες ἔχουσι μικρὰ
ἀναλίσκοντες τὰ λοιπὰ καρπῶνται ἀδεῶς, τοὺς δ' ἐν
ἡλικίᾳ, ἵνα τὴν τοῦ πολεμεῖν ἐμπειρίαν ἐν τῇ Φιλίππου
χώρᾳ κτησάμενοι φοβεροὶ φύλακες τῆς οἰκείας ἀκεραίου
γένωνται, τοὺς δὲ λέγοντας, ἵν' αἱ τῶν πεπολιτευμένων

αὐτοῖς εὐθῦναι ῥᾴδιαι γένωνται, ὡς ὁποῖ' ἄττ' ἂν ὑμᾶς περιστῇ τὰ πράγματα, τοιοῦτοι κριταὶ καὶ τῶν πεπραγμένων αὐτοῖς ἔσεσθε. Χρηστὰ δ' εἴη παντὸς εἵνεκα.

ΔΗΜΟΣΘΕΝΟΥΣ

ΟΛΥΝΘΙΑΚΟΣ Β.

---

18 Ἐπὶ πολλῶν μὲν ἄν τις ἰδεῖν, ὦ ἄνδρες Ἀθηναῖοι, 1
δοκεῖ μοι τὴν παρὰ τῶν θεῶν εὔνοιαν φανερὰν γιγνο-
μένην τῇ πόλει, οὐχ ἥκιστα δὲ ἐν τοῖς παροῦσι πρά-
γμασι. Τὸ γὰρ τοὺς πολεμήσοντας Φιλίππῳ γεγενῆ-
σθαι καὶ χώραν ὅμορον καὶ δύναμίν τινα κεκτημένους,
καὶ τὸ μέγιστον ἁπάντων, τὴν ὑπὲρ τοῦ πολέμου γνώ-
μην τοιαύτην ἔχοντας, ὥστε τὰς πρὸς ἐκεῖνον διαλλαγὰς
πρῶτον μὲν ἀπίστους, εἶτα τῆς ἑαυτῶν πατρίδος νομίζειν
ἀνάστασιν, δαιμονίᾳ τινὶ καὶ θείᾳ παντάπασιν ἔοικεν
εὐεργεσίᾳ. Δεῖ τοίνυν, ὦ ἄνδρες Ἀθηναῖοι, τοῦτ᾽ ἤδη 2
σκοπεῖν αὐτούς, ὅπως μὴ χείρους περὶ ἡμᾶς αὐτοὺς εἶναι
δόξομεν τῶν ὑπαρχόντων, ὡς ἔστι τῶν αἰσχρῶν, μᾶλλον
δὲ τῶν αἰσχίστων, μὴ μόνον πόλεων καὶ τόπων, ὧν
ἦμέν ποτε κύριοι, φαίνεσθαι προϊεμένους, ἀλλὰ καὶ
τῶν ὑπὸ τῆς τύχης παρασκευασθέντων συμμάχων καὶ
καιρῶν.

Τὸ μὲν οὖν, ὦ ἄνδρες Ἀθηναῖοι, τὴν Φιλίππου ῥώμην 3
διεξιέναι, καὶ διὰ τούτων τῶν λόγων προτρέπειν τὰ

δέοντα ποιεῖν ὑμᾶς, οὐχὶ καλῶς ἔχειν ἡγοῦμαι. Διὰ
τί; Ὅτι μοι δοκεῖ πάνθ' ὅσ' ἂν εἴποι τις ὑπὲρ τού-
των, ἐκείνῳ μὲν ἔχειν φιλοτιμίαν, ἡμῖν δ' οὐχὶ καλῶς
πεπρᾶχθαι. Ὁ μὲν γὰρ ὅσῳ πλείονα ὑπὲρ τὴν ἀξίαν
πεποίηκε τὴν αὑτοῦ, τοσούτῳ θαυμαστότερος παρὰ πᾶσι
νομίζεται· ὑμεῖς δὲ ὅσῳ χεῖρον ἢ προσῆκε κέχρησθε
τοῖς πράγμασι, τοσούτῳ πλείονα αἰσχύνην ὠφλήκατε.
4 Ταῦτα μὲν οὖν παραλείψω. Καὶ γὰρ εἰ μετ' ἀληθείας
τις, ὦ ἄνδρες Ἀθηναῖοι, σκοποῖτο, ἐνθένδ' ἂν αὐτὸν ἴδοι 19
μέγαν γεγενημένον, οὐχὶ παρ' αὑτοῦ. Ὧν οὖν ἐκεῖνος
μὲν ὀφείλει τοῖς ὑπὲρ αὐτοῦ πεπολιτευμένοις χάριν,
ὑμῖν δὲ δίκην προσήκει λαβεῖν, τούτων οὐχὶ νῦν ὁρῶ
τὸν καιρὸν τοῦ λέγειν. Ἃ δὲ καὶ χωρὶς τούτων ἔνι,
καὶ βέλτιόν ἐστιν ἀκηκοέναι πάντας ὑμᾶς, καὶ μεγάλα,
ὦ ἄνδρες Ἀθηναῖοι, κατ' ἐκείνου φαίνοιτ' ἂν ὀνείδη βου
λομένοις ὀρθῶς δοκιμάζειν, ταῦτ' εἰπεῖν πειράσομαι.

5 Τὸ μὲν οὖν ἐπίορκον καὶ ἄπιστον καλεῖν, ἄνευ τοῦ
τὰ πεπραγμένα δεικνύναι, λοιδορίαν εἶναί τις ἂν φήσειε
κενὴν δικαίως· τὸ δὲ πάνθ' ὅσα πώποτ' ἔπραξε διε-
ξιόντα ἐφ' ἅπασι τούτοις ἐλέγχειν, καὶ βραχέος λόγου
συμβαίνει δεῖσθαι καὶ δυοῖν ἕνεκα ἡγοῦμαι συμφέρειν
εἰρῆσθαι, τοῦ τ' ἐκεῖνον, ὅπερ καὶ ἀληθὲς ὑπάρχει,
φαῦλον φαίνεσθαι, καὶ τοῦ τοὺς ὑπερεκπεπληγμένους
ὡς ἄμαχόν τινα τὸν Φίλιππον ἰδεῖν, ὅτι πάντα διεξελή-
λυθεν οἷς πρότερον παρακρουόμενος μέγας ηὐξήθη, καὶ
πρὸς αὐτὴν ἥκει τὴν τελευτὴν τὰ πράγματ' αὐτοῦ.
6 Ἐγὼ μὲν γάρ, ὦ ἄνδρες Ἀθηναῖοι, σφόδρ' ἂν ἡγούμην

καὶ αὐτὸς φοβερὸν τὸν Φίλιππον καὶ θαυμαστόν, εἰ τὰ
δίκαια πράττοντα ἑώρων αὐτὸν ηὐξημένον· νῦν δὲ θεω-
ρῶν καὶ σκοπῶν εὑρίσκω τὴν μὲν ἡμετέραν εὐήθειαν τὸ
κατ' ἀρχάς, ὅτε 'Ολυνθίους ἀπήλαυνόν τινες ἐνθένδε
βουλομένους ἡμῖν διαλεχθῆναι, τῷ τὴν 'Αμφίπολιν
φάσκειν παραδώσειν καὶ τὸ θρυλούμενόν ποτε ἀπόρρη-
τον ἐκεῖνο κατασκευάσαι, τούτῳ προσαγαγόμενον, τὴν 7
δ' 'Ολυνθίων φιλίαν μετὰ ταῦτα, τῷ Ποτίδαιαν οὖσαν
ὑμετέραν ἐξελεῖν καὶ τοὺς μὲν πρότερον συμμάχους
ὑμᾶς ἀδικῆσαι, παραδοῦναι δὲ ἐκείνοις, Θετταλοὺς δὲ
νῦν τὰ τελευταῖα, τῷ Μαγνησίαν παραδώσειν ὑποσχέ-
σθαι καὶ τὸν Φωκικὸν πόλεμον πολεμήσειν ὑπὲρ αὐτῶν
ἀναδέξασθαι. Ὅλως δὲ οὐδείς ἐστιν ὅντιν' οὐ πεφε-
νάκικεν ἐκεῖνος τῶν αὐτῷ χρησαμένων· τὴν γὰρ ἑκά-
στων ἄνοιαν ἀεὶ τῶν ἀγνοούντων αὐτὸν ἐξαπατῶν καὶ
προσλαμβάνων οὕτως ηὐξήθη.

Ὥσπερ οὖν διὰ τούτων ἤρθη μέγας, ἡνίκα ἕκαστοι 8
συμφέρον αὐτὸν ἑαυτοῖς ᾤοντό τι πράξειν, οὕτως ὀφείλει
διὰ τῶν αὐτῶν τούτων καὶ καθαιρεθῆναι πάλιν, ἐπειδὴ
πάνθ' ἕνεκα ἑαυτοῦ ποιῶν ἐξελήλεγκται. Καιροῦ μὲν
δή, ὦ ἄνδρες 'Αθηναῖοι, πρὸς τοῦτο πάρεστι Φιλίππῳ
τὰ πράγματα· ἢ παρελθών τις ἐμοί, μᾶλλον δὲ ὑμῖν
δειξάτω, ὡς οὐκ ἀληθῆ ταῦτ' ἐγὼ λέγω, ἢ ὡς οἱ τὰ
πρῶτα ἐξηπατημένοι τὰ λοιπὰ πιστεύσουσιν αὐτῷ, ἢ
ὡς οἱ παρὰ τὴν αὐτῶν ἀξίαν δεδουλωμένοι Θετταλοὶ
νῦν οὐκ ἂν ἐλεύθεροι γένοιντο ἄσμενοι.

Καὶ μὴν εἴ τις ὑμῶν ταῦτα μὲν οὕτως ἔχειν ἡγεῖται, 9

οἴεται δὲ βίᾳ καθέξειν αὐτὸν τὰ πράγματα, τῷ τὰ
χωρία καὶ λιμένας καὶ τὰ τοιαῦτα προειληφέναι, οὐκ
ὀρθῶς οἴεται. Ὅταν μὲν γὰρ ὑπ' εὐνοίας τὰ πράγματα
συστῇ καὶ πᾶσι ταὐτὰ συμφέρῃ τοῖς μετέχουσι τοῦ
πολέμου, καὶ συμπονεῖν καὶ φέρειν τὰς συμφορὰς καὶ
μένειν ἐθέλουσιν οἱ ἄνθρωποι· ὅταν δ' ἐκ πλεονεξίας
καὶ πονηρίας τις ὥσπερ οὗτος ἰσχύσῃ, ἡ πρώτη πρό-
φασις καὶ μικρὸν πταῖσμα ἅπαντα ἀνεχαίτισε καὶ διέ-
0 λυσεν. Οὐ γάρ ἔστιν, οὐκ ἔστιν, ὦ ἄνδρες Ἀθηναῖοι,
ἀδικοῦντα καὶ ἐπιορκοῦντα καὶ ψευδόμενον δύναμιν βε-
βαίαν κτήσασθαι, ἀλλὰ τὰ τοιαῦτα εἰς μὲν ἅπαξ καὶ 2.
βραχὺν χρόνον ἀντέχει, καὶ σφόδρα γε ἤνθησεν ἐπὶ
ταῖς ἐλπίσιν, ἂν τύχῃ, τῷ χρόνῳ δὲ φωρᾶται καὶ περὶ
αὑτὰ καταῤῥεῖ. Ὥσπερ γὰρ οἰκίας, οἶμαι, καὶ πλοίου
καὶ τῶν ἄλλων τῶν τοιούτων τὰ κάτωθεν ἰσχυρότατα
εἶναι δεῖ, οὕτω καὶ τῶν πράξεων τὰς ἀρχὰς καὶ τὰς
ὑποθέσεις ἀληθεῖς καὶ δικαίας εἶναι προσήκει. Τοῦτο
δὲ οὐκ ἔνι νῦν ἐν τοῖς πεπραγμένοις Φιλίππῳ.

1 Φημὶ δὴ δεῖν ἡμᾶς τοῖς μὲν Ὀλυνθίοις βοηθεῖν, καὶ
ὅπως τις λέγει κάλλιστα καὶ τάχιστα, οὕτως ἀρέσκει
μοι· πρὸς δὲ Θετταλοὺς πρεσβείαν πέμπειν, ἣ τοὺς
μὲν διδάξει ταῦτα, τοὺς δὲ παροξυνεῖ· καὶ γὰρ νῦν
εἰσὶν ἐψηφισμένοι Παγασὰς ἀπαιτεῖν καὶ περὶ Μαγνη-
2 σίας λόγους ποιεῖσθαι. Σκοπεῖσθε μέντοι τοῦτο, ὦ
ἄνδρες Ἀθηναῖοι, ὅπως μὴ λόγους ἐροῦσι μόνον οἱ παρ'
ἡμῶν πρέσβεις, ἀλλὰ καὶ ἔργον τι δεικνύειν ἕξουσιν
ἐξεληλυθότων ἡμῶν ἀξίως τῆς πόλεως καὶ ὄντων ἐπὶ

τοῖς πράγμασιν, ὡς ἅπας μὲν λόγος, ἂν ἀπῇ τὰ πρά-
γματα, μάταιόν τι φαίνεται καὶ κενόν, μάλιστα δὲ ὁ
παρὰ τῆς ἡμετέρας πόλεως· ὅσῳ γὰρ ἑτοιμότατ' αὐτῷ
δοκοῦμεν χρῆσθαι, τοσούτῳ μᾶλλον ἀπιστοῦσι πάντες
αὐτῷ. Πολλὴν δὴ τὴν μετάστασιν καὶ μεγάλην δει- 13
κτέον τὴν μεταβολήν, εἰσφέροντας, ἐξιόντας, ἅπαντα
ποιοῦντας ἑτοίμως, εἴπερ τις ὑμῖν προσέξει τὸν νοῦν.
Κἂν ταῦτα ἐθελήσητε ὡς προσήκει καὶ δεῖ περαίνειν, οὐ
μόνον, ὦ ἄνδρες Ἀθηναῖοι, τὰ συμμαχικὰ ἀσθενῶς καὶ
22 ἀπίστως ἔχοντα φανήσεται Φιλίππῳ, ἀλλὰ καὶ τὰ τῆς
οἰκειας ἀρχῆς καὶ δυνάμεως κακῶς ἔχοντα ἐξελεγχθή-
σεται.

Ὅλως μὲν γὰρ ἡ Μακεδονικὴ δύναμις καὶ ἀρχὴ ἐν 14
μὲν προσθήκης μέρει ἐστί τις οὐ μικρά, οἷον ὑπῆρξέ
ποθ' ὑμῖν ἐπὶ Τιμοθέου πρὸς Ὀλυνθίους· πάλιν αὖ
πρὸς Ποτίδαιαν Ὀλυνθίοις ἐφάνη τι τοῦτο συναμφό-
τερον· νυνὶ δὲ Θετταλοῖς στασιάζουσι καὶ τεταραγμέ-
νοις ἐπὶ τὴν τυραννικὴν οἰκίαν ἐβοήθησε· καὶ ὅποι τις
ἄν, οἶμαι, προσθῇ κἂν μικρὰν δύναμιν, πάντ' ὠφελεῖ.
Αὐτὴ δὲ καθ' αὑτὴν ἀσθενὴς καὶ πολλῶν κακῶν ἐστὶ
μεστή. Καὶ γὰρ οὗτος ἅπασι τούτοις, οἷς ἄν τις μέγαν 15
αὐτὸν ἡγήσαιτο, τοῖς πολέμοις καὶ ταῖς στρατείαις, ἔτ'
ἐπισφαλεστέραν ἢ ὑπῆρχε φύσει κατεσκεύακεν ἑαυτῷ.
Μὴ γὰρ οἴεσθε, ὦ ἄνδρες Ἀθηναῖοι, τοῖς αὐτοῖς Φίλιπ-
πόν τε χαίρειν καὶ τοὺς ἀρχομένους, ἀλλ' ὁ μὲν δόξης
ἐπιθυμεῖ καὶ τοῦτο ἐζήλωκε, καὶ προῄρηται πράττων
καὶ κινδυνεύων, ἂν συμβῇ τι, παθεῖν, τὴν τοῦ διαπρά- 16

ξασθαι ταῦτα ἃ μηδεὶς πώποτε ἄλλος Μακεδονων
βασιλεὺς δόξαν ἀντὶ τοῦ ζῆν ἀσφαλῶς ᾑρημένος· τοῖς
δὲ τῆς μὲν φιλοτιμίας τῆς ἀπὸ τούτων οὐ μέτεστι,
κοπτόμενοι δὲ ἀεὶ ταῖς στρατείαις ταύταις ταῖς ἄνω
κάτω λυποῦνται καὶ συνεχῶς ταλαιπωροῦσιν, οὔτ' ἐπὶ
τοῖς ἔργοις οὔτ' ἐπὶ τοῖς αὑτῶν ἰδίοις ἐώμενοι διατρί-
βειν, οὔθ' ὅσ' ἂν πορίσωσιν οὕτως ὅπως ἂν δύνωνται,
ταῦτ' ἔχοντες διαθέσθαι κεκλειμένων τῶν ἐμπορίων τῶν
ἐν τῇ χώρᾳ διὰ τὸν πόλεμον.
17 Οἱ μὲν οὖν πολλοὶ Μακεδόνων πῶς ἔχουσι Φιλίππῳ, 23
ἐκ τούτων ἄν τις σκέψαιτο οὐ χαλεπῶς· οἱ δὲ δὴ περὶ
αὐτὸν ὄντες ξένοι καὶ πεζέταιροι δόξαν μὲν ἔχουσιν ὡς
εἰσὶ θαυμαστοὶ καὶ συγκεκροτημένοι τὰ τοῦ πολέμου,
ὡς δ' ἐγὼ τῶν ἐν αὐτῇ τῇ χώρᾳ γεγενημένων τινὸς
ἤκουον, ἀνδρὸς οὐδαμῶς οἵου τε ψεύδεσθαι, οὐδένων
18 εἰσὶ βελτίους. Εἰ μὲν γάρ τις ἀνήρ ἐστιν ἐν αὐτοῖς
οἷος ἔμπειρος πολέμου καὶ ἀγώνων, τούτους μὲν φιλο-
τιμίᾳ πάντας ἀπωθεῖν αὐτὸν ἔφη, βουλόμενον πάντα
αὑτοῦ δοκεῖν εἶναι τὰ ἔργα (πρὸς γὰρ αὖ τοῖς ἄλλοις
καὶ τὴν φιλοτιμίαν τἀνδρὸς ἀνυπέρβλητον εἶναι)· εἰ δέ
τις σώφρων ἢ δίκαιος ἄλλως, τὴν καθ' ἡμέραν ἀκρα-
σίαν τοῦ βίου καὶ μέθην καὶ κορδακισμοὺς οὐ δυνά-
μενος φέρειν, παρεῶσθαι καὶ ἐν οὐδενὸς εἶναι μέρει τὸν
19 τοιοῦτον. Λοιποὺς δὴ περὶ αὐτὸν εἶναι λῃστὰς καὶ
κόλακας, τοιούτους ἀνθρώπους οἵους μεθυσθέντας ὀρχεῖ-
σθαι τοιαῦτα οἷα ἐγὼ νῦν ὀκνῶ πρὸς ὑμᾶς ὀνομάσαι.
Δῆλον δ' ὅτι ταῦτ' ἐστὶν ἀληθῆ· καὶ γὰρ οὓς ἐνθένδε

πάντες ἀπήλαυνον ὡς πολὺ τῶν θαυματοποιῶν ἀσελγεστέρους ὄντας, Καλλίαν ἐκεῖνον τὸν δημόσιον καὶ τοιούτους ἀνθρώπους, μίμους γελοίων καὶ ποιητὰς αἰσχρῶν ᾀσμάτων ὧν εἰς τοὺς συνόντας ποιοῦσιν ἕνεκα τοῦ γελασθῆναι, τούτους ἀγαπᾷ καὶ περὶ αὑτὸν ἔχει.

Καίτοι ταῦτα, καὶ εἰ μικρά τις ἡγεῖται, μεγάλα, ὦ 20
ἄνδρες Ἀθηναῖοι, δείγματα τῆς ἐκείνου γνώμης καὶ κακοδαιμονίας ἐστὶ τοῖς εὖ φρονοῦσιν. Ἀλλ', οἶμαι, νῦν μὲν ἐπισκοτεῖ τούτοις τὸ κατορθοῦν· αἱ γὰρ εὐπραξίαι δειναὶ συγκρύψαι τὰ τοιαῦτα ὀνείδη· εἰ δέ τι πταίσει, τότ' ἀκριβῶς αὐτοῦ ταῦτ' ἐξετασθήσεται.
24 Δοκεῖ δ' ἔμοιγε, ὦ ἄνδρες Ἀθηναῖοι, δείξειν οὐκ εἰς μακράν, ἂν οἵ τε θεοὶ θέλωσι καὶ ὑμεῖς βούλησθε.
Ὥσπερ γὰρ ἐν τοῖς σώμασιν, ἕως μὲν ἂν ἐῤῥωμένος ᾖ 21
τις, οὐδὲν ἐπαισθάνεται, ἐπὰν δὲ ἀῤῥώστημά τι συμβῇ, πάντα κινεῖται, κἂν ῥῆγμα κἂν στρέμμα κἂν ἄλλο τι τῶν ὑπαρχόντων σαθρὸν ᾖ, οὕτω καὶ τῶν πόλεων καὶ τῶν τυράννων, ἕως μὲν ἂν ἔξω πολεμῶσιν, ἀφανῆ τὰ κακὰ τοῖς πολλοῖς ἐστίν, ἐπειδὰν δὲ ὅμορος πόλεμος συμπλακῇ, πάντα ἐποίησεν ἔκδηλα.

Εἰ δέ τις ὑμῶν, ὦ ἄνδρες Ἀθηναῖοι, τὸν Φίλιππον 22
εὐτυχοῦντα ὁρῶν ταύτῃ φοβερὸν προσπολεμῆσαι νομίζει, σώφρονος μὲν ἀνθρώπου λογισμῷ χρῆται. Μεγάλη γὰρ ῥοπή, μᾶλλον δὲ τὸ ὅλον ἡ τύχη παρὰ πάντ' ἐστὶ τὰ τῶν ἀνθρώπων πράγματα· οὐ μὴν ἀλλ' ἔγωγε, εἴ τις αἵρεσίν μοι δοίη, τὴν τῆς ἡμετέρας πόλεως τύχην ἂν ἑλοίμην, ἐθελόντων ἃ προσήκει ποιεῖν ὑμῶν αὐτῶν

καὶ κατὰ μικρόν, ἢ τὴν ἐκείνου· πολὺ γὰρ πλείους
ἀφορμὰς εἰς τὸ τὴν παρὰ τῶν θεῶν εὔνοιαν ἔχειν ὁρῶ
23 ἡμῖν ἐνούσας ἢ ἐκείνῳ. Ἀλλ', οἶμαι, καθήμεθα οὐδὲν
ποιοῦντες· οὐκ ἔνι δ' αὐτὸν ἀργοῦντα οὐδὲ τοῖς φίλοις
ἐπιτάττειν ὑπὲρ αὑτοῦ τι ποιεῖν, μή τί γε δὴ τοῖς θεοῖς.
Οὐ δὴ θαυμαστόν ἐστιν, εἰ στρατευόμενος καὶ πονῶν
ἐκεῖνος αὐτὸς καὶ παρὼν ἐφ' ἅπασι καὶ μηδένα καιρὸν
μηδ' ὥραν παραλείπων ἡμῶν μελλόντων καὶ ψηφιζομέ-
νων καὶ πυνθανομένων περιγίγνεται. Οὐδὲ θαυμάζω
τοῦτ' ἐγώ· τοὐναντίον γὰρ ἂν ἦν θαυμαστόν, εἰ μηδὲν
ποιοῦντες ἡμεῖς ὧν τοῖς πολεμοῦσι προσήκει τοῦ πάντα
ποιοῦντος περιῆμεν.

24 Ἀλλ' ἐκεῖνο θαυμάζω, εἰ Λακεδαιμονίοις μέν ποτε,
ὦ ἄνδρες Ἀθηναῖοι, ὑπὲρ τῶν Ἑλληνικῶν δικαίων ἀντή-
ρατε, καὶ πολλὰ ἰδίᾳ πλεονεκτῆσαι πολλάκις ὑμῖν ἐξὸν
οὐκ ἠθελήσατε, ἀλλ' ἵν' οἱ ἄλλοι τύχωσι τῶν δικαίων,
τὰ ὑμέτερ' αὐτῶν ἀνηλίσκετε εἰσφέροντες καὶ προε-
κινδυνεύετε στρατευόμενοι, νυνὶ δ' ὀκνεῖτε ἐξιέναι καὶ
μέλλετε εἰσφέρειν ὑπὲρ τῶν ὑμετέρων αὐτῶν κτημάτων,
καὶ τοὺς μὲν ἄλλους σεσώκατε πολλάκις πάντας καὶ
καθ' ἕνα αὐτῶν ἕκαστον ἐν μέρει, τὰ δ' ὑμέτερ' αὐτῶν
25 ἀπολωλεκότες κάθησθε. Ταῦτα θαυμάζω, καὶ ἔτι πρὸς
τούτοις, εἰ μηδὲ εἷς ὑμῶν, ὦ ἄνδρες Ἀθηναῖοι, δύναται
λογίσασθαι πόσον πολεμεῖτε χρόνον Φιλίππῳ καὶ τί
ποιούντων ὑμῶν ὁ χρόνος διελήλυθεν οὗτος. Ἴστε γὰρ
δήπου τοῦθ', ὅτι μελλόντων αὐτῶν, ἑτέρους τινὰς ἐλπι-
ζόντων πράξειν, αἰτιωμένων ἀλλήλους, κρινόντων, πάλιν

ἐλπιζόντων, σχεδὸν ταὐτὰ ἅπερ νυνὶ ποιούντων, ἅπας
ὁ χρόνος διελήλυθεν.

Εἶθ' οὕτως ἀγνωμόνως ἔχετε, ὦ ἄνδρες Ἀθηναῖοι, 26
ὥστε δι' ὧν ἐκ χρηστῶν φαῦλα τὰ πράγματα τῆς πό-
λεως γέγονε, διὰ τούτων ἐλπίζετε τῶν αὐτῶν πράξεων
ἐκ φαύλων αὐτὰ χρηστὰ γενήσεσθαι; Ἀλλ' οὔτ' εὔ-
λογον οὔτ' ἔχον ἐστὶ φύσιν τοῦτό γε· πολὺ γὰρ ῥᾷον
ἔχοντας φυλάττειν ἢ κτήσασθαι πάντα πέφυκεν. Νυνὶ
δὲ ὅ τι μὲν φυλάξομεν, οὐδέν ἐστιν ὑπὸ τοῦ πολέμου
λοιπὸν τῶν πρότερον, κτήσασθαι δὲ δεῖ. Αὐτῶν οὖν
ἡμῶν ἔργον τοῦτ' ἤδη. Φημὶ δὴ δεῖν εἰσφέρειν χρή- 27
ματα, αὐτοὺς ἐξιέναι προθύμως, μηδέν' αἰτιᾶσθαι πρὶν
26 ἂν τῶν πραγμάτων κρατήσητε, τηνικαῦτα δὲ ἀπ' αὐτῶν
τῶν ἔργων κρίναντας, τοὺς μὲν ἀξίους ἐπαίνου τιμᾶν,
τοὺς δ' ἀδικοῦντας κολάζειν, τὰς προφάσεις δ' ἀφελεῖν
καὶ τὰ καθ' ὑμᾶς ἐλλείμματα· οὐ γὰρ ἔστι πικρῶς
ἐξετάσαι τί πέπρακται τοῖς ἄλλοις, ἂν μὴ παρ' ὑμῶν
αὐτῶν πρῶτον ὑπάρξῃ τὰ δέοντα.

Τίνος γὰρ ἕνεκα, ὦ ἄνδρες Ἀθηναῖοι, νομίζετε τοῦτον 28
μὲν φεύγειν τὸν πόλεμον πάντας ὅσους ἂν ἐκπέμψητε
στρατηγούς, ἰδίους δ' εὑρίσκειν πολέμους, εἰ δεῖ τι τῶν
ὄντων καὶ περὶ τῶν στρατηγῶν εἰπεῖν; Ὅτι ἐνταῦθα
μέν ἐστι τὰ ἆθλα, ὑπὲρ ὧν ἐστὶν ὁ πόλεμος, ὑμέτερα—
Ἀμφίπολις κἂν ληφθῇ, παραχρῆμα αὐτὴν ὑμεῖς κο-
μιεῖσθε—οἱ δὲ κίνδυνοι τῶν ἐφεστηκότων ἴδιοι, μισθὸς
δ' οὐκ ἔστιν· ἐκεῖ δὲ κίνδυνοι μὲν ἐλάττους, τὰ δὲ λήμ-
ματα τῶν ἐφεστηκότων καὶ τῶν στρατιωτῶν, Λάμψα-
κος, Σίγειον, τὰ πλοῖα ἃ συλῶσιν. Ἐπ' οὖν τὸ λυσι- 29

τελοῦν αὐτοῖς ἕκαστοι χωροῦσιν. Ὑμεῖς δέ, ὅταν μὲν εἰς τὰ πράγματα ἀποβλέψητε φαύλως ἔχοντα, τοὺς ἐφεστηκότας κρίνετε, ὅταν δὲ δόντες λόγον τὰς ἀνάγκας ἀκούσητε ταύτας, ἀφίετε. Περίεστι τοίνυν ὑμῖν ἀλλήλοις ἐρίζειν καὶ διεστάναι, τοῖς μὲν ταῦτα πεπεισμένοις, τοῖς δὲ ταῦτα, τὰ κοινὰ δ' ἔχειν φαύλως. Πρότερον μὲν γάρ, ὦ ἄνδρες Ἀθηναῖοι, εἰσεφέρετε κατὰ συμμορίας, νυνὶ δὲ πολιτεύεσθε κατὰ συμμορίας. Ῥήτωρ ἡγεμὼν ἑκατέρων, καὶ στρατηγὸς ὑπὸ τούτῳ, καὶ οἱ βοησόμενοι τριακόσιοι· οἱ δ' ἄλλοι προσνενέμησθε, οἱ μὲν ὡς τούτους, οἱ δὲ ὡς ἐκείνους.

30 Δεῖ δὴ ταῦτα ἐπανέντας καὶ ὑμῶν αὐτῶν ἔτι καὶ νῦν
γενομένους, κοινὸν καὶ τὸ βουλεύεσθαι καὶ τὸ λέγειν
καὶ τὸ πράττειν ποιῆσαι. Εἰ δὲ τοῖς μὲν ὥσπερ ἐκ 27
τυραννίδος ὑμῶν ἐπιτάττειν ἀποδώσετε, τοῖς δ' ἀναγκά-
ζεσθαι τριηραρχεῖν εἰσφέρειν στρατεύεσθαι, τοῖς δὲ
ψηφίζεσθαι κατὰ τούτων μόνον, ἄλλο δὲ μηδ' ὁτιοῦν
συμπονεῖν, οὐχὶ γενήσεται τῶν δεόντων ὑμῖν οὐδὲν ἐν
καιρῷ· τὸ γὰρ ἠδικημένον ἀεὶ μέρος ἐλλείψει, εἶθ' ὑμῖν
31 τούτους κολάζειν ἀντὶ τῶν ἐχθρῶν περιέσται. Λέγω
δὴ κεφάλαιον, πάντας εἰσφέρειν ἀφ' ὅσων ἕκαστος ἔχει,
τὸ ἴσον· πάντας ἐξιέναι κατὰ μέρος, ἕως ἂν ἅπαντες
στρατεύσησθε· πᾶσι τοῖς παριοῦσι λόγον διδόναι, καὶ
τὰ βέλτιστα ὧν ἂν ἀκούσητε αἱρεῖσθαι, μὴ ἃ ἂν ὁ
δεῖνα, ἢ ὁ δεῖνα εἴπῃ. Κἂν ταῦτα ποιῆτε, οὐ τὸν
εἰπόντα μόνον παραχρῆμα ἐπαινέσεσθε, ἀλλὰ καὶ ὑμᾶς
αὐτοὺς ὕστερον, βέλτιον τῶν ὅλων πραγμάτων ὑμῖν
ἐχόντων.

ΔΗΜΟΣΘΕΝΟΥΣ

ΟΛΥΝΘΙΑΚΟΣ Γ.

Οὐχὶ ταὐτὰ παρίσταταί μοι γιγνώσκειν, ὦ ἄνδρες 1
Ἀθηναῖοι, ὅταν τε εἰς τὰ πράγματα ἀποβλέψω καὶ
ὅταν πρὸς τοὺς λόγους οὓς ἀκούω. Τοὺς μὲν γὰρ
λόγους περὶ τοῦ τιμωρήσασθαι Φίλιππον ὁρῶ γιγνο-
μένους, τὰ δὲ πράγματα εἰς τοῦτο προήκοντα, ὥστε
ὅπως μὴ πεισόμεθα αὐτοὶ πρότερον κακῶς σκέψασθαι
δέον. Οὐδὲν οὖν ἄλλο μοι δοκοῦσιν οἱ τὰ τοιαῦτα
λέγοντες ἢ τὴν ὑπόθεσιν, περὶ ἧς βουλεύεσθε, οὐχὶ τὴν
οὖσαν παριστάντες ὑμῖν ἁμαρτάνειν. Ἐγὼ δ' ὅτι μέν 2
ποτ' ἐξῆν τῇ πόλει καὶ τὰ αὑτῆς ἔχειν ἀσφαλῶς καὶ
Φίλιππον τιμωρήσασθαι, καὶ μάλα ἀκριβῶς οἶδα· ἐπ'
ἐμοῦ γάρ, οὐχὶ πάλαι, γέγονε ταῦτα ἀμφότερα· νῦν
29 μέντοι πέπεισμαι τοῦθ' ἱκανὸν προλαβεῖν ἡμῖν εἶναι
τὴν πρώτην, ὅπως τοὺς συμμάχους σώσωμεν. Ἐὰν
γὰρ τοῦτο βεβαίως ὑπάρξῃ, τότε καὶ περὶ τοῦ τίνα
τρόπον τιμωρήσεταί τις ἐκεῖνον ἐξέσται σκοπεῖν· πρὶν
δὲ τὴν ἀρχὴν ὀρθῶς ὑποθέσθαι, μάταιον ἡγοῦμαι περὶ
τῆς τελευτῆς ὁντινοῦν ποιεῖσθαι λόγον.

3 Ὁ μὲν οὖν παρὼν καιρός, ὦ ἄνδρες Ἀθηναῖοι, εἴ πέρ
ποτε, πολλῆς φροντίδος καὶ βουλῆς δεῖται· ἐγὼ δὲ οὐχ
ὅ τι χρὴ περὶ τῶν παρόντων συμβουλεῦσαι χαλεπώ-
τατον ἡγοῦμαι, ἀλλ' ἐκεῖν' ἀπορῶ, τίνα χρὴ τρόπον, ὦ
ἄνδρες Ἀθηναῖοι, πρὸς ὑμᾶς περὶ αὐτῶν εἰπεῖν. Πέ-
πεισμαι γὰρ ἐξ ὧν παρὼν καὶ ἀκούων σύνοιδα, τὰ
πλείω τῶν πραγμάτων ὑμᾶς ἐκπεφευγέναι τῷ μὴ βού-
λεσθαι τὰ δέοντα ποιεῖν ἢ τῷ μὴ συνιέναι. Ἀξιῶ δὲ
ὑμᾶς, ἂν μετὰ παῤῥησίας ποιῶμαι τοὺς λόγους, ὑπο-
μένειν, τοῦτο θεωροῦντας, εἰ τἀληθῆ λέγω καὶ διὰ τοῦτο,
ἵνα τὰ λοιπὰ βελτίω γένηται· ὁρᾶτε γὰρ ὡς ἐκ τοῦ
πρὸς χάριν δημηγορεῖν ἐνίους εἰς πᾶν προελήλυθε
μοχθηρίας τὰ παρόντα.

4 Ἀναγκαῖον δὲ ὑπολαμβάνω μικρὰ τῶν γεγενημένων
πρῶτον ὑμᾶς ὑπομνῆσαι. Μέμνησθε, ὦ ἄνδρες Ἀθη-
ναῖοι, ὅτ' ἀπηγγέλθη Φίλιππος ὑμῖν ἐν Θρᾴκῃ τρίτον
ἢ τέταρτον ἔτος τουτὶ Ἡραῖον τεῖχος πολιορκῶν. Τότε
τοίνυν μὴν μὲν ἦν Μαιμακτηριών, πολλῶν δὲ λόγων
καὶ θορύβου γιγνομένου παρ' ὑμῖν, ἐψηφίσασθε τεττα-
ράκοντα τριήρεις καθέλκειν καὶ τοὺς μέχρι πέντε καὶ
τετταράκοντα ἐτῶν αὐτοὺς ἐμβαίνειν καὶ τάλαντα ἑξή-
5 κοντα εἰσφέρειν. Καὶ μετὰ ταῦτα διελθόντος τοῦ
ἐνιαυτοῦ τούτου, Ἑκατομβαιών, Μεταγειτνιών, Βοη-
δρομιών· τούτου τοῦ μηνὸς μόγις μετὰ τὰ μυστήρια
δέκα ναῦς ἀπεστείλατε ἔχοντα κενὰς Χαρίδημον καὶ
πέντε τάλαντα ἀργυρίου. Ὡς γὰρ ἠγγέλθη Φίλιπ-
πος ἀσθενῶν ἢ τεθνεὼς (ἦλθε γὰρ ἀμφότερα), οὐκέτι

καιρὸν οὐδένα τοῦ βοηθεῖν νομίσαντες ἀφεῖτε, ὦ ἄνδρες Ἀθηναῖοι, τὸν ἀπόστολον. Ἦν δ' οὗτος ὁ καιρὸς αὐτός· εἰ γὰρ τότε ἐκεῖσε ἐβοηθήσαμεν, ὥσπερ ἐψηφισάμεθα, προθύμως, οὐκ ἂν ἠνώχλει νῦν ἡμῖν ὁ Φίλιππος σωθείς.

Τὰ μὲν δὴ τότε πραχθέντα οὐκ ἂν ἄλλως ἔχοι· νῦν 6
δ' ἑτέρου πολέμου καιρὸς ἥκει τις, δι' ὃν καὶ περὶ τούτων ἐμνήσθην, ἵνα μὴ ταὐτὰ πάθητε. Τί δὴ χρησόμεθα, ὦ ἄνδρες Ἀθηναῖοι, τούτῳ; Εἰ γὰρ μὴ βοηθήσετε παντὶ σθένει κατὰ τὸ δυνατόν, θεάσασθε ὃν τρόπον ὑμεῖς ἐστρατηγηκότες πάντα ἔσεσθε ὑπὲρ
Φιλίππου. Ὑπῆρχον Ὀλύνθιοι δύναμίν τινα κεκτη- 7
μένοι, καὶ διέκειθ' οὕτω τὰ πράγματα· οὔτε Φίλιππος ἐθάῤῥει τούτους οὔθ' οὗτοι Φίλιππον. Ἐπράξαμεν ἡμεῖς κἀκεῖνοι πρὸς ἡμᾶς εἰρήνην· ἦν τοῦτο ὥσπερ ἐμπόδισμά τι τῷ Φιλίππῳ καὶ δυσχερές, πόλιν μεγάλην ἐφορμεῖν τοῖς ἑαυτοῦ καιροῖς διηλλαγμένην πρὸς ἡμᾶς. Ἐκπολεμῶσαι δεῖν ᾠόμεθα τοὺς ἀνθρώπους ἐκ παντὸς τρόπου· καὶ ὃ πάντες ἐθρύλουν, τοῦτο πέπρακται νυνὶ
ὁπωσδήποτε. Τί οὖν ὑπόλοιπον, ὦ ἄνδρες Ἀθηναῖοι, 8
πλὴν βοηθεῖν ἐῤῥωμένως καὶ προθύμως; Ἐγὼ μὲν οὐχ ὁρῶ. Χωρὶς γὰρ τῆς περιστάσης ἂν ἡμᾶς αἰσχύνης, εἰ καθυφείμεθά τι τῶν πραγμάτων, οὐδὲ τὸν φόβον, ὦ ἄνδρες Ἀθηναῖοι, μικρὸν ὁρῶ τὸν τῶν μετὰ ταῦτα, ἐχόντων μὲν ὡς ἔχουσι Θηβαίων ἡμῖν, ἀπειρηκότων δὲ χρήμασι Φωκέων, μηδενὸς δ' ἐμποδὼν ὄντος Φιλίππῳ τὰ παρόντα καταστρεψαμένῳ πρὸς ταῦτα ἐπικλῖναι τὰ

9 πράγματα. Ἀλλὰ μὴν εἴ τις ὑμῶν εἰς τοῦτο ἀναβάλ- 31
λεται ποιήσειν τὰ δέοντα, ἰδεῖν ἐγγύθεν βούλεται τὰ
δεινά, ἐξὸν ἀκούειν ἄλλοθι γιγνόμενα, καὶ βοηθοὺς
ἑαυτῷ ζητεῖν, ἐξὸν νῦν ἑτέροις αὐτὸν βοηθεῖν· ὅτι γὰρ
εἰς τοῦτο περιστήσεται τὰ πράγματα, ἐὰν τὰ παρόντα
προώμεθα, σχεδὸν ἴσμεν ἅπαντες δήπου.

10 Ἀλλ' ὅτι μὲν δὴ δεῖ βοηθεῖν, εἴποι τις ἄν,
πάντες ἐγνώκαμεν, καὶ βοηθήσομεν· τὸ δὲ
ὅπως, τοῦτο λέγε. Μὴ τοίνυν, ὦ ἄνδρες Ἀθηναῖοι,
θαυμάσητε, ἂν παράδοξον εἴπω τι τοῖς πολλοῖς. Νο-
μοθέτας καθίσατε. Ἐν δὲ τούτοις τοῖς νομοθέταις μὴ
θῆσθε νόμον μηδένα (εἰσὶ γὰρ ἱκανοὶ ὑμῖν), ἀλλὰ τοὺς
11 εἰς τὸ παρὸν βλάπτοντας ὑμᾶς λύσατε, — λέγω δὲ
τοὺς περὶ τῶν θεωρικῶν, σαφῶς οὑτωσί, καὶ τοὺς περὶ
τῶν στρατευομένων ἐνίους, ὧν οἱ μὲν τὰ στρατιωτικὰ
τοῖς οἴκοι μένουσι διανέμουσι θεωρικά, οἱ δὲ τοὺς ἀτα-
κτοῦντας ἀθῴους καθιστᾶσιν, εἶτα καὶ τοὺς τὰ δέοντα
ποιεῖν βουλομένους ἀθυμοτέρους ποιοῦσιν. Ἐπειδὰν
δὲ ταῦτα λύσητε καὶ τὴν τοῦ τὰ βέλτιστα λέγειν ὁδὸν
παράσχητε ἀσφαλῆ, τηνικαῦτα τὸν γράψοντα ἃ πάντες
12 ἴστε ὅτι συμφέρει ζητεῖτε. Πρὶν δὲ ταῦτα πρᾶξαι, μὴ
σκοπεῖτε τίς εἰπὼν τὰ βέλτιστα ὑπὲρ ὑμῶν ὑφ' ὑμῶν
ἀπολέσθαι βουλήσεται. Οὐ γὰρ εὑρήσετε, ἄλλως τε
καὶ τούτου μόνου περιγίγνεσθαι μέλλοντος, παθεῖν
ἀδίκως τι κακὸν τὸν ταῦτ' εἰπόντα καὶ γράψαντα, μηδὲν
δὲ ὠφελῆσαι τὰ πράγματα, ἀλλὰ καὶ εἰς τὸ λοιπὸν
μᾶλλον ἔτι ἢ νῦν τὸ τὰ βέλτιστα λέγειν φοβερώτερον

ποιῆσαι. Καὶ λύειν γε, ὦ ἄνδρες Ἀθηναῖοι, τοὺς νό-
μους δεῖ τούτους τοὺς αὐτοὺς ἀξιοῦν οἵπερ καὶ τεθεί-
κασιν· οὐ γάρ ἐστι δίκαιον τὴν μὲν χάριν, ἣ πᾶσαν 13
32 ἔβλαψε τὴν πόλιν, τοῖς τότε θεῖσιν ὑπάρχειν, τὴν δ'
ἀπέχθειαν, δι' ἧς ἂν ἅπαντες ἄμεινον πράξαιμεν, τῷ
νῦν τὰ βέλτιστα εἰπόντι ζημίαν γενέσθαι. Πρὶν δὲ
ταῦτα εὐτρεπίσαι, μηδαμῶς, ὦ ἄνδρες Ἀθηναῖοι, μηδένα
ἀξιοῦτε τηλικοῦτον εἶναι παρ' ὑμῖν, ὥστε τοὺς νόμους
τούτους παραβάντα μὴ δοῦναι δίκην, μηδ' οὕτως ἀνόη-
τον ὥστε εἰς προὖπτον κακὸν αὑτὸν ἐμβαλεῖν.

Οὐ μὴν οὐδ' ἐκεῖνό γ' ὑμᾶς ἀγνοεῖν δεῖ, ὦ ἄνδρες 14
Ἀθηναῖοι, ὅτι ψήφισμα οὐδενὸς ἄξιόν ἐστιν, ἂν μὴ
προσγένηται τὸ ποιεῖν ἐθέλειν τά γε δόξαντα προθύμως
ὑμᾶς. Εἰ γὰρ αὐτάρκη τὰ ψηφίσματα ἦν ἢ ὑμᾶς
ἀναγκάζειν ἃ προσήκει πράττειν ἢ περὶ ὧν ἂν γραφῇ
διαπράξασθαι, οὔτ' ἂν ὑμεῖς πολλὰ ψηφιζόμενοι, μικρά,
μᾶλλον δ' οὐδὲν ἐπράττετε τούτων, οὔτε Φίλιππος
τοσοῦτον ὑβρίκει χρόνον· πάλαι γὰρ ἂν ἕνεκά γε
ψηφισμάτων ἐδεδώκει δίκην. Ἀλλ' οὐχ οὕτω ταῦτ' 15
ἔχει· τὸ γὰρ πράττειν τοῦ λέγειν καὶ χειροτονεῖν ὕστε-
ρον ὂν τῇ τάξει, πρότερον τῇ δυνάμει καὶ κρεῖττόν ἐστιν.
Τοῦτ' οὖν δεῖ προσεῖναι, τὰ δ' ἄλλα ὑπάρχει. Καὶ
γὰρ εἰπεῖν τὰ δέοντα παρ' ὑμῖν εἰσίν, ὦ ἄνδρες Ἀθη-
ναῖοι, δυνάμενοι, καὶ γνῶναι πάντων ὑμεῖς ὀξύτατοι τὰ
ῥηθέντα, καὶ πρᾶξαι δὲ δυνήσεσθε νῦν, ἐὰν ὀρθῶς
ποιῆτε. Τίνα γὰρ χρόνον ἢ τίνα καιρόν, ὦ ἄνδρες 16
Ἀθηναῖοι, τοῦ παρόντος βελτίω ζητεῖτε; Ἢ πότε ἃ

δεῖ πράξετε, εἰ μὴ νῦν; Οὐχ ἅπαντα μὲν ἡμῶν προεί-
ληφε τὰ χωρία ἅνθρωπος, εἰ δὲ καὶ ταύτης κύριος τῆς
χώρας γενήσεται, πάντων αἴσχιστα πεισόμεθα; Οὐχ
οὕς, εἰ πολεμήσαιεν, ἑτοίμως σώσειν ὑπισχνούμεθα, 33
οὗτοι νῦν πολεμοῦνται; Οὐκ ἐχθρός; Οὐκ ἔχων τὰ
17 ἡμέτερα; Οὐ βάρβαρος; Οὐχ ὅ τι ἂν εἴποι τις;
Ἀλλὰ πρὸς θεῶν πάντα ἐάσαντες καὶ μόνον οὐχὶ
συγκατασκευάσαντες αὐτῷ τότε τοὺς αἰτίους, οἵτινές
εἰσι, τούτων ζητήσομεν; Οὐ γὰρ αὐτοί γ' αἴτιοι φή-
σομεν εἶναι, σαφῶς οἶδα τοῦτ' ἐγώ. Οὐδὲ γὰρ ἐν τοῖς
τοῦ πολέμου κινδύνοις τῶν φυγόντων οὐδεὶς ἑαυτοῦ
κατηγορεῖ, ἀλλὰ τοῦ στρατηγοῦ καὶ τῶν πλησίον καὶ
πάντων μᾶλλον, ἥττηνται δ' ὅμως διὰ πάντας τοὺς
φυγόντας δήπου· μένειν γὰρ ἐξῆν τῷ κατηγοροῦντι
τῶν ἄλλων, εἰ δὲ τοῦτ' ἐποίει ἕκαστος, ἐνίκων ἄν.

18 Καὶ νῦν οὐ λέγει τις τὰ βέλτιστα; Ἀναστὰς ἄλλος
εἰπάτω, μὴ τοῦτον αἰτιάσθω. Ἕτερος λέγει τις βελτίω;
Ταῦτα ποιεῖτε ἀγαθῇ τύχῃ. Ἀλλ' οὐχ ἡδέα ταῦτα;
Οὐκέτι τοῦθ' ὁ λέγων ἀδικεῖ, πλὴν εἰ δέον εὔξασθαι
παραλείπει. Εὔξασθαι μὲν γάρ, ὦ ἄνδρες Ἀθηναῖοι,
ῥᾴδιον, εἰς ταὐτὸ πάνθ' ὅσα βούλεταί τις ἀθροίσαντα
ἐν ὀλίγῳ· ἑλέσθαι δέ, ὅταν περὶ πραγμάτων προτεθῇ
σκοπεῖν, οὐκέθ' ὁμοίως εὔπορον, ἀλλὰ δεῖ τὰ βέλτιστα
ἀντὶ τῶν ἡδέων, ἂν μὴ συναμφότερα ἐξῇ, λαμβάνειν.
19 Εἰ δέ τις ἡμῖν ἔχει καὶ τὰ θεωρικὰ ἐᾶν καὶ
πόρους ἑτέρους λέγειν στρατιωτικούς, οὐχ οὗ-
τος κρείττων; Εἴποι τις ἄν. Φήμ' ἔγωγε, εἴπερ

ἔστιν, ὦ ἄνδρες Ἀθηναῖοι· ἀλλὰ θαυμάζω εἴ τῳ ποτε
ἀνθρώπων ἢ γέγονεν ἢ γενήσεται, ἂν τὰ παρόντα ἀνα-
λώσῃ πρὸς ἃ μὴ δεῖ, τῶν ἀπόντων εὐπορῆσαι πρὸς ἃ
δεῖ. Ἀλλ' οἶμαι, μέγα τοῖς τοιούτοις ὑπάρχει λόγοις
ἡ παρ' ἑκάστου βούλησις, διόπερ ῥᾷστον ἁπάντων
ἐστὶν αὑτὸν ἐξαπατῆσαι. Ὃ γὰρ βούλεται, τοῦθ'
34 ἕκαστος καὶ οἴεται, τὰ δὲ πράγματα πολλάκις οὐχ οὕτω
πέφυκεν. Ὁρᾶτε οὖν, ὦ ἄνδρες Ἀθηναῖοι, ταῦθ' οὕτως, 20
ὅπως καὶ τὰ πράγματα ἐνδέχεται καὶ δυνήσεσθε ἐξιέναι
καὶ μισθὸν ἕξετε. Οὔ τοι σωφρόνων οὐδὲ γενναίων
ἐστὶν ἀνθρώπων, ἐλλείποντάς τι δι' ἔνδειαν χρημάτων
τῶν τοῦ πολέμου, εὐχερῶς τὰ τοιαῦτα ὀνείδη φέρειν,
οὐδ' ἐπὶ μὲν Κορινθίους καὶ Μεγαρέας ἁρπάσαντας τὰ
ὅπλα πορεύεσθαι, Φίλιππον δ' ἐᾶν πόλεις Ἑλληνίδας
ἀνδραποδίζεσθαι δι' ἀπορίαν ἐφοδίων τοῖς στρατευο-
μένοις.

Καὶ ταῦτ' οὐχ ἵν' ἀπέχθωμαί τισιν ὑμῶν, τὴν ἄλλως 21
προῄρημαι λέγειν. Οὐ γὰρ οὕτως ἄφρων οὐδ' ἀτυχής
εἰμι ἐγώ, ὥστε ἀπεχθάνεσθαι βούλεσθαι μηδὲν ὠφελεῖν
νομίζων· ἀλλὰ δικαίου πολίτου κρίνω τὴν τῶν πραγμά-
των σωτηρίαν ἀντὶ τῆς ἐν τῷ λέγειν χάριτος αἱρεῖσθαι.
Καὶ γὰρ τοὺς ἐπὶ τῶν προγόνων ἡμῶν λέγοντας ἀκούω,
ὥσπερ ἴσως καὶ ὑμεῖς, οὓς ἐπαινοῦσι μὲν οἱ παριόντες
ἅπαντες, μιμοῦνται δ' οὐ πάνυ, τούτῳ τῷ ἔθει καὶ τῷ
τρόπῳ τῆς πολιτείας χρῆσθαι, τὸν Ἀριστείδην ἐκεῖνον,
τὸν Νικίαν, τὸν ὁμώνυμον ἐμαυτῷ, τὸν Περικλέα. Ἐξ 22
οὗ δ' οἱ διερωτῶντες ὑμᾶς οὗτοι πεφήνασι ῥήτορες, τί

βούλεσθε; Τί γράψω; Τί ὑμῖν χαρίσωμαι;
Προπέποται τῆς παραυτίκα χάριτος τὰ τῆς πόλεως
πράγματα καὶ τοιαυτὶ συμβαίνει, καὶ τὰ μὲν τούτων
23 πάντα καλῶς ἔχει, τὰ δ' ὑμέτερα αἰσχρῶς. Καίτοι
σκέψασθε, ὦ ἄνδρες Ἀθηναῖοι, ἅ τις ἂν κεφάλαια εἰπεῖν
ἔχοι τῶν τ' ἐπὶ τῶν προγόνων ἔργων καὶ τῶν ἐφ' ὑμῶν.
Ἔσται δὲ βραχὺς καὶ γνώριμος ὑμῖν ὁ λόγος· οὐ γὰρ
ἀλλοτρίοις ὑμῖν χρωμένοις παραδείγμασιν, ἀλλ' οἰκείοις,
ὦ ἄνδρες Ἀθηναῖοι, εὐδαίμοσιν ἔξεστι γενέσθαι.
24 Ἐκεῖνοι τοίνυν, οἷς οὐκ ἐχαρίζονθ' οἱ λέγοντες οὐδ'
ἐφίλουν αὐτοὺς ὥσπερ ὑμᾶς οὗτοι νῦν, πέντε μὲν καὶ
τετταράκοντα ἔτη τῶν Ἑλλήνων ἦρξαν ἑκόντων, πλείω
δ' ἢ μύρια τάλαντα εἰς τὴν ἀκρόπολιν ἀνήγαγον, ὑπή-
κουε δὲ ὁ ταύτην τὴν χώραν ἔχων αὐτοῖς βασιλεύς,
ὥσπερ ἐστὶ προσῆκον βάρβαρον Ἕλλησι, πολλὰ δὲ
καὶ καλὰ καὶ πεζῇ καὶ ναυμαχοῦντες ἔστησαν τρόπαια
αὐτοὶ στρατευόμενοι, μόνοι δὲ ἀνθρώπων κρείττω τὴν
25 ἐπὶ τοῖς ἔργοις δόξαν τῶν φθονούντων κατέλιπον. Ἐπὶ
μὲν δὴ τῶν Ἑλληνικῶν ἦσαν τοιοῦτοι· ἐν δὲ τοῖς κατὰ
τὴν πόλιν αὐτὴν θεάσασθε ὁποῖοι ἔν τε τοῖς κοινοῖς καὶ
ἐν τοῖς ἰδίοις. Δημοσίᾳ μὲν τοίνυν οἰκοδομήματα καὶ
κάλλη τοιαῦτα καὶ τοσαῦτα κατεσκεύασαν ἡμῖν ἱερῶν
καὶ τῶν ἐν τούτοις ἀναθημάτων, ὥστε μηδενὶ τῶν ἐπι-
26 γιγνομένων ὑπερβολὴν λελεῖφθαι· ἰδίᾳ δ' οὕτω σώ-
φρονες ἦσαν καὶ σφόδρα ἐν τῷ τῆς πολιτείας ἤθει
μένοντες, ὥστε τὴν Ἀριστείδου καὶ τὴν Μιλτιάδου καὶ
τῶν τότε λαμπρῶν οἰκίαν εἴ τις ἄρα οἶδεν ὑμῶν ὁποία

ποτ' ἐστίν, ὁρᾷ τῆς τοῦ γείτονος οὐδὲν σεμνοτέραν οὖσαν. Οὐ γὰρ εἰς περιουσίαν ἐπράττετο αὐτοῖς τὰ τῆς πόλεως, ἀλλὰ τὸ κοινὸν αὔξειν ἕκαστος ᾤετο δεῖν. Ἐκ δὲ τοῦ τὰ μὲν Ἑλληνικὰ πιστῶς, τὰ δὲ πρὸς τοὺς θεοὺς εὐσεβῶς, τὰ δ' ἐν αὑτοῖς ἴσως διοικεῖν, μεγάλην εἰκότως ἐκτήσαντο εὐδαιμονίαν.

Τότε μὲν δὴ τοῦτον τὸν τρόπον εἶχε τὰ πράγματα 27
ἐκείνοις, χρωμένοις οἷς εἶπον προστάταις· νυνὶ δὲ πῶς
36 ἡμῖν ὑπὸ τῶν χρηστῶν τῶν νῦν τὰ πράγματα ἔχει;
Ἆρά γε ὁμοίως καὶ παραπλησίως; Καὶ τὰ μὲν ἄλλα
σιωπῶ, πόλλ' ἂν ἔχων εἰπεῖν· ἀλλ' ὅσης ἅπαντες ὁρᾶτε
ἐρημίας ἐπειλημμένοι, καὶ Λακεδαιμονίων μὲν ἀπολωλό-
των, Θηβαίων δ' ἀσχόλων ὄντων, τῶν δ' ἄλλων οὐδενὸς
ὄντος ἀξιόχρεω περὶ τῶν πρωτείων ἡμῖν ἀντιτάξασθαι,
ἐξὸν δ' ἡμῖν καὶ τὰ ἡμέτερ' αὐτῶν ἀσφαλῶς ἔχειν καὶ
τὰ τῶν ἄλλων δίκαια βραβεύειν, ἀπεστερήμεθα μὲν 28
χώρας οἰκείας, πλείω δ' ἢ χίλια καὶ πεντακόσια τά-
λαντα ἀνηλώκαμεν εἰς οὐδὲν δέον, οὓς δ' ἐν τῷ πολέμῳ
συμμάχους ἐκτησάμεθα, εἰρήνης οὔσης ἀπολωλέκασιν
οὗτοι, ἐχθρὸν δ' ἐφ' ἡμᾶς αὐτοὺς τηλικοῦτον ἠσκήκαμεν.
Ἢ φρασάτω τις ἐμοὶ παρελθών, πόθεν ἄλλοθεν ἰσχυρὸς
γέγονεν ἢ παρ' ἡμῶν αὐτῶν Φίλιππος. Ἀλλ', ὦ τᾶν, 29
εἰ ταῦτα φαύλως, τά γ' ἐν αὐτῇ τῇ πόλει νῦν
ἄμεινον ἔχει. Καὶ τί ἂν εἰπεῖν τις ἔχοι; Τὰς
ἐπάλξεις ἃς κονιῶμεν, καὶ τὰς ὁδοὺς ἃς ἐπισκευάζομεν,
καὶ κρήνας, καὶ λήρους; Ἀποβλέψατε δὴ πρὸς τοὺς
ταῦτα πολιτευομένους, ὧν οἱ μὲν ἐκ πτωχῶν πλούσιοι

γεγόνασιν, οἱ δ' ἐξ ἀδόξων ἔντιμοι, ἔνιοι δὲ τὰς ἰδίας
οἰκίας τῶν δημοσίων οἰκοδομημάτων σεμνοτέρας εἰσὶ
κατεσκευασμένοι, ὅσῳ δὲ τὰ τῆς πόλεως ἐλάττω γέγονε,
τοσούτῳ τὰ τούτων ηὔξηται.

30 Τί δὴ τὸ πάντων αἴτιον τούτων, καὶ τί δή ποτε
ἅπαντ' εἶχε καλῶς τότε καὶ νῦν οὐκ ὀρθῶς; Ὅτι τὸ
μὲν πρῶτον καὶ στρατεύεσθαι τολμῶν αὐτὸς ὁ δῆμος
δεσπότης τῶν πολιτευομένων ἦν καὶ κύριος αὐτὸς ἁπάν-
των τῶν ἀγαθῶν, καὶ ἀγαπητὸν ἦν παρὰ τοῦ δήμου
τῶν ἄλλων ἑκάστῳ καὶ τιμῆς καὶ ἀρχῆς καὶ ἀγαθοῦ
31 τινὸς μεταλαβεῖν· νῦν δὲ τοὐναντίον κύριοι μὲν οἱ πολι- 37
τευόμενοι τῶν ἀγαθῶν, καὶ διὰ τούτων ἅπαντα πράττε-
ται, ὑμεῖς δ' ὁ δῆμος ἐκνενευρισμένοι καὶ περιῃρημένοι
χρήματα καὶ συμμάχους ἐν ὑπηρέτου καὶ προσθήκης
μέρει γεγένησθε, ἀγαπῶντες ἐὰν μεταδιδῶσι θεωρικῶν
ὑμῖν ἢ Βοηδρόμια πέμψωσιν οὗτοι, καὶ τὸ πάντων
ἀνδρειότατον, τῶν ὑμετέρων αὐτῶν χάριν προσοφείλετε.
Οἱ δ' ἐν αὐτῇ τῇ πόλει καθείρξαντες ὑμᾶς ἐπάγουσιν
ἐπὶ ταῦτα καὶ τιθασεύουσι χειροήθεις αὐτοῖς ποιοῦντες.
32 Ἔστι δ' οὐδέποτ', οἶμαι, μέγα καὶ νεανικὸν φρόνημα
λαβεῖν μικρὰ καὶ φαῦλα πράττοντας· ὁποῖ' ἄττα γὰρ
ἂν τὰ ἐπιτηδεύματα τῶν ἀνθρώπων ᾖ, τοιοῦτον ἀνάγκη
καὶ τὸ φρόνημα ἔχειν. Ταῦτα, μὰ τὴν Δήμητρα, οὐκ
ἂν θαυμάσαιμι, εἰ μείζων εἰπόντι ἐμοὶ γένοιτο παρ' ὑμῶν
βλάβη τῶν πεποιηκότων αὐτὰ γενέσθαι· οὐδὲ γὰρ
παῤῥησία περὶ πάντων ἀεὶ παρ' ὑμῖν ἐστίν, ἀλλ' ἔγωγε
ὅτι καὶ νῦν γέγονε θαυμάζω.

Ἐὰν οὖν ἀλλὰ νῦν γ' ἔτι ἀπαλλαγέντες τούτων τῶν 33
ἐθῶν ἐθελήσητε στρατεύεσθαί τε καὶ πράττειν ἀξίως
ὑμῶν αὐτῶν, καὶ ταῖς περιουσίαις ταῖς οἴκοι ταύταις
ἀφορμαῖς ἐπὶ τὰ ἔξω τῶν ἀγαθῶν χρήσησθε, ἴσως ἄν,
ἴσως, ὦ ἄνδρες Ἀθηναῖοι, τέλειόν τι καὶ μέγα κτή-
σαισθε ἀγαθόν, καὶ τῶν τοιούτων λημμάτων ἀπαλλα-
γείητε, ἃ τοῖς ἀσθενοῦσι παρὰ τῶν ἰατρῶν σιτίοις διδο-
μένοις ἔοικε· καὶ γὰρ οὔτ' ἰσχὺν ἐκεῖνα ἐντίθησιν οὔτ'
ἀποθνήσκειν ἐᾷ. Καὶ ταῦτα, ἃ νέμεσθε νῦν ὑμεῖς, οὔτε
τοσαῦτά ἐστιν ὥστε ὠφέλειαν ἔχειν τινὰ διαρκῆ, οὔτ'
ἀπογνόντας ἄλλο τι πράττειν ἐᾷ, ἀλλ' ἔστι ταῦτα τὴν
ἑκάστου ῥᾳθυμίαν ὑμῶν ἐπαυξάνοντα.

38 Οὐκοῦν σὺ μισθοφορὰν λέγεις; Φήσει τις. 34
Καὶ παραχρῆμά γε τὴν αὐτὴν σύνταξιν ἁπάντων, ὦ
ἄνδρες Ἀθηναῖοι, ἵνα τῶν κοινῶν ἕκαστος τὸ μέρος
λαμβάνων, ὅτου δέοιτο ἡ πόλις, τοῦθ' ὑπάρχοι. Ἔξε-
στιν ἄγειν ἡσυχίαν; Οἴκοι μένων βελτίων, τοῦ δι'
ἔνδειαν ἀνάγκῃ τι ποιεῖν αἰσχρὸν ἀπηλλαγμένος.
Συμβαίνει τι τοιοῦτον οἷον καὶ τὰ νῦν; Στρατιώτης
αὐτὸς ὑπάρχων ἀπὸ τῶν αὐτῶν τούτων λημμάτων, ὥς
πέρ ἐστι δίκαιον ὑπὲρ τῆς πατρίδος. Ἔστι τις ἔξω
τῆς ἡλικίας ἡμῶν; Ὅσα οὗτος ἀτάκτως νῦν λαμβά-
νων οὐκ ὠφελεῖ, ταῦτ' ἐν ἴσῃ τάξει λαμβανέτω πάντ'
ἐφορῶν καὶ διοικῶν ἃ χρὴ πράττεσθαι. Ὅλως δὲ οὔτ' 35
ἀφελὼν οὔτε προσθεὶς πλὴν μικρῶν, τὴν ἀταξίαν ἀνε-
λὼν εἰς τάξιν ἤγαγον τὴν πόλιν τὴν αὐτὴν τοῦ λαβεῖν,
τοῦ στρατεύεσθαι, τοῦ δικάζειν, τοῦ ποιεῖν τοῦθ' ὅ τι

καθ' ἡλικίαν ἕκαστος ἔχοι καὶ ὅτου καιρὸς εἴη, τάξιν ποιήσας. Οὐκ ἔστιν ὅπου μηδὲν ποιοῦσιν ἐγὼ τὰ τῶν ποιούντων εἶπον ὡς δεῖ νέμειν, οὐδ' αὐτοὺς μὲν ἀργεῖ[ν] καὶ σχολάζειν καὶ ἀπορεῖν, ὅτι δὲ οἱ τοῦ δεῖνος νικῶσ[ι] ξένοι, ταῦτα πυνθάνεσθαι· ταῦτα γὰρ νυνὶ γίγνεται

36 Καὶ οὐχὶ μέμφομαι τὸν ποιοῦντά τι τῶν δεόντων ὑπὲρ ὑμῶν, ἀλλὰ καὶ ὑμᾶς ὑπὲρ ὑμῶν αὐτῶν ἀξιῶ πράττειν ταῦτα ἐφ' οἷς ἑτέρους τιμᾶτε, καὶ μὴ παραχωρεῖν, ὦ ἄνδρες Ἀθηναῖοι, τῆς τάξεως, ἣν ὑμῖν οἱ πρόγονοι τῆς ἀρετῆς μετὰ πολλῶν καὶ καλῶν κινδύνων κτησάμενοι κατέλιπον.

Σχεδὸν εἴρηκα ἃ νομίζω συμφέρειν· ὑμεῖς δ' ἕλοισθε ὅ τι καὶ τῇ πόλει καὶ ἅπασι συνοίσειν ὑμῖν μέλλει.

ΔΗΜΟΣΘΕΝΟΥΣ

ΚΑΤΑ ΦΙΛΙΠΠΟΥ Α.

---

40 Εἰ μὲν περὶ καινοῦ τινὸς πράγματος προὐτίθετο, 1
ὦ ἄνδρες Ἀθηναῖοι, λέγειν, ἐπισχὼν ἂν ἕως οἱ πλεῖστοι
τῶν εἰωθότων γνώμην ἀπεφήναντο, εἰ μὲν ἤρεσκέ τί μοι
τῶν ὑπὸ τούτων ῥηθέντων, ἡσυχίαν ἂν ἦγον, εἰ δὲ μή,
τότ' ἂν αὐτὸς ἐπειρώμην ἃ γιγνώσκω λέγειν· ἐπειδὴ δὲ
ὑπὲρ ὧν πολλάκις εἰρήκασιν οὗτοι πρότερον συμβαίνει
καὶ νυνὶ σκοπεῖν, ἡγοῦμαι καὶ πρῶτος ἀναστὰς εἰκότως
ἂν συγγνώμης τυγχάνειν. Εἰ γὰρ ἐκ τοῦ παρεληλυ-
θότος χρόνου τὰ δέοντα οὗτοι συνεβούλευσαν, οὐδὲν ἂν
ὑμᾶς νῦν ἔδει βουλεύεσθαι.

Πρῶτον μὲν οὖν οὐκ ἀθυμητέον, ὦ ἄνδρες Ἀθηναῖοι, 2
τοῖς παροῦσι πράγμασιν, οὐδ' εἰ πάνυ φαύλως ἔχειν
δοκεῖ. Ὃ γάρ ἐστι χείριστον αὐτῶν ἐκ τοῦ παρεληλυθότος χρόνου, τοῦτο πρὸς τὰ μέλλοντα βέλτιστον ὑπάρχει. Τί οὖν ἐστὶ τοῦτο; Ὅτι οὐδέν, ὦ ἄνδρες Ἀθηναῖοι, τῶν δεόντων ποιούντων ὑμῶν κακῶς τὰ πράγματα ἔχει, ἐπεί τοι εἰ πάνθ' ἃ προσῆκε πραττόντων οὕτως εἶχεν, οὐδ' ἂν ἐλπὶς ἦν αὐτὰ βελτίω

3 γενέσθαι. Ἔπειτα ἐνθυμητέον καὶ παρ' ἄλλων ἀκού-
ουσι καὶ τοῖς εἰδόσιν αὐτοῖς ἀναμιμνησκομένοις, ἡλίκην
ποτ' ἐχόντων δύναμιν Λακεδαιμονίων, ἐξ οὗ χρόνος οὐ
πολύς, ὡς καλῶς καὶ προσηκόντως οὐδὲν ἀνάξιον ὑμεῖς
ἐπράξατε τῆς πόλεως, ἀλλ' ὑπεμείνατε ὑπὲρ τῶν δι-
καίων τὸν πρὸς ἐκείνους πόλεμον. Τίνος οὖν ἕνεκα 41
ταῦτα λέγω; Ἵν' εἰδῆτε, ὦ ἄνδρες Ἀθηναῖοι, καὶ
θεάσησθε ὅτι οὐδὲν οὔτε φυλαττομένοις ὑμῖν ἐστὶ φοβε-
ρὸν οὔτ', ἂν ὀλιγωρῆτε, τοιοῦτον οἷον ἂν ὑμεῖς βού-
λησθε, παραδείγμασι χρώμενοι τῇ τότε ῥώμῃ τῶν
Λακεδαιμονίων, ἧς ἐκρατεῖτε ἐκ τοῦ προσέχειν τοῖς
πράγμασι τὸν νοῦν, καὶ τῇ νῦν ὕβρει τούτου, δι' ἣν
ταραττόμεθα ἐκ τοῦ μηδὲν φροντίζειν ὧν ἐχρῆν.

4 Εἰ δέ τις ὑμῶν, ὦ ἄνδρες Ἀθηναῖοι, δυσπολέμητον
οἴεται τὸν Φίλιππον εἶναι, σκοπῶν τό τε πλῆθος τῆς
ὑπαρχούσης αὐτῷ δυνάμεως καὶ τὸ τὰ χωρία πάντα
ἀπολωλέναι τῇ πόλει, ὀρθῶς μὲν οἴεται, λογισάσθω
μέντοι τοῦθ', ὅτι εἴχομέν ποτε ἡμεῖς, ὦ ἄνδρες Ἀθη-
ναῖοι, Πύδναν καὶ Ποτίδαιαν καὶ Μεθώνην καὶ πάντα
τὸν τόπον τοῦτον οἰκεῖον κύκλῳ, καὶ πολλὰ τῶν μετ'
ἐκείνου νῦν ὄντων ἐθνῶν αὐτονομούμενα καὶ ἐλεύθερα
ὑπῆρχε καὶ μᾶλλον ἡμῖν ἐβούλετ' ἔχειν οἰκείως ἢ 'κείνῳ.
5 Εἰ τοίνυν ὁ Φίλιππος τότε ταύτην ἔσχε τὴν γνώμην, ὡς
χαλεπὸν πολεμεῖν ἐστὶν Ἀθηναίοις ἔχουσι τοσαῦτα
ἐπιτειχίσματα τῆς αὑτοῦ χώρας ἔρημον ὄντα συμμά-
χων, οὐδὲν ἂν ὧν νυνὶ πεποίηκεν ἔπραξεν, οὐδὲ τοσαύ-
την ἐκτήσατο δύναμιν. Ἀλλ' εἶδεν, ὦ ἄνδρες Ἀθη-

ναῖοι, τοῦτο καλῶς ἐκεῖνος, ὅτι ταῦτα μέν ἐστιν ἅπαντα
τὰ χωρία ἆθλα τοῦ πολέμου κείμενα ἐν μέσῳ, φύσει δ'
ὑπάρχει τοῖς παροῦσι τὰ τῶν ἀπόντων καὶ τοῖς ἐθέ-
λουσι πονεῖν καὶ κινδυνεύειν τὰ τῶν ἀμελούντων. Καὶ 6
γάρ τοι ταύτῃ χρησάμενος τῇ γνώμῃ πάντα κατέστρα-
πται καὶ ἔχει, τὰ μὲν ὡς ἂν ἑλών τις ἔχοι πολέμῳ, τὰ
42 δὲ σύμμαχα καὶ φίλα ποιησάμενος· καὶ γὰρ συμμαχεῖν
καὶ προσέχειν τὸν νοῦν τούτοις ἐθέλουσιν ἅπαντες, οὓς
ἂν ὁρῶσι παρεσκευασμένους καὶ πράττειν ἐθέλοντας ἃ
χρή.

Ἂν τοίνυν, ὦ ἄνδρες Ἀθηναῖοι, καὶ ὑμεῖς ἐπὶ τῆς 7
τοιαύτης ἐθελήσητε γενέσθαι γνώμης νῦν, ἐπειδήπερ οὐ
πρότερον, καὶ ἕκαστος ὑμῶν, οὗ δεῖ καὶ δύναιτ' ἂν
παρασχεῖν αὑτὸν χρήσιμον τῇ πόλει, πᾶσαν ἀφεὶς τὴν
εἰρωνείαν ἕτοιμος πράττειν ὑπάρξῃ, ὁ μὲν χρήματ' ἔχων
εἰσφέρειν, ὁ δ' ἐν ἡλικίᾳ στρατεύεσθαι, — συνελόντι δ'
ἁπλῶς ἢν ὑμῶν αὐτῶν ἐθελήσητε γενέσθαι καὶ παύ-
σησθε αὐτὸς μὲν οὐδὲν ἕκαστος ποιήσειν ἐλπίζων, τὸν
δὲ πλησίον πάνθ' ὑπὲρ αὐτοῦ πράξειν, καὶ τὰ ὑμέτερ'
αὐτῶν κομιεῖσθε, ἂν θεὸς θέλῃ, καὶ τὰ κατερρᾳθυμημένα
πάλιν ἀναλήψεσθε, κἀκεῖνον τιμωρήσεσθε. Μὴ γὰρ 8
ὡς θεῷ νομίζετ' ἐκείνῳ τὰ παρόντα πεπηγέναι πράγμα-
τα ἀθάνατα, ἀλλὰ καὶ μισεῖ τις ἐκεῖνον καὶ δέδιεν, ὦ
ἄνδρες Ἀθηναῖοι, καὶ φθονεῖ, καὶ τῶν πάνυ νῦν δοκούν-
των οἰκείως ἔχειν· καὶ ἅπανθ' ὅσα περ καὶ ἐν ἄλλοις
τισὶν ἀνθρώποις ἔνι, ταῦτα κἀν τοῖς μετ' ἐκείνου χρὴ
νομίζειν ἐνεῖναι. Κατέπτηχε μέντοι πάντα ταῦτα νῦν,

οὐκ ἔχοντ' ἀποστροφὴν διὰ τὴν ὑμετέραν βραδυτῆτα
καὶ ῥᾳθυμίαν, ἣν ἀποθέσθαι φημὶ δεῖν ἤδη.
9 Ὁρᾶτε γάρ, ὦ ἄνδρες Ἀθηναῖοι, τὸ πρᾶγμα, οἷ
προελήλυθεν ἀσελγείας ἄνθρωπος, ὃς οὐδ' αἵρεσιν ὑμῖν
δίδωσι τοῦ πράττειν ἢ ἄγειν ἡσυχίαν, ἀλλ' ἀπειλεῖ καὶ
λόγους ὑπερηφάνους, ὥς φασι, λέγει, καὶ οὐχ οἷός ἐστιν
ἔχων ἃ κατέστραπται μένειν ἐπὶ τούτων, ἀλλ' ἀεί τι
προσπεριβάλλεται καὶ κύκλῳ πανταχῇ μέλλοντας ἡμᾶς 43
10 καὶ καθημένους περιστοιχίζεται. Πότ' οὖν, ὦ ἄνδρες
Ἀθηναῖοι, πότε ἃ χρὴ πράξετε; Ἐπειδὰν τί γένηται;
Ἐπειδὰν νὴ Δί' ἀνάγκη ᾖ. Νῦν δὲ τί χρὴ τὰ
γιγνόμενα ἡγεῖσθαι; Ἐγὼ μὲν γὰρ οἴομαι τοῖς ἐλευ-
θέροις μεγίστην ἀνάγκην τὴν ὑπὲρ τῶν πραγμάτων
αἰσχύνην εἶναι. Ἢ βούλεσθε, εἰπέ μοι, περιιόντες αὑ-
τῶν πυνθάνεσθαι· Λέγεταί τι καινόν; Γένοιτο γὰρ
ἄν τι καινότερον ἢ Μακεδὼν ἀνὴρ Ἀθηναίους καταπο-
λεμῶν καὶ τὰ τῶν Ἑλλήνων διοικῶν; Τέθνηκε Φί-
11 λιππος; Οὐ μὰ Δί', ἀλλ' ἀσθενεῖ. Τί δ' ὑμῖν
διαφέρει; Καὶ γὰρ ἂν οὗτός τι πάθῃ, ταχέως ὑμεῖς
ἕτερον Φίλιππον ποιήσετε, ἄνπερ οὕτω προσέχητε τοῖς
πράγμασι τὸν νοῦν· οὐδὲ γὰρ οὗτος παρὰ τὴν αὑτοῦ
ῥώμην τοσοῦτον ἐπηύξηται ὅσον παρὰ τὴν ἡμετέραν
12 ἀμέλειαν. Καίτοι καὶ τοῦτο· εἴ τι πάθοι καὶ τὰ τῆς
τύχης ἡμῖν, ἥπερ ἀεὶ βέλτιον ἢ ἡμεῖς ἡμῶν αὐτῶν ἐπι-
μελούμεθα, καὶ τοῦτ' ἐξεργάσαιτο, ἴσθ' ὅτι πλησίον
μὲν ὄντες, ἅπασιν ἂν τοῖς πράγμασι τεταραγμένοις
ἐπιστάντες ὅπως βούλεσθε διοικήσαισθε, ὡς δὲ νῦν

ἔχετε, οὐδὲ διδόντων τῶν καιρῶν Ἀμφίπολιν δέξασθαι
δύναισθ᾽ ἄν, ἀπηρτημένοι καὶ ταῖς παρασκευαῖς καὶ
ταῖς γνώμαις.

Ὡς μὲν οὖν δεῖ τὰ προσήκοντα ποιεῖν ἐθέλοντας 13
ὑπάρχειν ἅπαντας ἑτοίμως, ὡς ἐγνωκότων ὑμῶν καὶ
πεπεισμένων, παύομαι λέγων· τὸν δὲ τρόπον τῆς πα-
ρασκευῆς ἣν ἀπαλλάξαι ἂν τῶν τοιούτων πραγμάτων
ἡμᾶς οἴομαι, καὶ τὸ πλῆθος ὅσον, καὶ πόρους οὕστινας
χρημάτων, καὶ τἆλλα ὡς ἄν μοι βέλτιστα καὶ τάχιστα
δοκεῖ παρασκευασθῆναι, καὶ δὴ πειράσομαι λέγειν,
44 δεηθεὶς ὑμῶν, ὦ ἄνδρες Ἀθηναῖοι, τοσοῦτον. Ἐπειδὰν 14
ἅπαντα ἀκούσητε, κρίνατε, μὴ πρότερον προλαμβάνετε·
μηδ᾽ ἂν ἐξ ἀρχῆς δοκῶ τινὶ καινὴν παρασκευὴν λέγειν,
ἀναβάλλειν με τὰ πράγματα ἡγείσθω. Οὐ γὰρ οἱ
ταχὺ καὶ τήμερον εἰπόντες μάλιστα εἰς δέον λέ-
γουσιν (οὐ γὰρ ἂν τά γε ἤδη γεγενημένα τῇ νυνὶ
βοηθείᾳ κωλῦσαι δυνηθείημεν), ἀλλ᾽ ὃς ἂν δείξῃ τίς 15
πορισθεῖσα παρασκευὴ καὶ πόση καὶ πόθεν διαμεῖναι
δυνήσεται, ἕως ἂν ἢ διαλυσώμεθα πεισθέντες τὸν πόλε-
μον ἢ περιγενώμεθα τῶν ἐχθρῶν· οὕτω γὰρ οὐκέτι τοῦ
λοιποῦ πάσχοιμεν ἂν κακῶς. Οἶμαι τοίνυν ἐγὼ ταῦτα
λέγειν ἔχειν, μὴ κωλύων εἴ τις ἄλλος επαγγέλλεταί τι.
Ἡ μὲν οὖν ὑπόσχεσις οὕτω μεγάλη, τὸ δὲ πρᾶγμα
ἤδη τὸν ἔλεγχον δώσει· κριταὶ δ᾽ ὑμεῖς ἔσεσθε.

Πρῶτον μὲν τοίνυν, ὦ ἄνδρες Ἀθηναῖοι, τριήρεις 16
πεντήκοντα παρασκευάσασθαί φημι δεῖν, εἶτ᾽ αὐτοὺς
οὕτω τὰς γνώμας ἔχειν ὡς, ἐάν τι δέῃ, πλευστέον εἰς

ταύτας αὐτοῖς ἐμβᾶσιν. Πρὸς δὲ τουτοις, τοῖς ἡμίσεσι
τῶν ἱππέων ἱππαγωγοὺς τριήρεις καὶ πλοῖα ἱκανὰ εὐ-
17 τρεπίσαι κελεύω. Ταῦτα μὲν οἶμαι δεῖν ὑπάρχειν ἐπὶ
τὰς ἐξαίφνης ταύτας ἀπὸ τῆς οἰκείας χώρας αὐτοῦ
στρατείας εἰς Πύλας καὶ Χεῤῥόνησον καὶ Ὄλυνθον
καὶ ὅποι βούλεται· δεῖ γὰρ ἐκείνῳ τοῦτο ἐν τῇ γνώμῃ
παραστῆσαι, ὡς ὑμεῖς ἐκ τῆς ἀμελείας ταύτης τῆς ἄγαν,
ὥσπερ εἰς Εὔβοιαν καὶ πρότερόν ποτέ φασιν εἰς Ἁλί-
αρτον καὶ τὰ τελευταῖα πρώην εἰς Πύλας, ἴσως ἂν
18 ὁρμήσαιτε. Οὔτοι παντελῶς οὐδ᾽ εἰ μὴ ποιήσαιτ᾽ ἂν 45
τοῦτο, ὡς ἔγωγέ φημι δεῖν, εὐκαταφρόνητόν ἐστιν, ἵν᾽
ἢ διὰ τὸν φόβον εἰδὼς εὐτρεπεῖς ὑμᾶς (εἴσεται γὰρ
ἀκριβῶς· εἰσὶ γάρ, εἰσὶν οἱ πάντ᾽ ἐξαγγέλλοντες ἐκείνῳ
παρ᾽ ἡμῶν αὐτῶν πλείους τοῦ δέοντος), ἡσυχίαν ἔχῃ,
ἢ παριδὼν ταῦτα ἀφύλακτος ληφθῇ, μηδενὸς ὄντος
ἐμποδὼν πλεῖν ἐπὶ τὴν ἐκείνου χώραν ὑμῖν, ἂν ἐνδῷ
καιρόν.

19 Ταῦτα μέν ἐστιν ἃ πᾶσι δεδόχθαι φημὶ δεῖν καὶ
παρεσκευάσθαι προσήκειν οἶμαι· πρὸ δὲ τούτων δύνα-
μίν τινα, ὦ ἄνδρες Ἀθηναῖοι, φημὶ προχειρίσασθαι δεῖν
ὑμᾶς, ἣ συνεχῶς πολεμήσει καὶ κακῶς ἐκεῖνον ποιήσει.
Μή μοι μυρίους μηδὲ δισμυρίους ξένους, μηδὲ τὰς
ἐπιστολιμαίους ταύτας δυνάμεις, ἀλλ᾽ ἣ τῆς πόλεως
ἔσται, κἂν ὑμεῖς ἕνα κἂν πλείους κἂν τὸν δεῖνα κἂν
ὁντινοῦν χειροτονήσητε στρατηγόν, τούτῳ πείσεται καὶ
ἀκολουθήσει. Καὶ τροφὴν ταύτῃ πορίσαι κελεύω.
20 Ἔσται δ᾽ αὕτη τίς ἡ δύναμις καὶ πόση, καὶ πόθεν τὴν

τροφὴν ἕξει, καὶ πῶς ταῦτ' ἐθελήσει ποιεῖν; Ἐγὼ
φράσω, καθ' ἕκαστον τούτων διεξιὼν χωρίς. Ξένους
μὲν λέγω — καὶ ὅπως μὴ ποιήσητε τοῦθ' ὃ πολλάκις
ὑμᾶς ἔβλαψεν (πάντ' ἐλάττω νομίζοντες εἶναι τοῦ
δέοντος, καὶ τὰ μέγιστ' ἐν τοῖς ψηφίσμασιν αἱρούμενοι,
ἐπὶ τῷ πράττειν οὐδὲ τὰ μικρὰ ποιεῖτε), ἀλλὰ τὰ μικρὰ
ποιήσαντες καὶ πορίσαντες τούτοις προστίθετε, ἂν
ἐλάττω φαίνηται, — λέγω δὴ τοὺς πάντας στρατιώτας 21
δισχιλίους, τούτων δὲ Ἀθηναίους φημὶ δεῖν εἶναι πεντα-
κοσίους, ἐξ ἧς ἄν τινος ὑμῖν ἡλικίας καλῶς ἔχειν δοκῇ,
χρόνον τακτὸν στρατευομένους, μὴ μακρὸν τοῦτον, ἀλλ'
ὅσον ἂν δοκῇ καλῶς ἔχειν, ἐκ διαδοχῆς ἀλλήλοις· τοὺς
46 δ' ἄλλους ξένους εἶναι κελεύω. Καὶ μετὰ τούτων
ἱππέας διακοσίους, καὶ τούτων πεντήκοντα Ἀθηναίους
τοὐλάχιστον, ὥσπερ τοὺς πεζούς, τὸν αὐτὸν τρόπον
στρατευομένους· καὶ ἱππαγωγοὺς τούτοις. Εἶεν· τί 22
πρὸς τούτοις ἔτι; Ταχείας τριήρεις δέκα. Δεῖ γάρ,
ἔχοντος ἐκείνου ναυτικόν, καὶ ταχειῶν τριήρων ἡμῖν,
ὅπως ἀσφαλῶς ἡ δύναμις πλέῃ. Πόθεν δὴ τούτοις ἡ
τροφὴ γενήσεται; Ἐγὼ καὶ τοῦτο φράσω καὶ δείξω,
ἐπειδάν, διότι τηλικαύτην ἀποχρῆν οἶμαι τὴν δύναμιν
καὶ πολίτας τοὺς στρατευομένους εἶναι κελεύω, διδάξω.

Τοσαύτην μέν, ὦ ἄνδρες Ἀθηναῖοι, διὰ ταῦτα, ὅτι 23
οὐκ ἔνι νῦν ἡμῖν πορίσασθαι δύναμιν τὴν ἐκείνῳ παρα-
ταξομένην, ἀλλὰ λῃστεύειν ἀνάγκη καὶ τούτῳ τῷ τρόπῳ
τοῦ πολέμου χρῆσθαι τὴν πρώτην· οὐ τοίνυν ὑπέρογκον
αὐτὴν (οὐ γὰρ ἔστι μισθὸς οὐδὲ τροφή), οὐδὲ παντελῶς

ταπεινὴν εἶναι δεῖ. Πολίτας δὲ παρεῖναι καὶ συμπλεῖν
διὰ ταῦτα κελεύω, ὅτι καὶ πρότερόν ποτ' ἀκούω ξενικὸν
τρέφειν ἐν Κορίνθῳ τὴν πόλιν, οὗ Πολύστρατος ἡγεῖτο
καὶ Ἰφικράτης καὶ Χαβρίας καὶ ἄλλοι τινές, καὶ αὐτοὺς
24 ὑμᾶς συστρατεύεσθαι· καὶ οἶδα ἀκούων ὅτι Λακεδαι-
μονίους παραταττόμενοι μεθ' ὑμῶν ἐνίκων οὗτοι οἱ ξένοι
καὶ ὑμεῖς μετ' ἐκείνων. Ἐξ οὗ δ' αὐτὰ καθ' αὑτὰ τὰ
ξενικὰ ὑμῖν στρατεύεται, τοὺς φίλους νικᾷ καὶ τοὺς
συμμάχους, οἱ δ' ἐχθροὶ μείζους τοῦ δέοντος γεγόνασιν.
Καὶ παρακύψαντα ἐπὶ τὸν τῆς πόλεως πόλεμον, πρὸς
Ἀρτάβαζον καὶ πανταχοῖ μᾶλλον οἴχεται πλέοντα, ὁ δὲ
στρατηγὸς ἀκολουθεῖ, εἰκότως· οὐ γὰρ ἔστιν ἄρχειν 47
μὴ διδόντα μισθόν.

25 Τί οὖν κελεύω; Τὰς προφάσεις ἀφελεῖν καὶ τοῦ
στρατηγοῦ καὶ τῶν στρατιωτῶν, μισθὸν πορίσαντας καὶ
στρατιώτας οἰκείους ὥσπερ ἐπόπτας τῶν στρατηγουμέ-
νων παρακαταστήσαντας, ἐπεὶ νῦν γε γέλως ἔσθ' ὡς
χρώμεθα τοῖς πράγμασιν. Εἰ γὰρ ἔροιτό τις ὑμᾶς,
Εἰρήνην ἄγετε, ὦ ἄνδρες Ἀθηναῖοι; Μὰ Δί'
οὐχ ἡμεῖς γε, εἴποιτ' ἄν, ἀλλὰ Φιλίππῳ πολε-
26 μοῦμεν. Οὐκ ἐχειροτονεῖτε δὲ ἐξ ὑμῶν αὐτῶν δέκα τα-
ξιάρχους καὶ στρατηγοὺς καὶ φυλάρχους καὶ ἱππάρχους
δύο; Τί οὖν οὗτοι ποιοῦσιν; Πλὴν ἑνὸς ἀνδρός, ὃν
ἂν ἐκπέμψητε ἐπὶ τὸν πόλεμον, οἱ λοιποὶ τὰς πομπὰς
πέμπουσιν ὑμῖν μετὰ τῶν ἱεροποιῶν· ὥσπερ γὰρ οἱ
πλάττοντες τοὺς πηλίνους, εἰς τὴν ἀγορὰν χειροτονεῖτε
τοὺς ταξιάρχους καὶ τοὺς φυλάρχους, οὐκ ἐπὶ τὸν πόλε-

μον. Οὐ γὰρ ἐχρῆν, ὦ ἄνδρες Ἀθηναῖοι, ταξιάρχους 27
παρ' ὑμῶν, ἵππαρχον παρ' ὑμῶν ἄρχοντας οἰκείους
εἶναι, ἵν' ἦν ὡς ἀληθῶς τῆς πόλεως ἡ δύναμις; Ἀλλ'
εἰς μὲν Λῆμνον τὸν παρ' ὑμῶν ἵππαρχον δεῖ πλεῖν, τῶν
δ' ὑπὲρ τῶν τῆς πόλεως κτημάτων ἀγωνιζομένων Μενέ-
λαον ἱππαρχεῖν; Καὶ οὐ τὸν ἄνδρα μεμφόμενος ταῦτα
λέγω, ἀλλ' ὑφ' ὑμῶν ἔδει κεχειροτονημένον εἶναι τοῦτον,
ὅστις ἂν ᾖ.

Ἴσως δὲ ταῦτα μὲν ὀρθῶς ἡγεῖσθε λέγεσθαι, τὸ δὲ 28
τῶν χρημάτων, πόσα καὶ πόθεν ἔσται, μάλιστα πο-
θεῖτε ἀκοῦσαι. Τοῦτο δὴ καὶ περαίνω. Χρήματα
τοίνυν, ἔστι μὲν ἡ τροφή, σιτηρέσιον τῇ δυνάμει ταύτῃ,
τάλαντα ἐνενήκοντα καὶ μικρόν τι πρός, δέκα μὲν ναυσὶ
48 ταχείαις τετταράκοντα τάλαντα, εἴκοσιν εἰς τὴν ναῦν
μναῖ τοῦ μηνὸς ἑκάστου, στρατιώταις δὲ δισχιλίοις
τοσαῦθ' ἕτερα, ἵνα δέκα τοῦ μηνὸς ὁ στρατιώτης δρα-
χμὰς σιτηρέσιον λαμβάνῃ, τοῖς δ' ἱππεῦσι διακοσίοις
οὖσιν, ἐὰν τριάκοντα δραχμὰς ἕκαστος λαμβάνῃ τοῦ
μηνός, δώδεκα τάλαντα. Εἰ δέ τις οἴεται μικρὰν 29
ἀφορμὴν εἶναι, σιτηρέσιον τοῖς στρατευομένοις ὑπάρχειν,
οὐκ ὀρθῶς ἔγνωκεν· ἐγὼ γὰρ οἶδα σαφῶς ὅτι, τοῦτ' ἂν
γένηται, προσποριεῖ τὰ λοιπὰ αὐτὸ τὸ στράτευμα ἀπὸ
τοῦ πολέμου, οὐδένα τῶν Ἑλλήνων ἀδικοῦν οὐδὲ τῶν
συμμάχων, ὥστ' ἔχειν μισθὸν ἐντελῆ. Ἐγὼ συμπλέων
ἐθελοντὴς πάσχειν ὁτιοῦν ἕτοιμος, ἐὰν μὴ ταῦθ' οὕτως
ἔχῃ. Πόθεν οὖν ὁ πόρος τῶν χρημάτων, ἃ παρ' ὑμῶν
κελεύω γενέσθαι, τοῦτ' ἤδη λέξω.

ΠΟΡΟΥ ΑΠΟΔΕΙΞΙΣ.

30 Ἃ μὲν οὖν ἡμεῖς, ὦ ἄνδρες Ἀθηναῖοι, δεδυνήμεθα
εὑρεῖν, ταῦτά ἐστιν· ἐπειδὰν δ' ἐπιχειροτονῆτε τὰς
γνώμας, ἃ ἂν ὑμῖν ἀρέσκῃ χειροτονήσετε, ἵνα μὴ μόνον
ἐν τοῖς ψηφίσμασι καὶ ἐν ταῖς ἐπιστολαῖς πολεμῆτε
Φιλίππῳ, ἀλλὰ καὶ τοῖς ἔργοις.

31 Δοκεῖτε δέ μοι πολὺ βέλτιον ἂν περὶ τοῦ πολέμου
καὶ ὅλης τῆς παρασκευῆς βουλεύσασθαι, εἰ τὸν τόπον,
ὦ ἄνδρες Ἀθηναῖοι, τῆς χώρας, πρὸς ἣν πολεμεῖτε,
ἐνθυμηθείητε, καὶ λογίσαισθε ὅτι τοῖς πνεύμασι καὶ
ταῖς ὥραις τοῦ ἔτους τὰ πολλὰ προλαμβάνων διαπράτ-
τεται Φίλιππος καὶ φυλάξας τοὺς ἐτησίας ἢ τὸν χει-
μῶνα ἐπιχειρεῖ, ἡνίκ' ἂν ἡμεῖς μὴ δυναίμεθα ἐκεῖσε
32 ἀφικέσθαι. Δεῖ τοίνυν ταῦτ' ἐνθυμουμένους μὴ βοη-
θείαις πολεμεῖν (ὑστεριοῦμεν γὰρ ἁπάντων), ἀλλὰ πα- 49
ρασκευῇ συνεχεῖ καὶ δυνάμει. Ὑπάρχει δ' ὑμῖν χειμα-
δίῳ μὲν χρῆσθαι τῇ δυνάμει Λήμνῳ καὶ Θάσῳ καὶ
Σκιάθῳ καὶ ταῖς ἐν τούτῳ τῷ τόπῳ νήσοις, ἐν αἷς
καὶ λιμένες καὶ σῖτος καὶ ἃ χρὴ στρατεύματι πάνθ'
ὑπάρχει· τὴν δ' ὥραν τοῦ ἔτους, ὅτε καὶ πρὸς τῇ γῇ
γενέσθαι ῥᾴδιον καὶ τὸ τῶν πνευμάτων ἀσφαλές, πρὸς
αὐτῇ τῇ χώρᾳ καὶ πρὸς τοῖς τῶν ἐμπορίων στόμασι
ῥᾳδίως ἔσται.

33 Ἃ μὲν οὖν χρήσεται καὶ πότε τῇ δυνάμει, παρὰ τὸν
καιρὸν ὁ τούτων κύριος καταστὰς ὑφ' ὑμῶν βουλεύσε-
ται· ἃ δ' ὑπάρξαι δεῖ παρ' ὑμῶν, ταῦτ' ἐστὶν ἃ ἐγὼ

γέγραφα. Ἂν ταῦτα, ὦ ἄνδρες Ἀθηναῖοι, πορίσητε τὰ
χρήματα πρῶτον ἃ λέγω, εἶτα καὶ τἆλλα παρασκευά-
σαντες, τοὺς στρατιώτας, τὰς τριήρεις, τοὺς ἱππέας,
ἐντελῆ πᾶσαν τὴν δύναμιν νόμῳ κατακλείσητε ἐπὶ τῷ
πολέμῳ μένειν, τῶν μὲν χρημάτων αὐτοὶ ταμίαι καὶ
πορισταὶ γιγνόμενοι, τῶν δὲ πράξεων παρὰ τοῦ στρα-
τηγοῦ τὸν λόγον ζητοῦντες, παύσεσθ' ἀεὶ περὶ τῶν
αὐτῶν βουλευόμενοι καὶ πλέον οὐδὲν ποιοῦντες, καὶ ἔτι 34
πρὸς τούτῳ πρῶτον μέν, ὦ ἄνδρες Ἀθηναῖοι, τὸν μέ-
γιστον τῶν ἐκείνου πόρων ἀφαιρήσεσθε. Ἔστι δ' οὗτος
τίς ; Ἀπὸ τῶν ὑμετέρων ὑμῖν πολεμεῖ συμμάχων,
ἄγων καὶ φέρων τοὺς πλέοντας τὴν θάλατταν. Ἔπειτα
τί πρὸς τούτῳ ; Τοῦ πάσχειν αὐτοὶ κακῶς ἔξω γενή-
σεσθε, οὐχ ὥσπερ τὸν παρελθόντα χρόνον εἰς Λῆμνον
καὶ Ἴμβρον ἐμβαλὼν αἰχμαλώτους πολίτας ὑμετέρους
ᾤχετ' ἔχων, πρὸς τῷ Γεραιστῷ τὰ πλοῖα συλλαβὼν
ἀμύθητα χρήματ' ἐξέλεξε, τὰ τελευταῖα εἰς Μαραθῶνα
ἀπέβη καὶ τὴν ἱερὰν ἀπὸ τῆς χώρας ᾤχετ' ἔχων τριήρη,
ὑμεῖς δ' οὔτε ταῦτα δύνασθε κωλύειν οὔτ' εἰς τοὺς χρό-
νους οὓς ἂν προθῆσθε βοηθεῖν.

Καίτοι τί δή ποτε, ὦ ἄνδρες Ἀθηναῖοι, νομίζετε τὴν 35
μὲν τῶν Παναθηναίων ἑορτὴν καὶ τὴν τῶν Διονυσίων
ἀεὶ τοῦ καθήκοντος χρόνου γίγνεσθαι, ἄν τε δεινοὶ λά-
χωσιν ἄν τε ἰδιῶται οἱ τούτων ἑκατέρων ἐπιμελούμενοι,
εἰς ἃ τοσαῦτ' ἀναλίσκεται χρήματα ὅσα οὐδ' εἰς ἕνα
τῶν ἀποστόλων, καὶ τοσοῦτον ὄχλον καὶ παρασκευὴν
ὅσην οὐκ οἶδ' εἴ τι τῶν ἁπάντων ἔχει, τοὺς δ' ἀποστό-

λους πάντας ὑμῖν ὑστερίζειν τῶν καιρῶν, τὸν εἰς Μεθώ-
36 νην, τὸν εἰς Παγασάς, τὸν εἰς Ποτίδαιαν; Ὅτι ἐκεῖνα
μὲν ἅπαντα νόμῳ τέτακται, καὶ πρόοιδεν ἕκαστος ὑμῶν
ἐκ πολλοῦ τίς χορηγὸς ἢ γυμνασίαρχος τῆς φυλῆς,
πότε καὶ παρὰ τοῦ καὶ τί λαβόντα τί δεῖ ποιεῖν, οὐδὲν
ἀνεξέταστον οὐδ' ἀόριστον ἐν τούτοις ἠμέληται, ἐν δὲ
τοῖς περὶ τοῦ πολέμου καὶ τῇ τούτου παρασκευῇ ἄτα-
κτα, ἀδιόρθωτα, ἀόριστα ἅπαντα. Τοιγαροῦν ἅμα
ἀκηκόαμέν τι καὶ τριηράρχους καθίσταμεν καὶ τούτοις
ἀντιδόσεις ποιούμεθα καὶ περὶ χρημάτων πόρου σκο-
ποῦμεν, καὶ μετὰ ταῦτα ἐμβαίνειν τοὺς μετοίκους ἔδοξε
καὶ τοὺς χωρὶς οἰκοῦντας, εἶτ' αὐτοὺς πάλιν ἀντεμβι-
βάζειν, εἶτ' ἐν ὅσῳ ταῦτα μέλλεται, προαπόλωλεν τὸ
37 ἐφ' ὃ ἂν ἐκπλέωμεν· τὸν γὰρ τοῦ πράττειν χρόνον εἰς
τὸ παρασκευάζεσθαι ἀναλίσκομεν, οἱ δὲ τῶν πραγμά-
των οὐ μένουσι καιροὶ τὴν ἡμετέραν βραδυτῆτα καὶ
εἰρωνείαν. Ἃς δὲ τὸν μεταξὺ χρόνον δυνάμεις οἰόμεθ'
ἡμῖν ὑπάρχειν, οὐδὲν οἷαί τε οὖσαι ποιεῖν ἐπ' αὐτῶν
τῶν καιρῶν ἐξελέγχονται. Ὁ δ' εἰς τοῦθ' ὕβρεως 51
ἐλήλυθεν ὥστ' ἐπιστέλλειν Εὐβοεῦσιν ἤδη τοιαύτας
ἐπιστολάς.

ΕΠΙΣΤΟΛΗ.

38 Τούτων, ὦ ἄνδρες Ἀθηναῖοι, τῶν ἀνεγνωσμένων
ἀληθῆ μέν ἐστι τὰ πολλά, ὡς οὐκ ἔδει, οὐ μὴν ἀλλ'
ἴσως οὐχ ἡδέα ἀκούειν. Ἀλλ' εἰ μέν, ὅσα ἄν τις
ὑπερβῇ τῷ λόγῳ, ἵνα μὴ λυπήσῃ, καὶ τὰ πράγματα

ὑπερβήσεται, δεῖ πρὸς ἡδονὴν δημηγορεῖν· εἰ δ' ἡ τῶν
λόγων χάρις, ἂν ᾖ μὴ προσήκουσα, ἔργῳ ζημία γίγνε-
ται, αἰσχρόν ἐστιν, ὦ ἄνδρες Ἀθηναῖοι, φενακίζειν
ἑαυτούς, καὶ ἅπαντ' ἀναβαλλομένους ἃ ἂν ᾖ δυσχερῆ
πάντων ὑστερίζειν τῶν ἔργων, καὶ μηδὲ τοῦτο δύνασθαι 39
μαθεῖν, ὅτι δεῖ τοὺς ὀρθῶς πολέμῳ χρωμένους οὐκ ἀκο-
λουθεῖν τοῖς πράγμασιν, ἀλλ' αὐτοὺς ἔμπροσθεν εἶναι
τῶν πραγμάτων, καὶ τὸν αὐτὸν τρόπον ὥσπερ τῶν
στρατευμάτων ἀξιώσειέν τις ἂν τὸν στρατηγὸν ἡγεῖσθαι,
οὕτω καὶ τῶν πραγμάτων τοὺς βουλευομένους, ἵν' ἃ ἂν
ἐκείνοις δοκῇ, ταῦτα πράττηται καὶ μὴ τὰ συμβάντα
ἀναγκάζωνται διώκειν. Ὑμεῖς δέ, ὦ ἄνδρες Ἀθηναῖοι, 40
πλείστην δύναμιν ἁπάντων ἔχοντες, τριήρεις, ὁπλίτας,
ἱππέας, χρημάτων πρόσοδον, τούτων μὲν μέχρι τῆς
τήμερον ἡμέρας οὐδενὶ πώποτε εἰς δέον τι κέχρησθε,
οὐδὲν δ' ἀπολείπετε, ὥσπερ οἱ βάρβαροι πυκτεύου-
σιν, οὕτω πολεμεῖτε Φιλίππῳ. Καὶ γὰρ ἐκείνων ὁ
πληγεὶς ἀεὶ τῆς πληγῆς ἔχεται, κἂν ἑτέρωσε πατάξῃς,
ἐκεῖσέ εἰσιν αἱ χεῖρες· προβάλλεσθαι δ' ἢ βλέπειν
ἐναντίον οὔτ' οἶδεν οὔτ' ἐθέλει. Καὶ ὑμεῖς, ἐὰν ἐν 41
52 Χεῤῥονήσῳ πύθησθε Φίλιππον, ἐκεῖσε βοηθεῖν ψηφί-
ζεσθε, ἐὰν ἐν Πύλαις, ἐκεῖσε, ἐὰν ἄλλοθί ποι, συμπα-
ραθεῖτε ἄνω κάτω, καὶ στρατηγεῖσθε μὲν ὑπ' ἐκείνου,
βεβούλευσθε δ' οὐδὲν αὐτοὶ συμφέρον περὶ τοῦ πολέ-
μου, οὐδὲ πρὸ τῶν πραγμάτων προορᾶτε οὐδέν, πρὶν ἂν
ἢ γεγενημένον ἢ γιγνόμενόν τι πύθησθε.

Ταῦτα δ' ἴσως πρότερον μὲν ἐνῆν· νῦν δὲ ἐπ' αὐτὴν

42 ἥκει τὴν ἀκμήν, ὥστ᾽ οὐκέτ᾽ ἐγχωρεῖ. Δοκεῖ δέ μοι
θεῶν τις, ὦ ἄνδρες Ἀθηναῖοι, τοῖς γιγνομένοις ὑπὲρ τῆς
πόλεως αἰσχυνόμενος τὴν φιλοπραγμοσύνην ταύτην
ἐμβαλεῖν Φιλίππῳ. Εἰ γὰρ ἔχων ἃ κατέστραπται καὶ
προείληφεν ἡσυχίαν ἔχειν ἤθελε καὶ μηδὲν ἔπραττεν
ἔτι, ἀποχρῆν ἐνίοις ὑμῶν ἄν μοι δοκεῖ, ἐξ ὧν αἰσχύνην
καὶ ἀνανδρίαν καὶ πάντα τὰ αἴσχιστα ὠφληκότες ἂν
ἦμεν δημοσίᾳ· νῦν δ᾽ ἐπιχειρῶν ἀεί τινι καὶ τοῦ πλείο-
νος ὀρεγόμενος ἴσως ἂν ἐκκαλέσαιθ᾽ ὑμᾶς, εἴπερ μὴ
43 παντάπασιν ἀπεγνώκατε. Θαυμάζω δ᾽ ἔγωγε, εἰ μη-
δεὶς ὑμῶν μήτ᾽ ἐνθυμεῖται μήτ᾽ ὀργίζεται, ὁρῶν, ὦ ἄν-
δρες Ἀθηναῖοι, τὴν μὲν ἀρχὴν τοῦ πολέμου γεγενημένην
περὶ τοῦ τιμωρήσασθαι Φίλιππον, τὴν δὲ τελευτὴν
οὖσαν ἤδη ὑπὲρ τοῦ μὴ παθεῖν κακῶς ὑπὸ Φιλίππου.
Ἀλλὰ μὴν ὅτι γε οὐ στήσεται, δῆλον, εἰ μή τις κω-
λύσει.

Εἶτα τοῦτ᾽ ἀναμενοῦμεν, καὶ τριήρεις κενὰς καὶ τὰς
παρὰ τοῦ δεῖνος ἐλπίδας ἐὰν ἀποστείλητε, πάντ᾽ ἔχειν
44 οἴεσθε καλῶς; Οὐκ ἐμβησόμεθα; Οὐκ ἔξιμεν αὐτοὶ
μέρει γέ τινι στρατιωτῶν οἰκείων νῦν, εἰ καὶ μὴ πρό-
τερον; Οὐκ ἐπὶ τὴν ἐκείνου πλευσόμεθα; Ποῖ οὖν
προσορμιούμεθα; Ἤρετό τις. Εὑρήσει τὰ σαθρά,
ὦ ἄνδρες Ἀθηναῖοι, τῶν ἐκείνου πραγμάτων αὐτὸς ὁ 53
πόλεμος, ἂν ἐπιχειρῶμεν· ἂν μέντοι καθώμεθα οἴκοι,
λοιδορουμένων ἀκούοντες καὶ αἰτιωμένων ἀλλήλους τῶν
λεγόντων, οὐδέποτ᾽ οὐδὲν ἡμῖν οὐ μὴ γένηται τῶν δεόν-
45 των. Ὅποι μὲν γὰρ ἄν, οἶμαι, μέρος τι τῆς πόλεως

συναποσταλῇ, κἂν μὴ πᾶσα, καὶ τὸ τῶν θεῶν εὐμενὲς καὶ τὸ τῆς τύχης ἡμῖν συναγωνίζεται· ὅποι δ' ἂν στρατηγὸν καὶ ψήφισμα κενὸν καὶ τὰς ἀπὸ τοῦ βήματος ἐλπίδας ἐκπέμψητε, οὐδὲν ἡμῖν τῶν δεόντων γίγνεται, ἀλλ' οἱ μὲν ἐχθροὶ καταγελῶσιν, οἱ δὲ σύμμαχοι
τεθνᾶσι τῷ δέει τοὺς τοιούτους ἀποστόλους. Οὐ γὰρ 46
ἔστιν, οὐκ ἔστιν ἕνα ἄνδρα δυνηθῆναί ποτε ταῦθ' ὑμῖν πρᾶξαι πάνθ' ὅσα βούλεσθε· ὑποσχέσθαι μέντοι καὶ φῆσαι καὶ τὸν δεῖνα αἰτιάσασθαι καὶ τὸν δεῖνα ἔστιν. Τὰ δὲ πράγματα ἐκ τούτων ἀπόλωλεν· ὅταν γὰρ ἡγῆται μὲν ὁ στρατηγὸς ἀθλίων ἀπομίσθων ξένων, οἱ δ' ὑπὲρ ὧν ἂν ἐκεῖνος πράξῃ πρὸς ὑμᾶς ψευδόμενοι ῥᾳδίως ἐνθάδ' ὦσιν, ὑμεῖς δ' ἐξ ὧν ἂν ἀκούσητε ὅ τι ἂν τύχητε ψηφίζησθε, τί καὶ χρὴ προσδοκᾶν;

Πῶς οὖν ταῦτα παύσεται; Ὅταν ὑμεῖς, ὦ ἄνδρες 47
Ἀθηναῖοι, τοὺς αὐτοὺς ἀποδείξητε στρατιώτας καὶ μάρτυρας τῶν στρατηγουμένων καὶ δικαστὰς οἴκαδ' ἐλθόντας τῶν εὐθυνῶν, ὥστε μὴ ἀκούειν μόνον ὑμᾶς τὰ ὑμέτερ' αὐτῶν, ἀλλὰ καὶ παρόντας ὁρᾶν. Νῦν δ' εἰς τοῦθ' ἥκει τὰ πράγματα αἰσχύνης, ὥστε τῶν στρατηγῶν ἕκαστος δὶς καὶ τρὶς κρίνεται παρ' ὑμῖν περὶ θανάτου, πρὸς δὲ τοὺς ἐχθροὺς οὐδεὶς οὐδὲ ἅπαξ αὐτῶν ἀγωνίσασθαι περὶ θανάτου τολμᾷ, ἀλλὰ τὸν τῶν ἀνδραποδιστῶν καὶ λωποδυτῶν θάνατον μᾶλλον αἱροῦνται
54 τοῦ προσήκοντος· κακούργου μὲν γάρ ἐστι κριθέντ' ἀποθανεῖν, στρατηγοῦ δὲ μαχόμενον τοῖς πολεμίοις.
Ἡμῶν δ' οἱ μὲν περιιόντες μετὰ Λακεδαιμονίων φασὶ 48

Φίλιππον πράττειν τὴν Θηβαίων κατάλυσιν καὶ τὰς
πολιτείας διασπᾶν, οἱ δ᾽ ὡς πρέσβεις πέπομφεν ὡς
βασιλέα, οἱ δ᾽ ἐν Ἰλλυριοῖς πόλεις τειχίζειν, οἱ δὲ —
λόγους πλάττοντες ἕκαστος περιερχόμεθα.

49 Ἐγὼ δ᾽ οἶμαι μέν, ὦ ἄνδρες Ἀθηναῖοι, νὴ τοὺς
θεοὺς ἐκεῖνον μεθύειν τῷ μεγέθει τῶν πεπραγμένων καὶ
πολλὰ τοιαῦτα ὀνειροπολεῖν ἐν τῇ γνώμῃ, τήν τ᾽ ἐρη-
μίαν τῶν κωλυσόντων ὁρῶντα καὶ τοῖς πεπραγμένοις
ἐπηρμένον, οὐ μέντοι γε μὰ Δί᾽ οὕτω προαιρεῖσθαι
πράττειν ὥστε τοὺς ἀνοητοτάτους τῶν παρ᾽ ἡμῖν εἰδέναι
τί μέλλει ποιεῖν ἐκεῖνος· ἀνοητότατοι γάρ εἰσιν οἱ λογο-
50 ποιοῦντες. Ἀλλ᾽ ἐὰν ἀφέντες ταῦτ᾽ ἐκεῖνο εἰδῶμεν, ὅτι
ἐχθρὸς ἄνθρωπος καὶ τὰ ἡμέτερα ἡμᾶς ἀποστερεῖ καὶ
χρόνον πολὺν ὕβρικε, καὶ ἅπανθ᾽ ὅσα πώποτ᾽ ἠλπίσα-
μέν τινα πράξειν ὑπὲρ ἡμῶν καθ᾽ ἡμῶν εὕρηται, καὶ τὰ
λοιπὰ ἐν αὐτοῖς ἡμῖν ἐστί, κἂν μὴ νῦν ἐθέλωμεν ἐκεῖ
πολεμεῖν αὐτῷ, ἐνθάδ᾽ ἴσως ἀναγκασθησόμεθα τοῦτο
ποιεῖν, — ἂν ταῦτα εἰδῶμεν, καὶ τὰ δέοντα ἐσόμεθα
ἐγνωκότες καὶ λόγων ματαίων ἀπηλλαγμένοι· οὐ γὰρ
ἅττα ποτ᾽ ἔσται δεῖ σκοπεῖν, ἀλλ᾽ ὅτι φαῦλ᾽, ἂν μὴ
προσέχητε τοῖς πράγμασι τὸν νοῦν καὶ τὰ προσήκοντα
ποιεῖν ἐθέλητ᾽, εὖ εἰδέναι.

51 Ἐγὼ μὲν οὖν οὔτ᾽ ἄλλοτε πώποτε πρὸς χάριν εἱλό-
μην λέγειν, ὅ τι ἂν μὴ καὶ συνοίσειν ὑμῖν πεπεισμένος
ὦ, νῦν τε ἃ γιγνώσκω πάνθ᾽ ἁπλῶς, οὐδὲν ὑποστειλά-
μενος, πεπαῤῥησίασμαι. Ἐβουλόμην δ᾽ ἄν, ὥσπερ ὅτι
ὑμῖν συμφέρει τὰ βέλτιστα ἀκούειν οἶδα, οὕτως εἰδέναι

συνοῖσον καὶ τῷ τὰ βέλτιστα εἰπόντι· πολλῷ γὰρ ἂν ἥδιον εἶπον. Νῦν δ' ἐπ' ἀδήλοις οὖσι τοῖς ἀπὸ τούτων ἐμαυτῷ γενησομένοις, ὅμως ἐπὶ τῷ συνοίσειν ὑμῖν, ἐὰν πράξητε, ταῦτα πεπεῖσθαι λέγειν αἱροῦμαι. Νικῴη δ' ὅ τι πᾶσιν ὑμῖν μέλλει συνοίσειν.

ΔΗΜΟΣΘΕΝΟΥΣ

ΠΕΡΙ ΤΩΝ ΕΝ ΧΕΡΡΟΝΗΣΩΙ.

---

1 Ἔδει μέν, ὦ ἄνδρες Ἀθηναῖοι, τοὺς λέγοντας ἅπαν- 90
τας ἐν ὑμῖν μήτε πρὸς ἔχθραν ποιεῖσθαι λόγον μηδένα
μήτε πρὸς χάριν, ἀλλ' ὃ βέλτιστον ἕκαστος ἡγεῖτο,
τοῦτ' ἀποφαίνεσθαι, ἄλλως τε καὶ περὶ κοινῶν πραγμά-
των καὶ μεγάλων ὑμῶν βουλευομένων· ἐπεὶ δ' ἔνιοι τὰ
μὲν φιλονεικίᾳ, τὰ δ' ἡτινιδήποτ' αἰτίᾳ προάγονται
λέγειν, ὑμᾶς, ὦ ἄνδρες Ἀθηναῖοι, τοὺς πολλοὺς δεῖ
πάντα τἆλλ' ἀφελόντας, ἃ τῇ πόλει νομίζετε συμφέρειν,
2 ταῦτα καὶ ψηφίζεσθαι καὶ πράττειν. Ἡ μὲν οὖν
σπουδὴ περὶ τῶν ἐν Χεῤῥονήσῳ πραγμάτων ἐστὶ καὶ
τῆς στρατείας, ἣν ἑνδέκατον μῆνα τουτονὶ Φίλιππος ἐν
Θρᾴκῃ ποιεῖται· τῶν δὲ λόγων οἱ πλεῖστοι περὶ ὧν
Διοπείθης πράττει καὶ μέλλει ποιεῖν εἴρηνται. Ἐγὼ
δ' ὅσα μέν τις αἰτιᾶταί τινα τούτων, οὓς κατὰ τοὺς
νόμους ἐφ' ὑμῖν ἐστὶν ὅταν βούλησθε κολάζειν, κἂν ἤδη
δοκῇ κἂν ἐπισχοῦσι περὶ αὐτῶν σκοπεῖν ἐγχωρεῖν ἡγοῦ-
μαι, καὶ οὐ πάνυ δεῖ περὶ τούτων οὔτ' ἐμὲ οὔτ' ἄλλον
3 οὐδένα ἰσχυρίζεσθαι· ὅσα δ' ἐχθρὸς ὑπάρχων τῇ πόλει

καὶ δυνάμει πολλῇ περὶ Ἑλλήσποντον ὢν πειρᾶται
προλαβεῖν, κἂν ἅπαξ ὑστερήσωμεν, οὐκέθ' ἕξομεν
91 σῶσαι, περὶ τούτων δ' οἶμαι τὴν ταχίστην συμφέρειν
καὶ βεβουλεῦσθαι καὶ παρεσκευάσθαι, καὶ μὴ τοῖς περὶ
τῶν ἄλλων θορύβοις καὶ ταῖς κατηγορίαις ἀπὸ τούτων
ἀποδρᾶναι.

Πολλὰ δὲ θαυμάζων τῶν εἰωθότων λέγεσθαι παρ' 4
ὑμῖν, οὐδενὸς ἧττον, ὦ ἄνδρες Ἀθηναῖοι, τεθαύμακα, ὃ
καὶ πρῴην τινὸς ἤκουσα εἰπόντος ἐν τῇ βουλῇ, ὡς ἄρα
δεῖ τὸν συμβουλεύοντα ἢ πολεμεῖν ἁπλῶς ἢ
τὴν εἰρήνην ἄγειν συμβουλεύειν. Ἔστι δέ, εἰ 5
μὲν ἡσυχίαν Φίλιππος ἄγει καὶ μήτε τῶν ἡμετέρων ἔχει
παρὰ τὴν εἰρήνην μηδὲν μήτε συσκευάζεται πάντας
ἀνθρώπους ἐφ' ἡμᾶς, οὐκέτι δεῖ λέγειν, ἀλλ' ἁπλῶς
εἰρήνην ἀκτέον, καὶ τά γε ἀφ' ὑμῶν ἕτοιμα ὑπάρχοντα
ὁρῶ· εἰ δ' ἃ μὲν ὠμόσαμεν καὶ ἐφ' οἷς τὴν εἰρήνην 6
ἐποιησάμεθα, ἔστιν ἰδεῖν καὶ γεγραμμένα κεῖται, φαίνε-
ται δ' ἀπ' ἀρχῆς ὁ Φίλιππος, πρὶν Διοπείθην ἐκπλεῦσαι
καὶ τοὺς κληρούχους οὓς νῦν αἰτιῶνται πεποιηκέναι τὸν
πόλεμον, πολλὰ μὲν τῶν ἡμετέρων ἀδίκως εἰληφώς,
ὑπὲρ ὧν ψηφίσμαθ' ὑμέτερα ἐγκαλοῦντα κύρια ταυτί,
πάντα δὲ τὸν χρόνον συνεχῶς τὰ τῶν ἄλλων Ἑλλήνων
καὶ βαρβάρων λαμβάνων καὶ ἐφ' ἡμᾶς συσκευαζόμενος,
τί τοῦτο λέγουσιν, ὡς πολεμεῖν ἢ ἄγειν εἰρήνην δεῖ;
Οὐ γὰρ αἵρεσίς ἐστιν ἡμῖν τοῦ πράγματος, ἀλλ' ὑπο- 7
λείπεται τὸ δικαιότατον τῶν ἔργων, ὃ ὑπερβαίνουσιν
ἑκόντες οὗτοι. Τί οὖν ἐστὶ τοῦτο; Ἀμύνεσθαι τὸν

πρότερον πολεμοῦνθ' ἡμῖν. Πλὴν εἰ τοῦτο λέγουσι νὴ
Δία, ὡς, ἂν ἀπέχηται τῆς Ἀττικῆς καὶ τοῦ Πειραιῶς
ὁ Φίλιππος, οὔτ' ἀδικεῖ τὴν πόλιν οὔτε ποιεῖ πόλεμον.
8 Εἰ δ' ἐκ τούτων τὰ δίκαια τίθενται καὶ τὴν εἰρήνην
ταύτην ὁρίζονται, ὅτι μὲν δήπουθεν οὔθ' ὅσια οὔτ' 93
ἀνεκτὰ λέγουσιν οὔθ' ὑμῖν ἀσφαλῆ, δῆλόν ἐστιν ἅπα-
σιν, οὐ μὴν ἀλλ' ἐναντία συμβαίνει ταῖς κατηγορίαις
αἷς Διοπείθους κατηγοροῦσι καὶ αὐτὰ ταῦτα λέγειν
αὐτούς. Τί γὰρ δήποτε τῷ μὲν Φιλίππῳ πάντα τἄλλα
ποιεῖν ἐξουσίαν δώσομεν, ἂν τῆς Ἀττικῆς ἀπέχηται,
τῷ Διοπείθει δ' οὐδὲ βοηθεῖν τοῖς Θρᾳξὶν ἐξέσται, ἢ
πόλεμον ποιεῖν αὐτὸν φήσομεν;
9 Ἀλλὰ νὴ Δία ταῦτα μὲν ἐξελέγχονται, Δεινὰ ποι-
οῦσιν δὲ οἱ ξένοι περικόπτοντες τὰ ἐν Ἑλ-
λησπόντῳ, καὶ Διοπείθης ἀδικεῖ κατάγων τὰ
10 πλοῖα, καὶ δεῖ μὴ ἐπιτρέπειν αὐτῷ. Ἔστω,
γιγνέσθω ταῦτα· οὐδὲν ἀντιλέγω. Οἶμαι μέντοι δεῖν,
εἴπερ ὡς ἀληθῶς ἐπὶ πᾶσι δικαίοις ταῦτα συμβουλεύ-
ουσιν, ὥσπερ τὴν ὑπάρχουσαν τῇ πόλει δύναμιν κατα-
λῦσαι ζητοῦσι τὸν ἐφεστηκότα καὶ πορίζοντα χρήματα
ταύτῃ διαβάλλοντες ἐν ὑμῖν, οὕτω τὴν Φιλίππου δύνα-
μιν δεῖξαι διαλυθησομένην, ἂν ὑμεῖς ταῦτα πεισθῆτε.
Εἰ δὲ μή, σκοπεῖτε ὅτι οὐδὲν ἄλλο ποιοῦσιν ἢ καθι-
στᾶσι τὴν πόλιν εἰς τὸν αὐτὸν τρόπον δι' οὗ τὰ παρόντα
11 πράγματα ἅπαντ' ἀπολώλεκεν. Ἴστε γὰρ δήπου τοῦθ',
ὅτι οὐδενὶ τῶν πάντων πλέον κεκράτηκε Φίλιππος ἢ τῷ
πρότερος πρὸς τοῖς πράγμασι γίγνεσθαι. Ὁ μὲν γὰρ

ἔχων δύναμιν συνεστηκυῖαν ἀεὶ περὶ αὑτόν, καὶ προει-
δὼς ἃ βούλεται πρᾶξαι, ἐξαίφνης ἐφ' οὓς ἂν αὐτῷ δόξῃ
πάρεστιν· ἡμεῖς δ' ἐπειδὰν πυθώμεθά τι γιγνόμενον,
τηνικαῦτα θορυβούμεθα καὶ παρασκευαζόμεθα. Εἶτ', 12
οἶμαι, συμβαίνει τῷ μὲν ἐφ' ἃ ἂν ἔλθῃ, ταῦτ' ἔχειν
κατὰ πολλὴν ἡσυχίαν, ἡμῖν δ' ὑστερίζειν, καὶ ὅσα ἂν
93 δαπανήσωμεν, ἅπαντα μάτην ἀνηλωκέναι, καὶ τὴν μὲν
ἔχθραν καὶ τὸ βούλεσθαι κωλύειν ἐνδεδεῖχθαι, ὑστερί-
ζοντας δὲ τῶν ἔργων αἰσχύνην προσοφλισκάνειν.

Μὴ τοίνυν ἀγνοεῖτε, ὦ ἄνδρες Ἀθηναῖοι, ὅτι καὶ τὰ 13
νῦν τἆλλα μέν ἐστι λόγοι ταῦτα καὶ προφάσεις, πράτ-
τεται δὲ καὶ κατασκευάζεται τοῦτο, ὅπως ὑμῶν μὲν οἴκοι
μενόντων, ἔξω δὲ μηδεμιᾶς οὔσης τῇ πόλει δυνάμεως,
μετὰ πλείστης ἡσυχίας ἅπανθ' ὅσα βούλεται Φίλιππος
διοικήσεται. Θεωρεῖτε γὰρ τὸ παρὸν πρῶτον, ὃ γίγνε-
ται. Νυνὶ δύναμιν μεγάλην ἐκεῖνος ἔχων ἐν Θρᾴκῃ 14
διατρίβει, καὶ μεταπέμπεται πολλήν, ὥς φασιν οἱ πα-
ρόντες, ἀπὸ Μακεδονίας καὶ Θετταλίας. Ἐὰν οὖν
περιμείνας τοὺς ἐτησίας ἐπὶ Βυζάντιον ἐλθὼν πολιορκῇ,
πρῶτον μὲν οἴεσθε τοὺς Βυζαντίους μενεῖν ἐπὶ τῆς
ἀνοίας τῆς αὐτῆς ὥσπερ νῦν, καὶ οὔτε παρακαλέσειν
ὑμᾶς οὔτε βοηθεῖν αὑτοῖς ἀξιώσειν; Ἐγὼ μὲν οὐκ 15
οἶμαι, ἀλλὰ καὶ εἴ τισι μᾶλλον ἀπιστοῦσιν ἢ ἡμῖν, καὶ
τούτους εἰσφρήσεσθαι μᾶλλον ἢ 'κείνῳ παραδώσειν τὴν
πόλιν, ἄν περ μὴ φθάσῃ λαβὼν αὐτούς. Οὐκοῦν ἡμῶν
μὲν μὴ δυναμένων ἐνθένδ' ἀναπλεῦσαι, ἐκεῖ δὲ μηδεμιᾶς
ὑπαρχούσης ἑτοίμου βοηθείας, οὐδὲν αὐτοὺς ἀπολωλέναι

16 κωλύσει. Νὴ Δία, κακοδαιμονοῦσι γὰρ ἄνθρω-
ποι καὶ ὑπερβάλλουσιν ἀνοίᾳ. Πάνυ γε, ἀλλ'
ὅμως αὐτοὺς δεῖ σῶς εἶναι· συμφέρει γὰρ τῇ πόλει.

Καὶ μὴν οὐδ' ἐκεῖνό γε δῆλόν ἐστιν ἡμῖν, ὡς ἐπὶ
Χεῤῥόνησον οὐχ ἥξει· ἀλλ' εἴ γε ἐκ τῆς ἐπιστολῆς δεῖ
σκοπεῖν ἧς ἔπεμψε πρὸς ὑμᾶς, ἀμυνεῖσθαί φησι τοὺς ἐν
17 Χεῤῥονήσῳ. Ἂν μὲν τοίνυν ᾖ τὸ συνεστηκὸς στρά-
τευμα, καὶ τῇ χώρᾳ βοηθῆσαι δυνήσεται καὶ τῶν ἐκεί- 94
νου τι κακῶς ποιῆσαι· εἰ δ' ἅπαξ διαλυθήσεται, τί
ποιήσομεν, ἂν ἐπὶ Χεῤῥόνησον ἴῃ; Κρινοῦμεν Διο-
πείθην νὴ Δία. Καὶ τί τὰ πράγματα ἔσται βελτίω;
Ἀλλ' ἐνθένδ' ἂν βοηθήσαιμεν αὐτοῖς. Ἂν δ'
ὑπὸ τῶν πνευμάτων μὴ δυνώμεθα; Ἀλλὰ μὰ Δί'
18 οὐχ ἥξει. Καὶ τίς ἐγγυητής ἐστι τούτου; Ἆρ'
ὁρᾶτε καὶ λογίζεσθε, ὦ ἄνδρες Ἀθηναῖοι, τὴν ἐπιοῦσαν
ὥραν τοῦ ἔτους, εἰς ἣν ἔρημόν τινες οἴονται δεῖν τὸν
Ἑλλήσποντον ὑμῶν ποιῆσαι καὶ παραδοῦναι Φιλίππῳ;
Τί δ', ἂν ἀπελθὼν ἐκ Θρᾴκης καὶ μηδὲ προσελθὼν
Χεῤῥονήσῳ μηδὲ Βυζαντίῳ (καὶ ταῦτα λογίζεσθε) ἐπὶ
Χαλκίδα καὶ Μέγαρα ἥκῃ τὸν αὐτὸν τρόπον ὅνπερ ἐπ'
Ὠρεὸν πρῴην, πότερον κρεῖττον ἐνθάδε αὐτὸν ἀμύνεσθαι
καὶ προσελθεῖν τὸν πόλεμον πρὸς τὴν Ἀττικὴν ἐᾶσαι,
ἢ κατασκευάζειν ἐκεῖ τιν' ἀσχολίαν αὐτῷ; Ἐγὼ μὲν
οἶμαι τοῦτο.

19 Ταῦτα τοίνυν ἅπαντας εἰδότας καὶ λογιζομένους χρὴ
μὰ Δί' οὐχ ἣν Διοπείθης πειρᾶται τῇ πόλει δύναμιν
παρασκευάζειν, ταύτην βασκαίνειν καὶ διαλῦσαι πειρᾶ-

σθαι, ἀλλ' ἑτέραν αὐτοὺς προσπαρασκευάζειν καὶ συν-
ευποροῦντας ἐκείνῳ χρημάτων καὶ τἆλλα οἰκείως συνα-
γωνιζομένους. Εἰ γάρ τις ἔροιτο Φίλιππον, Εἰπέ μοι, 20
πότερ' ἂν βούλοιο τούτους τοὺς στρατιώτας
οὓς Διοπείθης νῦν ἔχει, τοὺς ὁποιουστινασ-
οῦν (οὐδὲν γὰρ ἀντιλέγω) εὐθενεῖν καὶ παρ'
Ἀθηναίοις εὐδοξεῖν καὶ πλείους γίγνεσθαι
τῆς πόλεως συναγωνιζομένης, ἢ διαβαλλόν-
των τινῶν καὶ κατηγορούντων διασπασθῆναι
καὶ διαφθαρῆναι; Τοῦτ' ἄν, οἶμαι, φήσειεν. Εἶθ'
ἃ Φίλιππος ἂν εὔξαιτο τοῖς θεοῖς, ταῦθ' ὑμῶν τινὲς
ἐνθάδε πράττουσιν; Εἶτα ἔτι ζητεῖτε πόθεν τὰ τῆς
πόλεως ἀπόλωλεν ἅπαντα;

Βούλομαι τοίνυν ὑμᾶς μετὰ παῤῥησίας ἐξετάσαι τὰ 21
παρόντα πράγματα τῇ πόλει, καὶ σκέψασθαι τί ποιοῦ-
μεν αὐτοὶ νῦν καὶ ὅπως χρώμεθ' αὐτοῖς. Ἡμεῖς οὔτε
χρήματα εἰσφέρειν βουλόμεθα, οὔτε αὐτοὶ στρατεύεσθαι
τολμῶμεν, οὔτε τῶν κοινῶν ἀπέχεσθαι δυνάμεθα, οὔτε
τὰς συντάξεις Διοπείθει δίδομεν, οὔθ' ὅσ' ἂν αὐτὸς
αὑτῷ πορίσηται ἐπαινοῦμεν, ἀλλὰ βασκαίνομεν καὶ 22
σκοποῦμεν πόθεν καὶ τί μέλλει ποιεῖν καὶ πάντα τὰ
τοιαῦτα, οὔτ' ἐπειδήπερ οὕτως ἔχομεν, τὰ ἡμέτερ' αὐτῶν
πράττειν ἐθέλομεν, ἀλλ' ἐν μὲν τοῖς λόγοις τοὺς τῆς
πόλεως λέγοντας ἄξια ἐπαινοῦμεν, ἐν δὲ τοῖς ἔργοις
τοῖς ἐναντιουμένοις τούτοις συναγωνιζόμεθα. Ὑμεῖς 23
μέντοι εἰώθατε ἑκάστοτε τὸν παριόντα ἐρωτᾶν, Τί οὖν
χρὴ ποιεῖν; Ἐγὼ δ' ὑμᾶς ἐρωτῆσαι βούλομαι, τί

οὖν χρὴ λέγειν; Εἰ γὰρ μήτε εἰσοίσετε, μήτε αὐτοὶ
στρατεύσεσθε, μήτε τῶν κοινῶν ἀφέξεσθε, μήτε τὰς
συντάξεις δώσετε, μήτε ὅσ' ἂν αὐτὸς αὑτῷ πορίσηται
ἐάσετε, μήτε τὰ ὑμέτερ' αὐτῶν πράττειν ἐθελήσετε, οὐκ
ἔχω τί λέγω. Εἰ γὰρ ἤδη τοσαύτην ἐξουσίαν τοῖς
αἰτιᾶσθαι καὶ διαβάλλειν βουλομένοις δίδοτε ὥστε καὶ
περὶ ὧν φασὶ μέλλειν αὐτὸν ποιεῖν, καὶ περὶ τούτων
προκατηγορούντων ἀκροᾶσθε, τί ἄν τις λέγοι;
24 Ὅ τι τοίνυν δύναται ταῦτα ποιεῖν, ἐνίους μαθεῖν
ὑμῶν δεῖ. Λέξω δὲ μετὰ παῤῥησίας· καὶ γὰρ οὐδ' ἂν
ἄλλως δυναίμην. Πάντες ὅσοι πώποτ' ἐκπεπλεύκασι 96
παρ' ὑμῶν στρατηγοί (ἢ ἐγὼ πάσχειν ὁτιοῦν τιμῶμαι),
καὶ παρὰ Χίων καὶ παρὰ Ἐρυθραίων καὶ πάρ' ὧν ἂν
ἕκαστοι δύνωνται (τούτων τῶν τὴν Ἀσίαν οἰκούντων
25 λέγω) χρήματα λαμβάνουσιν. Λαμβάνουσι δὲ οἱ μὲν
ἔχοντες μίαν ἢ δύο ναῦς ἐλάττονα, οἱ δὲ μείζω δύναμιν
πλείονα. Καὶ διδόασιν οἱ διδόντες οὔτε τὰ μικρὰ οὔτε
τὰ πολλὰ ἀντ' οὐδενός (οὐ γὰρ οὕτω μαίνονται), ἀλλ'
ὠνούμενοι μὴ ἀδικεῖσθαι τοὺς παρ' αὐτῶν ἐκπλέοντας
ἐμπόρους, μὴ συλᾶσθαι, παραπέμπεσθαι τὰ πλοῖα τὰ
αὑτῶν, τὰ τοιαῦτα· φασὶ δ' εὐνοίας διδόναι, καὶ τοῦτο
26 τοὔνομα ἔχει τὰ λήμματα ταῦτα. Καὶ δὴ καὶ νῦν
Διοπείθει στράτευμ' ἔχοντι σαφῶς ἐστὶ τοῦτο δῆλον
ὅτι δώσουσι χρήματα πάντες οὗτοι· πόθεν γὰρ οἴεσθε
ἄλλοθεν τὸν μήτε λαβόντα παρ' ὑμῶν μηδὲν μήτε
αὐτὸν ἔχοντα ὁπόθεν μισθοδοτήσει στρατιώτας τρέ-
φειν; Ἐκ τοῦ οὐρανοῦ; Οὐκ ἔστι ταῦτα, ἀλλ' ἀφ'

ὧν ἀγείρει καὶ προσαιτεῖ καὶ δανείζεται, ἀπὸ τούτων
διάγει.

Οὐδὲν οὖν ἄλλο ποιοῦσιν οἱ κατηγοροῦντες ἐν ὑμῖν 27
ἢ προλέγουσιν ἅπασι μηδ' ὁτιοῦν ἐκείνῳ διδόναι, ὡς
καὶ τοῦ μελλῆσαι δώσοντι δίκην, μή τι ποιήσαντί γε ἢ
καταπραξαμένῳ. Τοῦτ' εἰσὶν οἱ λόγοι· Μέλλει πο-
λιορκεῖν, τοὺς Ἕλληνας ἐκδίδωσι· μέλει γάρ
τινι τούτων τῶν τὴν Ἀσίαν οἰκούντων Ἑλλήνων;
Ἀμείνους μεντἂν εἶεν τῶν ἄλλων ἢ τῆς πατρίδος κή-
δεσθαι. Καὶ τό γε εἰς τὸν Ἑλλήσποντον εἰσπέμπειν 28
ἕτερον στρατηγὸν τοῦτ' ἐστίν· εἰ γὰρ δεινὰ ποιεῖ Διο-
πείθης καὶ κατάγει τὰ πλοῖα, μικρόν, ὦ ἄνδρες Ἀθη-
ναῖοι, μικρὸν πινάκιον ταῦτα πάντα κωλῦσαι δύναιτ' ἄν,
97 καὶ λέγουσιν οἱ νόμοι, Ταῦτα τοὺς ἀδικοῦντας εἰσ-
αγγέλλειν, οὐ μὰ Δία δαπάναις καὶ τριήρεσι τοσαύ-
ταις ἡμᾶς αὐτοὺς φυλάττειν (ἐπεὶ τοῦτό γ' ἐστὶν ὑπερ-
βολὴ μανίας)· ἀλλ' ἐπὶ μὲν τοὺς ἐχθρούς, οὓς οὐκ ἔστι 29
λαβεῖν ὑπὸ τοῖς νόμοις, καὶ στρατιώτας τρέφειν καὶ
τριήρεις ἐκπέμπειν καὶ χρήματα εἰσφέρειν δεῖ καὶ
ἀναγκαῖόν ἐστιν, ἐπὶ δ' ἡμᾶς αὐτοὺς ψήφισμα, εἰσαγ-
γελία, πάραλος, ταῦτ' ἐστίν. Ταῦτ' ἦν εὖ φρονούντων
ἀνθρώπων, ἐπηρεαζόντων δὲ καὶ διαφθειρόντων τὰ
πράγματα ἃ νῦν οὗτοι ποιοῦσιν.

Καὶ τὸ μὲν τούτων τινὰς εἶναι τοιούτους δεινὸν ὂν οὐ 30
δεινόν ἐστιν· ἀλλ' ὑμεῖς οἱ καθήμενοι οὕτως ἤδη διά-
κεισθε ὥστε, ἂν μέν τις εἴπῃ παρελθὼν ὅτι Διοπείθης
ἐστὶ τῶν κακῶν πάντων αἴτιος ἢ Χάρης ἢ Ἀριστοφῶν

ἢ ὃν ἂν τῶν πολιτῶν εἴπῃ τις, εὐθέως φατὲ καὶ θορυ-
31 βεῖτε ὡς ὀρθῶς λέγει· ἂν δὲ παρελθὼν λέγῃ τις τἀλη-
θῆ, ὅτι Ληρεῖτε, ὦ ἄνδρες Ἀθηναῖοι· πάντων
τῶν κακῶν καὶ τῶν πραγμάτων τούτων Φίλιπ-
πός ἐστιν αἴτιος· εἰ γὰρ ἐκεῖνος ἦγεν ἡσυχίαν,
οὐδὲν ἂν ἦν πρᾶγμα τῇ πόλει, ὡς μὲν οὐκ ἀληθῆ
ταῦτ᾽ ἐστὶν οὐχ ἕξετε ἀντιλέγειν, ἄχθεσθαι δέ μοι
32 δοκεῖτε καὶ ὥσπερ ἀπολλύναι τι νομίζειν. Αἴτιον δὲ
τούτων (καί μοι πρὸς θεῶν, ὅταν ἕνεκα τοῦ βελτίστου
λέγω, ἔστω παῤῥησία)· παρεσκευάκασιν ὑμᾶς τῶν
πολιτευομένων ἔνιοι ἐν μὲν ταῖς ἐκκλησίαις φοβεροὺς
καὶ χαλεπούς, ἐν δὲ ταῖς παρασκευαῖς ταῖς τοῦ πολέμου
ῥᾳθύμους καὶ εὐκαταφρονήτους. Ἂν μὲν οὖν τὸν αἴτιον
εἴπῃ τις ὃν ἴστε ὅτι λήψεσθε παρ᾽ ὑμῖν αὐτοῖς, φατὲ
καὶ βούλεσθε· ἂν δὲ τοιοῦτον λέγῃ τις, ὃν κρατήσαντας 98
τοῖς ὅπλοις, ἄλλως δ᾽ οὐκ ἔστι κολάσαι, οὐκ ἔχετ᾽,
33 οἶμαι, τί ποιήσετε, ἐξελεγχόμενοι δὲ ἄχθεσθε. Ἐχρῆν
γάρ, ὦ ἄνδρες Ἀθηναῖοι, τοὐναντίον ἢ νῦν ἅπαντας τοὺς
πολιτευομένους ἐν μὲν ταῖς ἐκκλησίαις πράους καὶ φι-
λανθρώπους ὑμᾶς ἐθίζειν εἶναι (πρὸς γὰρ ὑμᾶς αὐτοὺς
καὶ τοὺς συμμάχους ἐν ταύταις ἐστὶ τὰ δίκαια), ἐν δὲ
ταῖς παρασκευαῖς ταῖς τοῦ πολέμου φοβεροὺς καὶ χαλε-
ποὺς ἐπιδεικνύναι (πρὸς γὰρ τοὺς ἐχθροὺς καὶ τοὺς
34 ἀντιπάλους ἐκεῖνος ἔσθ᾽ ὁ ἀγών). Νῦν δὲ δημαγω-
γοῦντες ὑμᾶς καὶ χαριζόμενοι καθ᾽ ὑπερβολὴν οὕτω
διατεθείκασιν, ὥστ᾽ ἐν μὲν ταῖς ἐκκλησίαις τρυφᾶν καὶ
κολακεύεσθαι πάντα πρὸς ἡδονὴν ἀκούοντας, ἐν δὲ τοῖς

πράγμασι καὶ τοῖς γιγνομένοις περὶ τῶν ἐσχάτων ἤδη
κινδυνεύειν.

Φέρε γὰρ πρὸς Διός, εἰ λόγον ὑμᾶς ἀπαιτήσειαν οἱ
Ἕλληνες ὧν νυνὶ παρείκατε καιρῶν διὰ ῥᾳθυμίαν, καὶ
ἔροινθ' ὑμᾶς "Ἄνδρες Ἀθηναῖοι, πέμπετε ὡς ἡμᾶς 35
ἑκάστοτε πρέσβεις, καὶ λέγετε ὡς ἐπιβουλεύει
Φίλιππος ἡμῖν καὶ πᾶσι τοῖς Ἕλλησι καὶ ὡς
φυλάττεσθαι δεῖ τὸν ἄνθρωπον καὶ πάντα τὰ
τοιαῦτα; (Ἀνάγκη φάσκειν καὶ ὁμολογεῖν· ποιοῦ-
μεν γὰρ ταῦτα·) εἶτ', ὦ πάντων ἀνθρώπων φαυ-
λότατοι, δέκα μῆνας ἀπογενομένου τἀνθρώπου
καὶ νόσῳ καὶ χειμῶνι καὶ πολέμοις ἀπολη-
φθέντος ὥστε μὴ ἂν δύνασθαι ἐπανελθεῖν οἴ-
καδε, οὔτε τὴν Εὔβοιαν ἠλευθερώσατε οὔτε 36
τῶν ὑμετέρων αὐτῶν οὐδὲν ἐκομίσασθε, ἀλλ'
ἐκεῖνος μὲν ὑμῶν οἴκοι μενόντων, σχολὴν ἀγόν-
των, ὑγιαινόντων (εἰ δὴ τοὺς τὰ τοιαῦτα ποιοῦντας
99 ὑγιαίνειν φήσαιεν) δύο ἐν Εὐβοίᾳ κατέστησε τυ-
ράννους, τὸν μὲν ἀπαντικρὺ τῆς Ἀττικῆς ἐπι-
τειχίσας, τὸν δ' ἐπὶ Σκίαθον, ὑμεῖς δ' οὐδὲ 37
ταῦτ' ἀπελύσασθε, εἰ μηδὲν ἄλλο ἐβούλεσθε,
ἀλλ' εἰάκατε καὶ ἀφέστατε δῆλον ὅτι αὐτῷ,
καὶ φανερὸν πεποιήκατε ὅτι οὐδ' ἂν δεκάκις
ἀποθάνῃ, οὐδὲν μᾶλλον κινήσεσθε. Τί οὖν
πρεσβεύετε καὶ κατηγορεῖτε καὶ πράγμαθ'
ἡμῖν παρέχετε;" Ἂν ταῦτα λέγωσι, τί ἐροῦμεν ἢ τί
φήσομεν, ὦ ἄνδρες Ἀθηναῖοι; Ἐγὼ μὲν γὰρ οὐχ ὁρῶ.

38 Εἰσὶ τοίνυν τινὲς οἳ τότ᾽ ἐξελέγχειν τὸν παριόντα οἴονται, ἐπειδὰν ἐρωτήσωσι, Τί οὖν χρὴ ποιεῖν; Οἷς ἐγὼ μὲν τὸ δικαιότατον καὶ ἀληθέστατον τοῦτο ἀποκρινοῦμαι, ταῦτα μὴ ποιεῖν ἃ νυνὶ ποιεῖτε, οὐ μὴν ἀλλὰ καὶ καθ᾽ ἕκαστον ἀκριβῶς ἐρῶ. Καὶ ὅπως, ὥσπερ ἐρωτῶσι προθύμως, οὕτω καὶ ποιεῖν ἐθελήσουσιν.

39 Πρῶτον μέν, ὦ ἄνδρες Ἀθηναῖοι, τοῦτο παρ᾽ ὑμῖν αὐτοῖς βεβαίως γνῶναι, ὅτι τῇ πόλει Φίλιππος πολεμεῖ καὶ τὴν εἰρήνην λέλυκε (καὶ παύσασθε περὶ τούτου κατηγοροῦντες ἀλλήλων) καὶ κακόνους μέν ἐστι καὶ
40 ἐχθρὸς ὅλῃ τῇ πόλει καὶ τῷ τῆς πόλεως ἐδάφει, προσθήσω δὲ καὶ τοῖς ἐν τῇ πόλει πᾶσιν ἀνθρώποις, καὶ τοῖς μάλιστ᾽ οἰομένοις αὐτῷ χαρίζεσθαι (εἰ δὲ μή, σκεψάσθωσαν Εὐθυκράτη καὶ Λασθένη τοὺς Ὀλυνθίους, οἳ δοκοῦντες οἰκειότατ᾽ αὐτῷ διακεῖσθαι, ἐπειδὴ τὴν πόλιν προὔδοσαν, πάντων κάκιστ᾽ ἀπολώλασιν), οὐδενὶ μέντοι μᾶλλον ἢ τῇ πολιτείᾳ πολεμεῖ οὐδ᾽ ἐπιβουλεύει, καὶ σκοπεῖ μᾶλλον οὐδὲ ἓν τῶν πάντων ἢ πῶς ταύτην
41 καταλύσει. Καὶ τοῦτ᾽ εἰκότως τρόπον τινὰ πράττει· οἶδε γὰρ ἀκριβῶς ὅτι οὐδ᾽ ἂν πάντων τῶν ἄλλων γένηται κύριος, οὐδὲν ἔστ᾽ αὐτῷ βεβαίως ἔχειν, ἕως ἂν ὑμεῖς 100
δημοκρατῆσθε, ἀλλ᾽ ἐάν ποτε συμβῇ τι πταῖσμα, ἃ πολλὰ γένοιτ᾽ ἂν ἀνθρώπῳ, ἥξει πάντα τὰ νῦν συμβε-
42 βιασμένα καὶ καταφεύξεται πρὸς ὑμᾶς. Ἐστὲ γὰρ ὑμεῖς οὐκ αὐτοὶ πλεονεκτῆσαι καὶ κατασχεῖν ἀρχὴν εὖ πεφυκότες, ἀλλ᾽ ἕτερον λαβεῖν κωλῦσαι καὶ ἔχοντ᾽

ἀφελέσθαι δεινοί, καὶ ὅλως ἐνοχλῆσαι τοῖς ἄρχειν βου-
λομένοις καὶ πάντας ἀνθρώπους εἰς ἐλευθερίαν ἀφε-
λέσθαι ἕτοιμοι. Οὔκουν βούλεται τοῖς ἑαυτοῦ καιροῖς
τὴν παρ' ὑμῶν ἐλευθερίαν ἐφεδρεύειν, οὐδὲ πολλοῦ δεῖ,
οὐ κακῶς οὐδ' ἀργῶς ταῦτα λογιζόμενος.

Πρῶτον μὲν δὴ τοῦτο δεῖ, ἐχθρὸν ὑπειληφέναι τῆς 43
πολιτείας καὶ τῆς δημοκρατίας ἀδιάλλακτον ἐκεῖνον·
εἰ γὰρ μὴ τοῦτο πεισθήσεσθε ταῖς ψυχαῖς, οὐκ ἐθελή-
σετε ὑπὲρ τῶν πραγμάτων σπουδάζειν· δεύτερον δ'
εἰδέναι σαφῶς ὅτι πάνθ' ὅσα πραγματεύεται καὶ κατα-
σκευάζεται νῦν, ἐπὶ τὴν ἡμετέραν πόλιν παρασκευάζε-
ται, καὶ ὅπου τις ἐκεῖνον ἀμύνεται, ἐνταῦθ' ὑπὲρ ὑμῶν
ἀμύνεται. Οὐ γὰρ οὕτω γ' εὐήθης ἐστὶν οὐδεὶς ὃς ὑπο- 44
λαμβάνει τὸν Φίλιππον τῶν μὲν ἐν Θρᾴκῃ κακῶν (οὐ
γὰρ ἄλλο τις ἂν εἴποι Δρογγίλον καὶ Καβύλην καὶ
Μάστειραν καὶ ἃ νῦν ἐξαιρεῖ καὶ κατασκευάζεται), τού-
των μὲν ἐπιθυμεῖν, καὶ ὑπὲρ τοῦ ταῦτα λαβεῖν καὶ
πόνους καὶ χειμῶνας καὶ τοὺς ἐσχάτους κινδύνους ὑπο-
μένειν, τῶν δὲ Ἀθηναίων λιμένων καὶ νεωρίων καὶ 45
τριήρων καὶ τῶν ἔργων τῶν ἀργυρείων καὶ τοσούτων
προσόδων οὐκ ἐπιθυμεῖν, ἀλλὰ ταῦτα μὲν ἐάσειν ἡμᾶς
ἔχειν, ὑπὲρ δὲ τῶν μελινῶν καὶ τῶν ὀλυρῶν τῶν ἐν τοῖς
101 Θρᾳκίοις σιροῖς ἐν τῷ βαράθρῳ χειμάζειν. Οὐκ ἔστι
ταῦτα, ἀλλὰ κἀκεῖνα ὑπὲρ τοῦ τούτων γενέσθαι κύριος
καὶ τἆλλα πάντα πραγματεύεται.

Τί οὖν εὖ φρονούντων ἀνθρώπων ἐστίν; Εἰδότας 46
ταῦτα καὶ ἐγνωκότας τὴν μὲν ὑπερβάλλουσαν καὶ ἀνή-

κεστον ταύτην ῥᾳθυμίαν ἀποθέσθαι, χρήματα δ' εἰσφέρειν, καὶ τοὺς συμμάχους ἀξιοῦν, καὶ ὅπως τὸ συνεστηκὸς τοῦτο συμμενεῖ στράτευμα ὁρᾶν καὶ πράττειν, ἵν' ὥσπερ ἐκεῖνος ἕτοιμον ἔχει δύναμιν τὴν ἀδικήσουσαν καὶ καταδουλωσομένην ἅπαντας τοὺς Ἕλληνας, οὕτω τὴν σώσουσαν ὑμεῖς καὶ βοηθήσουσαν ἅπασιν ἕτοιμον
47 ἔχητε. Οὐ γὰρ ἔστι βοηθείαις χρωμένους οὐδέποτ' οὐδὲν τῶν δεόντων πρᾶξαι, ἀλλὰ κατασκευάσαντας δεῖ δύναμιν, καὶ τροφὴν ταύτῃ πορίσαντας καὶ ταμίας καὶ δημοσίους, καὶ ὅπως ἔνι τὴν τῶν χρημάτων φυλακὴν ἀκριβεστάτην γενέσθαι, οὕτω ποιήσαντας, τὸν μὲν τῶν χρημάτων λόγον παρὰ τούτων λαμβάνειν, τὸν δὲ τῶν ἔργων παρὰ τοῦ στρατηγοῦ. Κἂν οὕτω ποιήσητε καὶ ταῦτ' ἐθελήσητε ὡς ἀληθῶς, ἄγειν εἰρήνην δικαίαν καὶ μένειν ἐπὶ τῆς αὑτοῦ Φίλιππον ἀναγκάσετε, οὗ μεῖζον οὐδὲν ἂν γένοιτ' ἀγαθόν, ἢ πολεμήσετ' ἐξ ἴσου.

48 Εἰ δέ τῳ δοκεῖ ταῦτα καὶ δαπάνης μεγάλης καὶ πόνων πολλῶν καὶ πραγματείας εἶναι, καὶ μάλα ὀρθῶς δοκεῖ· ἀλλ' ἐὰν λογίζηται τὰ τῇ πόλει μετὰ ταῦτα γενησόμενα, ἂν ταῦτα μὴ ἐθέλῃ, εὑρήσει λυσιτελοῦν τὸ
49 ἑκόντας ποιεῖν τὰ δέοντα. Εἰ μὲν γάρ ἐστί τις ἐγγυητὴς θεῶν (οὐ γὰρ ἀνθρώπων γ' οὐδεὶς ἂν γένοιτο ἀξιόχρεως τηλικούτου πράγματος) ὡς, ἂν ἄγηθ' ἡσυχίαν καὶ ἅπαντα προῆσθε, οὐκ ἐπ' αὐτοὺς ὑμᾶς τελευτῶν
ἐκεῖνος ἥξει, αἰσχρὸν μέν, νὴ τὸν Δία καὶ πάντας τοὺς 102
θεούς, καὶ ἀνάξιον ὑμῶν καὶ τῶν ὑπαρχόντων τῇ πόλει καὶ πεπραγμένων τοῖς προγόνοις τῆς ἰδίας ἕνεκα ῥᾳθυ-

μίας τοὺς ἄλλους πάντας Ἕλληνας εἰς δουλείαν προέσθαι, καὶ ἔγωγε αὐτὸς μὲν τεθνάναι μᾶλλον ἂν ἢ ταῦτ' εἰρηκέναι βουλοίμην· οὐ μὴν ἀλλ' εἴ τις ἄλλος λέγει καὶ ὑμᾶς πείθει, ἔστω, μὴ ἀμύνεσθε, ἅπαντα πρόεσθε.
Εἰ δὲ μηδενὶ τοῦτο δοκεῖ, τοὐναντίον δὲ προΐσμεν 50
ἅπαντες, ὅτι ὅσῳ ἂν πλειόνων ἐάσωμεν ἐκεῖνον γενέσθαι κύριον, τοσούτῳ χαλεπωτέρῳ καὶ ἰσχυροτέρῳ χρησόμεθα ἐχθρῷ, ποῖ ἀναδυόμεθα ἢ τί μέλλομεν; Ἢ πότε, ὦ ἄνδρες Ἀθηναῖοι, τὰ δέοντα ποιεῖν ἐθελήσομεν;
Ὅταν νὴ Δί' ἀναγκαῖον ᾖ. Ἀλλ' ἣν μὲν ἄν τις 51
ἐλευθέρων ἀνθρώπων ἀνάγκην εἴποι, οὐ μόνον ἤδη πάρεστιν, ἀλλὰ καὶ πάλαι παρελήλυθε· τὴν δὲ τῶν δούλων ἀπεύχεσθαι δεῖ. Διαφέρει δὲ τί; Ὅτι ἐστὶν ἐλευθέρῳ μὲν ἀνθρώπῳ μεγίστη ἀνάγκη ἡ ὑπὲρ τῶν γιγνομένων αἰσχύνη, καὶ μείζω ταύτης οὐκ οἶδ' ἥντιν' ἂν εἴποιμεν· δούλῳ δὲ πληγαὶ καὶ ὁ τοῦ σώματος αἰκισμός, ἃ μήτε γένοιτ' οὔτε λέγειν ἄξιον.

Πάντα τοίνυν τἆλλ' εἰπὼν ἂν ἡδέως, καὶ δείξας ὃν 52
τρόπον ὑμᾶς ἔνιοι καταπολιτεύονται, τὰ μὲν ἄλλα ἐάσω· ἀλλ' ἐπειδάν τι τῶν πρὸς Φίλιππον ἐμπέσῃ, εὐθὺς ἀναστάς τις λέγει, τὸ τὴν εἰρήνην ἄγειν ὡς ἀγαθὸν καὶ τὸ τρέφειν δύναμιν μεγάλην ὡς χαλεπόν, καὶ διαρπάζειν τινὲς τὰ χρήματα βούλονται, καὶ τοιούτους λόγους, ἐξ ὧν ἀναβάλλουσι μὲν ὑμᾶς, ἡσυχίαν δὲ ποιοῦσιν ἐκείνῳ πράττειν ὅ τι
103 βούλεται. Ἐκ δὲ τούτων περιγίγνεται ὑμῖν μὲν ἡ 53
σχολὴ καὶ τὸ μηδὲν ἤδη ποιεῖν, ἃ δέδοιχ' ὅπως μή ποθ'

ἡγήσεσθε ἐπὶ πολλῷ γεγενῆσθαι, τούτοις δὲ αἱ χάριτες
καὶ ὁ μισθὸς ὁ τούτων. Ἐγὼ δ' οἶμαι τὴν μὲν εἰρήνην
ἄγειν οὐχ ὑμᾶς δεῖν πείθειν, οἳ πεπεισμένοι κάθησθε,
54 ἀλλὰ τὸν τὰ τοῦ πολέμου πράττοντα (ἂν γὰρ ἐκεῖνος
πεισθῇ, τά γ' ἀφ' ὑμῶν ἕτοιμα ὑπάρχειν), νομίζειν δ'
εἶναι χαλεπὰ οὐχ ὅσ' ἂν εἰς σωτηρίαν δαπανῶμεν, ἀλλ'
ἃ πεισόμεθα, ἂν ταῦτα μὴ ἐθέλωμεν ποιεῖν· καὶ τὸ
διαρπασθήσεσθαι τὰ χρήματα· τῷ φυλακὴν εἰπεῖν
δι' ἧς σωθήσεται κωλύειν, οὐχὶ τῷ τοῦ συμφέροντος
55 ἀφεστάναι. Καίτοι ἔγωγ' ἀγανακτῶ καὶ αὐτὸ τοῦτο,
ὦ ἄνδρες Ἀθηναῖοι, εἰ τὰ μὲν χρήματα λυπεῖ τινὰς
ὑμῶν, εἰ διαρπασθήσεται, ἃ καὶ φυλάττειν καὶ κολάζειν
τοὺς ἀδικοῦντας ἐφ' ὑμῖν ἐστί, τὴν δὲ Ἑλλάδα πᾶσαν
οὑτωσὶ Φίλιππος ἐφεξῆς ἁρπάζων οὐ λυπεῖ, καὶ ταῦτ'
ἐφ' ἡμᾶς ἁρπάζων.

56 Τί ποτ' οὖν ἐστὶ τὸ αἴτιον, ὦ ἄνδρες Ἀθηναῖοι, τὸ
τὸν μὲν οὕτω φανερῶς στρατεύοντα, ἀδικοῦντα, πόλεις
καταλαμβάνοντα, μηδένα τούτων πώποτε εἰπεῖν ὡς πό-
λεμον ποιεῖ, τοὺς δὲ μὴ ἐπιτρέπειν μηδὲ προΐεσθαι
ταῦτα συμβουλεύοντας, τούτους τὸν πόλεμον ποιήσειν
57 αἰτιᾶσθαι; Ἐγὼ διδάξω· ὅτι τὴν ὀργὴν ἣν εἰκός ἐστι
γενέσθαι παρ' ὑμῖν, ἄν τι λυπῆσθε τῷ πολέμῳ, εἰς τοὺς
ὑπὲρ ὑμῶν λέγοντας τὰ βέλτιστα τρέψαι βούλονται,
ἵνα τούτους κρίνητε, μὴ Φίλιππον ἀμύνησθε, καὶ κατη-
γορῶσιν αὐτοί, μὴ δίκην δῶσιν ὧν ποιοῦσι νῦν. Τοῦτ'
αὐτοῖς δύναται τὸ λέγειν ὡς ἄρα βούλονται πόλεμόν
τινες ποιῆσαι παρ' ὑμῖν, καὶ περὶ τούτου ἡ διαδικασία

104 αὕτη ἐστίν. Ἐγὼ δ᾽ οἶδα ἀκριβῶς ὅτι οὐ γράψαντος 58
Ἀθηναίων οὐδενός πω πόλεμον καὶ ἄλλα πολλὰ Φίλιπ-
πος ἔχει τῶν τῆς πόλεως καὶ νῦν εἰς Καρδίαν πέπομφε
βοήθειαν. Εἰ μέντοι βουλόμεθ᾽ ἡμεῖς μὴ προσποιεῖσθαι
πολεμεῖν αὐτὸν ἡμῖν, ἀνοητότατος πάντων ἂν εἴη τῶν
ὄντων ἀνθρώπων, εἰ τοῦτ᾽ ἐξελέγχοι. Ἀλλ᾽ ἐπειδὰν 59
ἐπ᾽ αὐτοὺς ἡμᾶς ἴῃ, τί φήσομεν; Ἐκεῖνος μὲν γὰρ οὐ
πολεμεῖν ἡμῖν, ὥσπερ οὐδ᾽ Ὠρείταις τῶν στρατιωτῶν
ὄντων ἐν τῇ χώρᾳ, οὐδὲ Φεραίοις πρότερον πρὸς τὰ
τείχη προσβάλλων αὐτῶν, οὐδ᾽ Ὀλυνθίοις ἐξ ἀρχῆς, ἕως
ἐν αὐτῇ τῇ χώρᾳ τὸ στράτευμα παρῆν ἔχων. Ἢ καὶ
τότε τοὺς ἀμύνεσθαι κελεύοντας πόλεμον ποιεῖν φήσο-
μεν; Οὐκοῦν ὑπόλοιπον δουλεύειν· οὐ γὰρ ἄλλο γ᾽
οὐδέν ἐστι μεταξὺ τοῦ μήτ᾽ ἀμύνεσθαι μήτ᾽ ἄγειν ἡσυ-
χίαν ἐᾶσθαι. Καὶ μὴν οὐχ ὑπὲρ τῶν ἴσων ὑμῖν τε καὶ 60
τοῖς ἄλλοις ἔσθ᾽ ὁ κίνδυνος· οὐ γὰρ ὑφ᾽ αὑτῷ τὴν
πόλιν ποιήσασθαι βούλεται Φίλιππος, ἀλλ᾽ ὅλως ἀνε-
λεῖν. Οἶδε γὰρ ἀκριβῶς ὅτι δουλεύειν μὲν ὑμεῖς οὔτ᾽
ἐθελήσετε οὔτ᾽, ἂν ἐθελήσητε, ἐπιστήσεσθε (ἄρχειν γὰρ
εἰώθατε), πράγματα δ᾽ αὐτῷ παρασχεῖν, ἂν καιρὸν
λάβητε, πλείω τῶν ἄλλων ἁπάντων ἀνθρώπων δυνή-
σεσθε.

Ὡς οὖν ὑπὲρ τῶν ἐσχάτων ὄντος τοῦ ἀγῶνος προσή- 61
κει οὕτω γιγνώσκειν, καὶ τοὺς πεπρακότας αὑτοὺς ἐκείνῳ
μισεῖν καὶ ἀποτυμπανίσαι. Οὐ γὰρ ἔστιν, οὐκ ἔστι
τῶν ἔξω τῆς πόλεως ἐχθρῶν κρατῆσαι, πρὶν ἂν τοὺς ἐν
αὐτῇ τῇ πόλει κολάσητ᾽ ἐχθροὺς ὑπηρετοῦντας ἐκείνῳ,

ἀλλ' ἀνάγκη τούτοις ὥσπερ προβόλοις προσπταίοντας
62 ὑστερίζειν ἐκείνων. Πόθεν οἴεσθε νῦν αὐτὸν ὑβρίζειν 105
ὑμᾶς (οὐδὲν γὰρ ἄλλο ἔμοιγε δοκεῖ ποιεῖν ἢ τοῦτο) καὶ
τοὺς μὲν ἄλλους εὖ ποιοῦντα, εἰ μηδὲν ἄλλο, ἐξαπατᾶν,
ὑμῖν δ' ἀπειλεῖν ἤδη; Οἷον Θετταλοὺς πολλὰ δοὺς
ἐπηγάγετο εἰς τὴν νῦν παροῦσαν δουλείαν· οὐδ' ἂν
εἰπεῖν δύναιτ' οὐδεὶς ὅσα τοὺς ταλαιπώρους Ὀλυνθίους
πρότερον δοὺς Ποτίδαιαν ἐξηπάτησε καὶ πόλλ' ἕτερα·
63 Θηβαίους τὰ νῦν ὑπάγει τὴν Βοιωτίαν αὐτοῖς παρα-
δοὺς καὶ ἀπαλλάξας πολέμου πολλοῦ καὶ χαλεποῦ·
ὥστε καρπωσάμενοί τινα ἕκαστοι τούτων πλεονεξίαν οἱ
μὲν ἤδη πεπόνθασιν ἃ δὴ πάντες ἴσασιν, οἱ δ' ὅταν
ποτὲ συμβῇ πείσονται. Ὑμεῖς δὲ ὧν μὲν ἀπεστέρησθε
σιωπῶ· ἀλλ' ἐν αὐτῷ τῷ τὴν εἰρήνην ποιήσασθαι
πόσα ἐξηπάτησθε! Πόσων ἀπεστέρησθε! Οὐχὶ Φω-
κέας; Οὐ Πύλας; Οὐχὶ τὰ ἐπὶ Θρᾴκης, Δορίσκον,
Σέῤῥιον, τὸν Κερσοβλέπτην αὐτόν; Οὐ νῦν τὴν πόλιν
τὴν Καρδιανῶν ἔχει καὶ ὁμολογεῖ;

Τί ποτ' οὖν ἐκείνως τοῖς ἄλλοις καὶ οὐ τὸν αὐτὸν
τρόπον ὑμῖν προσφέρεται; Ὅτι ἐν μόνῃ τῶν πασῶν
πόλεων τῇ ὑμετέρᾳ ἄδεια ὑπὲρ τῶν ἐχθρῶν λέγειν δέδο-
ται, καὶ λαβόντα χρήματ' αὐτὸν ἀσφαλές ἐστι λέγειν
65 παρ' ὑμῖν, κἂν ἀφῃρημένοι τὰ ὑμέτερα αὐτῶν ἦτε. Οὐκ
ἦν ἀσφαλὲς λέγειν ἐν Ὀλύνθῳ τὰ Φιλίππου μὴ σὺν εὖ

ταλῶν τῷ τοὺς τυράννους ἐκβαλεῖν Φίλιππον αὐτοῖς καὶ
τὴν Πυλαίαν ἀποδοῦναι· οὐκ ἦν ἐν Θήβαις ἀσφαλές,
106 πρὶν τὴν Βοιωτίαν ἀπέδωκε καὶ τοὺς Φωκέας ἀνεῖλεν.
Ἀλλ᾽ Ἀθήνησιν οὐ μόνον Ἀμφίπολιν καὶ τὴν Καρδια- 66
νῶν χώραν ἀπεστερηκότος Φιλίππου, ἀλλὰ καὶ κα-
τασκευάζοντος ὑμῖν ἐπιτείχισμα τὴν Εὔβοιαν καὶ νῦν
ἐπὶ Βυζάντιον παριόντος, ἀσφαλές ἐστι λέγειν ὑπὲρ
Φιλίππου. Τοιγάρτοι τούτων μὲν ἐκ πτωχῶν ἔνιοι
ταχὺ πλούσιοι γίγνονται καὶ ἐξ ἀνωνύμων καὶ ἀδόξων
ἔνδοξοι καὶ γνώριμοι, ὑμεῖς δὲ τοὐναντίον ἐκ μὲν ἐν-
δόξων ἄδοξοι, ἐκ δ᾽ εὐπόρων ἄποροι. Πόλεως γὰρ
ἔγωγε πλοῦτον ἡγοῦμαι συμμάχους, πίστιν, εὔνοιαν, ὧν
ἁπάντων ἔσθ᾽ ὑμεῖς ἄποροι. Ἐκ δὲ τοῦ τούτων ὀλιγώ- 67
ρως ἔχειν καὶ ἐᾶν τούτων στέρεσθαι, ὁ μὲν εὐδαίμων
καὶ μέγας καὶ φοβερὸς πᾶσιν Ἕλλησι καὶ βαρβάροις,
ὑμεῖς δ᾽ ἔρημοι καὶ ταπεινοί, τῇ μὲν τῶν ὠνίων ἀφθονίᾳ
λαμπροί, τῇ δ᾽ ὧν προσῆκε παρασκευῇ καταγέλαστοι.
Οὐ τὸν αὐτὸν δὲ τρόπον περί θ᾽ ὑμῶν καὶ περὶ αὑτῶν
ἐνίους τῶν λεγόντων ὁρῶ βουλευομένους· ὑμᾶς μὲν γὰρ
ἡσυχίαν ἄγειν φασὶ δεῖν, κἄν τις ὑμᾶς ἀδικῇ, αὐτοὶ δ᾽
οὐ δύνανται παρ᾽ ὑμῖν ἡσυχίαν ἄγειν οὐδενὸς αὐτοὺς
ἀδικοῦντος.

Εἶτά φησιν ὃς ἂν τύχῃ παρελθών, Οὐ γὰρ ἐθέλεις 68
γράφειν οὐδὲ κινδυνεύειν, ἀλλ᾽ ἄτολμος εἶ καὶ
μαλακός. Ἐγὼ δὲ θρασὺς μὲν καὶ βδελυρὸς καὶ
ἀναιδὴς οὔτ᾽ εἰμὶ μήτε γενοίμην, ἀνδρειότερον μέντοι
πολλῷ πάνυ τῶν ἰταμῶς πολιτευομένων παρ᾽ ὑμῖν

69 ἐμαυτὸν ἡγοῦμαι. Ὅστις μὲν γάρ, ὦ ἄνδρες Ἀθηναῖοι,
παριδὼν ἃ συνοίσει τῇ πόλει, κρίνει, δημεύει, δίδωσι,
κατηγορεῖ, οὐδεμιᾷ ταῦτ' ἀνδρείᾳ ποιεῖ, ἀλλ' ἔχων
ἐνέχυρον τῆς αὑτοῦ σωτηρίας τὸ πρὸς χάριν ὑμῖν λέ-
γειν καὶ πολιτεύεσθαι ἀσφαλῶς θρασύς ἐστιν· ὅστις 107
δ' ὑπὲρ τοῦ βελτίστου πολλὰ τοῖς ὑμετέροις ἐναντιοῦται
βουλήμασι, καὶ μηδὲν λέγει πρὸς χάριν, ἀλλὰ τὸ βέλ-
τιστον ἀεί, καὶ τὴν τοιαύτην πολιτείαν προαιρεῖται ἐν ᾗ
πλειόνων ἡ τύχη κυρία γίγνεται ἢ οἱ λογισμοί, τούτων
δ' ἀμφοτέρων ἑαυτὸν ὑπεύθυνον ὑμῖν παρέχει, οὗτός
ἐστ' ἀνδρεῖος, καὶ χρήσιμός γε πολίτης ὁ τοιοῦτός ἐστιν,
70 οὐχ οἱ τῆς παρ' ἡμέραν χάριτος τὰ μέγιστα τῆς πόλεως
ἀπολωλεκότες, οὓς ἐγὼ τοσούτου δέω ζηλοῦν ἢ νομίζειν
ἀξίους πολίτας τῆς πόλεως εἶναι, ὥστ' εἴ τις ἔροιτό με
Εἰπέ μοι, σὺ δὲ τί τὴν πόλιν ἡμῖν ἀγαθὸν πε-
ποίηκας; Ἔχων, ὦ ἄνδρες Ἀθηναῖοι, καὶ τριηραρ-
χίας εἰπεῖν καὶ χορηγίας καὶ χρημάτων εἰσφορὰς καὶ
λύσεις αἰχμαλώτων καὶ τοιαύτας ἄλλας φιλανθρωπίας,
οὐδὲν ἂν τούτων εἴποιμι, ἀλλ' ὅτι τῶν τοιούτων πολι-
71 τευμάτων οὐδὲν πολιτεύομαι, ἀλλὰ δυνάμενος ἂν ἴσως,
ὥσπερ καὶ ἕτεροι, καὶ κατηγορεῖν καὶ χαρίζεσθαι καὶ
δημεύειν καὶ τἆλλ' ἃ ποιοῦσιν οὗτοι ποιεῖν, οὐδ' ἐφ' ἓν
τούτων πώποτ' ἐμαυτὸν ἔταξα οὐδὲ προήχθην οὔθ' ὑπὸ
κέρδους οὔθ' ὑπὸ φιλοτιμίας, ἀλλὰ διαμένω λέγων ἐξ
ὧν ἐγὼ μὲν πολλῶν ἐλάττων εἰμὶ παρ' ὑμῖν, ὑμεῖς δέ,
εἰ πείθεσθέ μοι, μείζους ἂν εἴητε· οὕτω γὰρ ἴσως ἀνε-
72 πίφθονον εἰπεῖν. Οὐδὲ ἔμοιγε δοκεῖ δικαίου τοῦτ' εἶναι

πολίτου, τοιαῦτα πολιτεύμαθ' εὑρίσκειν ἐξ ὧν ἐγὼ μὲν πρῶτος ὑμῶν ἔσομαι εὐθέως, ὑμεῖς δὲ τῶν ἄλλων ὕστατοι· ἀλλὰ συναυξάνεσθαι δεῖ τὴν πόλιν τοῖς τῶν ἀγαθῶν πολιτῶν πολιτεύμασι, καὶ τὸ βέλτιστον ἀεί, μὴ τὸ ῥᾷστον ἅπαντας λέγειν· ἐπ' ἐκεῖνο μὲν γὰρ ἡ φύσις
108 αὐτὴ βαδιεῖται, ἐπὶ τοῦτο δὲ τῷ λόγῳ δεῖ προάγεσθαι διδάσκοντα τὸν ἀγαθὸν πολίτην.

Ἤδη τοίνυν τινὸς ἤκουσα τοιοῦτόν τι λέγοντος, ὡς 73
ἄρα ἐγὼ λέγω μὲν ἀεὶ τὰ βέλτιστα, ἔστι δ' οὐδὲν ἀλλ' ἢ λόγοι τὰ παρ' ἐμοῦ, δεῖ δ' ἔργων τῇ πόλει καὶ πράξεώς τινος. Ἐγὼ δ' ὡς ἔχω περὶ τούτων, λέξω πρὸς ὑμᾶς καὶ οὐκ ἀποκρύψομαι. Οὐδ' εἶναι νομίζω τοῦ συμβουλεύοντος ὑμῖν ἔργον οὐδὲν πλὴν εἰπεῖν τὰ βέλτιστα. Καὶ τοῦθ' ὅτι τοῦτον ἔχει τὸν τρόπον, ῥᾳδίως οἶμαι δείξειν. Ἴστε γὰρ δήπου 74
τοῦθ', ὅτι Τιμόθεός ποτ' ἐκεῖνος ἐν ὑμῖν ἐδημηγόρησεν ὡς δεῖ βοηθεῖν καὶ τοὺς Εὐβοέας σώζειν, ὅτε Θηβαῖοι κατεδουλοῦντο αὐτούς, καὶ λέγων εἶπεν οὕτω πως· Εἰπέ μοι, βουλεύεσθε, ἔφη, Θηβαίους ἔχοντες ἐν νήσῳ, τί χρήσεσθε καὶ τί δεῖ ποιεῖν; Οὐκ ἐμπλήσετε τὴν θάλατταν, ὦ ἄνδρες Ἀθηναῖοι, τριήρων; Οὐκ ἀναστάντες ἤδη πορεύσεσθε εἰς τὸν Πειραιᾶ; Οὐ καθέλξετε τὰς ναῦς; Οὐκοῦν εἶπε μὲν ταῦτα ὁ Τιμόθεος, ἐποιήσατε δ' ὑμεῖς 75
ἐκ δὲ τούτων ἀμφοτέρων τὸ πρᾶγμα ἐπράχθη. Εἰ δ' ὁ μὲν εἶπεν ὡς οἷόν τε τὰ ἄριστα, ὥσπερ εἶπεν, ὑμεῖς δ' ἀπερρᾳθυμήσατε καὶ μηδὲν ὑπηκούσατε, ἆρ' ἂν ἦν γε-

γονός τι τῶν τότε συμβάντων τῇ πόλει; Οὐχ οἷόν τε. Οὕτω τοίνυν καὶ περὶ ὧν ἂν ἐγὼ λέγω [νυνὶ καὶ περὶ ὧν ἂν ὁ δεῖνα εἴπῃ], τὰ μὲν ἔργα παρ' ὑμῶν αὐτῶν ζητεῖτε, τὰ δὲ βέλτιστα ἐπιστήμῃ λέγειν παρὰ τοῦ παριόντος.

76 Ἐν κεφαλαίῳ δ' ἃ λέγω φράσας καταβῆναι βούλο-
μαι. Χρήματα εἰσφέρειν φημὶ δεῖν, τὴν ὑπάρχουσαν
δύναμιν συνέχειν, ἐπανορθοῦντας εἴ τι δοκεῖ μὴ καλῶς 109
ἔχειν, μὴ ὅσοις ἄν τις αἰτιάσηται τὸ ὅλον καταλύοντας·
πρέσβεις ἐκπέμπειν πανταχοῖ τοὺς διδάξοντας, νουθε-
τήσοντας, πράξοντας ὅσα ἂν δύνωνται τῇ πόλει· παρὰ
πάντα ταῦτα τοὺς ἐπὶ τοῖς πράγμασι δωροδοκοῦντας
κολάζειν καὶ μισεῖν πανταχοῦ, ἵν' οἱ μέτριοι καὶ δικαίους
ἑαυτοὺς παρέχοντες εὖ βεβουλεῦσθαι δοκῶσι καὶ τοῖς
77 ἄλλοις καὶ ἑαυτοῖς. Ἂν οὕτω τοῖς πράγμασι χρῆσθε
καὶ παύσησθε ὀλιγωροῦντες ἁπάντων, ἴσως ἄν, ἴσως καὶ
νῦν ἔτι βελτίω γένοιτο. Εἰ μέντοι καθεδεῖσθε ἄχρι
τοῦ θορυβῆσαι καὶ ἐπαινέσαι σπουδάζοντες, ἐὰν δὲ δέῃ
τι ποιεῖν ἀναδυόμενοι, οὐχ ὁρῶ λόγον ὅστις ἄνευ τοῦ
ποιεῖν ὑμᾶς ἃ προσήκει δυνήσεται τὴν πόλιν σῶσαι.

ΔΗΜΟΣΘΕΝΟΥΣ

190 ΠΕΡΙ ΤΗΣ ΡΟΔΙΩΝ ΕΛΕΥΘΕΡΙΑΣ.

Οἶμαι δεῖν ὑμᾶς, ὦ ἄνδρες Ἀθηναῖοι, περὶ τηλικούτων 1
βουλευομένους διδόναι παῤῥησίαν ἑκάστῳ τῶν συμβου-
λευόντων. Ἐγὼ δ᾽ οὐδεπώποτε ἡγησάμην χαλεπὸν τὸ
191 διδάξαι τὰ βέλτιστα ὑμᾶς (ὡς γὰρ εἰπεῖν ἁπλῶς, ἅπαν-
τες ὑπάρχειν ἐγνωκότες μοι δοκεῖτε), ἀλλὰ τὸ πεῖσαι
πράττειν ταῦτα· ἐπειδὰν γάρ τι δόξῃ καὶ ψηφισθῇ,
τότε ἴσον τοῦ πραχθῆναι ἀπέχει ὅσονπερ πρὶν δόξαι.
Ἔστι μὲν οὖν ἓν ὧν ἐγὼ νομίζω χάριν ὑμᾶς τοῖς θεοῖς 2
ὀφείλειν, τὸ τοὺς διὰ τὴν αὑτῶν ὕβριν ὑμῖν πολεμή-
σαντας οὐ πάλαι νῦν ἐν ὑμῖν μόνοις τῆς αὑτῶν σωτη-
ρίας ἔχειν τὰς ἐλπίδας. Ἄξιον δ᾽ ἡσθῆναι τῷ παρόντι
καιρῷ· συμβήσεται γὰρ ὑμῖν, ἐὰν ἃ χρὴ βουλεύσησθε
περὶ αὐτοῦ, τὰς παρὰ τῶν διαβαλλόντων τὴν πόλιν
ἡμῶν βλασφημίας ἔργῳ μετὰ δόξης καλῆς ἀπολύσασθαι.
Ἠτιάσαντο μὲν γὰρ ἡμᾶς ἐπιβουλεύειν αὐτοῖς Χῖοι καὶ 3
Βυζάντιοι καὶ Ῥόδιοι, καὶ διὰ ταῦτα συνέστησαν ἐφ᾽
ἡμᾶς τὸν τελευταῖον τουτονὶ πόλεμον· φανήσεται δ᾽ ὁ
μὲν πρυτανεύσας ταῦτα καὶ πείσας Μαύσωλος, φίλος

εἶναι φάσκων Ῥοδίων, τὴν ἐλευθερίαν αὐτῶν αφῃρημέ-
νος, οἱ δ' ἀποδείξαντες αὐτοὺς συμμάχους Χῖοι καὶ
Βυζάντιοι τοῖς ἀτυχήμασιν αὐτῶν οὐ βεβοηθηκότες,
ὑμεῖς δ', οὓς ἐφοβοῦντο, μόνοι τῶν πάντων τῆς σωτη-
4 ρίας αὐτοῖς αἴτιοι. Ἐκ δὲ τοῦ ταῦθ' ὑπὸ πάντων
ὀφθῆναι ποιήσετε τοὺς πολλοὺς ἐν ἁπάσαις ταῖς πόλεσι
τοῦτο ποιεῖσθαι σύμβολον τῆς αὑτῶν σωτηρίας, ἐὰν ὑμῖν
ὦσι φίλοι· οὗ μεῖζον οὐδὲν ἂν ὑμῖν γένοιτο ἀγαθὸν ἢ
παρὰ πάντων ἑκόντων ἀνυπόπτου τυχεῖν εὐνοίας.
5 Θαυμάζω δ' ὅτι τοὺς αὐτοὺς ὁρῶ ὑπὲρ μὲν Αἰγυπτίων
τἀναντία πράττειν βασιλεῖ τὴν πόλιν πείθοντας, ὑπὲρ
δὲ τοῦ Ῥοδίων δήμου φοβουμένους τὸν ἄνδρα τοῦτον.
Καίτοι τοὺς μὲν Ἕλληνας ὄντας ἅπαντες ἴσασι, τοὺς δ'
6 ἐν τῇ ἀρχῇ τῇ ἐκείνου μεμερισμένους. Οἶμαι δ' ὑμῶν 192
μνημονεύειν ἐνίους ὅτι, ἡνίκ' ἐβουλεύεσθε περὶ τῶν
βασιλικῶν, παρελθὼν πρῶτος ἐγὼ παρῄνεσα, οἶμαι δὲ
καὶ μόνος ἢ δεύτερος εἰπεῖν, ὅτι μοι σωφρονεῖν ἂν δο-
κεῖτε, εἰ τὴν πρόφασιν τῆς παρασκευῆς μὴ τὴν πρὸς
ἐκεῖνον ἔχθραν ποιοῖσθε, ἀλλὰ παρασκευάζοισθε μὲν
πρὸς τοὺς ὑπάρχοντας ἐχθρούς, ἀμύνοισθε δὲ κἀκεῖνον,
ἐὰν ὑμᾶς ἀδικεῖν ἐπιχειρῇ. Καὶ οὐκ ἐγὼ μὲν εἶπον
ταῦτα, ὑμῖν δ' οὐκ ἐδόκουν ὀρθῶς λέγειν, ἀλλὰ καὶ ὑμῖν
7 ἤρεσκε ταῦτα. Ἀκόλουθος τοίνυν ὁ νῦν λόγος ἐστί μοι
τῷ τότε ῥηθέντι. Ἐγὼ γάρ, εἰ βασιλεὺς παρ' αὐτὸν
ὄντα με σύμβουλον ποιοῖτο, ταὔτ' ἂν αὐτῷ παραινέ-
σαιμι ἅπερ ὑμῖν, ὑπὲρ μὲν τῶν ἑαυτοῦ πολεμεῖν, ἐάν τις
ἐναντιῶται τῶν Ἑλλήνων, ὧν δὲ μηδὲν αὐτῷ προσήκει,

τούτων μηδ' ἀντιποιεῖσθαι τὴν ἀρχήν. Εἰ μὲν οὖν 8
ὅλως ἐγνώκατε, ὦ ἄνδρες Ἀθηναῖοι, ὅσων ἂν βασιλεὺς
ἐγκρατὴς γένηται φθάσας ἢ παρακρουσάμενός τινας τῶν
ἐν ταῖς πόλεσι, παραχωρεῖν, οὐ καλῶς ἐγνώκατε, ὡς ἐγὼ
κρίνω· εἰ δὲ ὑπὲρ τῶν δικαίων καὶ πολεμεῖν, ἂν τούτου
δέῃ, καὶ πάσχειν ὁτιοῦν οἴεσθε χρῆναι, πρῶτον μὲν ὑμῖν
ἧττον δεήσει τούτων, ὅσῳ ἂν μᾶλλον ἐγνωκότες ἦτε
ταῦτα, ἔπειθ' ἃ προσήκει φρονεῖν δόξετε.

Ὅτι δ' οὐδὲν καινὸν οὔτ' ἐγὼ λέγω νῦν κελεύων 9
Ῥοδίους ἐλευθεροῦν οὔθ' ὑμεῖς, ἂν πεισθῆτέ μοι, ποιή-
σετε, τῶν γεγενημένων ὑμᾶς τι καὶ συνενηνοχότων
ὑπομνήσω. Ὑμεῖς ἐξεπέμψατε Τιμόθεόν ποτε, ὦ ἄν-
δρες Ἀθηναῖοι, βοηθήσοντα Ἀριοβαρζάνῃ, προσγρά-
93 ψαντες τῷ ψηφίσματι μὴ λύοντα τὰς σπονδὰς
τὰς πρὸς βασιλέα. Ἰδὼν δ' ἐκεῖνος τὸν μὲν Ἀριο-
βαρζάνην φανερῶς ἀφεστῶτα βασιλέως, Σάμον δὲ
φρουρουμένην ὑπὸ Κυπροθέμιδος, ὃν κατέστησε Τιγρά-
νης ὁ βασιλέως ὕπαρχος, τῷ μὲν ἀπέγνω μὴ βοηθεῖν,
τὴν δὲ προσκαθεζόμενος καὶ βοηθήσας ἠλευθέρωσεν·
καὶ μέχρι τῆς τήμερον ἡμέρας οὐ γέγονε πόλεμος διὰ 10
ταῦθ' ὑμῖν. Οὐ γὰρ ὁμοίως οὐδεὶς ὑπέρ τε τοῦ πλεο-
νεκτεῖν πολεμήσειεν ἂν καὶ τῶν ἑαυτοῦ, ἀλλ' ὑπὲρ μὲν
ὧν ἐλαττοῦνται μέχρι τοῦ δυνατοῦ πάντες πολεμοῦσιν,
ὑπὲρ δὲ τοῦ πλεονεκτεῖν οὐχ οὕτως, ἀλλ' ἐφίενται μέν,
ἐάν τις ἐᾷ, ἐὰν δὲ κωλυθῶσιν, οὐδὲν ἠδικηκέναι τοὺς
ἐναντιωθέντας αὐτοῖς ἡγοῦνται.

Ὅτι δ' οὐδ' ἂν ἐναντιωθῆναί μοι δοκεῖ τῇ πράξει 11

ταύτῃ νῦν Ἀρτεμισία τῆς πόλεως οὔσης ἐπὶ τῶν πραγμάτων, μικρὰ ἀκούσαντες σκοπεῖτε εἴτ' ὀρθῶς ἐγὼ λογίζομαι ταῦτ' εἴτε καὶ μή. Ἐγὼ νομίζω πράττοντος μὲν ἐν Αἰγύπτῳ πάνθ', ὡς ὥρμηκε, βασιλέως σφόδρα ἂν Ἀρτεμισίαν πειραθῆναι περιποιῆσαι Ῥόδον αὐτῷ, οὐ τῇ βασιλέως εὐνοίᾳ, ἀλλὰ τῷ βούλεσθαι πλησίον αὐτῆς διατρίβοντος ἐκείνου μεγάλην εὐεργεσίαν καταθέσθαι πρὸς αὐτόν, ἵν' ὡς οἰκειότατ' αὐτὴν ἀποδέχοιτο·
12 πράττοντος δ' ὡς λέγεται, καὶ διημαρτηκότος οἷς ἐπεχείρησεν, ἡγεῖσθαι τὴν νῆσον ταύτην, ὅπερ ἔστιν, ἄλλο μὲν οὐδὲν ἂν εἶναι βασιλεῖ χρησίμην ἐν τῷ παρόντι, τῆς δ' αὐτῆς ἀρχῆς ἐπιτείχισμα πρὸς τὸ μηδ' ὁτιοῦν παρακινεῖν. Ὥστε μοι δοκεῖ μᾶλλον ἂν ὑμᾶς ἔχειν μὴ φανερῶς αὐτῆς ἐνδούσης ἢ 'κεῖνον λαβεῖν βούλεσθαι. Οἶμαι μὲν οὖν οὐδὲ βοηθήσειν αὐτήν, ἂν δ' ἄρα τοῦτο
13 ποιῇ, φαύλως καὶ κακῶς. Ἐπεὶ καὶ βασιλέα γ' ὅ τι μὲν ποιήσει, μὰ Δί' οὐκ ἂν εἴποιμι ἔγωγ' ὡς οἶδα, ὅτι μέντοι συμφέρει τῇ πόλει δῆλον ἤδη γενέσθαι πότερα ἀντιποιήσεται τῆς πόλεως τῆς Ῥοδίων ἢ οὔ, τοῦτ' ἂν ἰσχυρισαίμην· οὐ γὰρ ὑπὲρ Ῥοδίων βουλευτέον, ὅταν ἀντιποιῆται, μόνον, ἀλλ' ὑπὲρ ὑμῶν αὐτῶν καὶ τῶν πάντων Ἑλλήνων.

14 Οὐ μὴν οὐδ' ἂν εἰ δι' αὑτῶν εἶχον τὴν πόλιν οἱ νῦν ὄντες ἐν αὐτῇ Ῥόδιοι, παρῄνεσα ἂν ὑμῖν τούτους ἑλέσθαι, οὐδ' εἰ πάνθ' ὑπισχνοῦντο ὑμῖν ποιήσειν. Ὁρῶ γὰρ αὐτοὺς τὸ μὲν πρῶτον, ὅπως καταλύσωσι τὸν δῆμον, προσλαβόντας τινὰς τῶν πολιτῶν, ἐπειδὴ δὲ τοῦτ'

ἔπραξαν, πάλιν ἐκβαλόντας τούτους· τοὺς οὖν μηδετέ-
ροις πιστῶς κεχρημένους οὐδ' ἂν ὑμῖν βεβαίους ἡγοῦμαι
γενέσθαι συμμάχους. Καὶ ταῦτ' οὐδέποτ' εἶπον ἄν, εἰ 15
τῷ Ῥοδίων δήμῳ μόνον ἡγούμην συμφέρειν· οὔτε γὰρ
προξενῶ τῶν ἀνδρῶν οὔτ' ἰδίᾳ ξένος αὐτῶν οὐδείς ἐστί
μοι. Οὐ μὴν οὐδ' εἰ ταῦτ' ἀμφότερ' ἦν, εἰ μὴ συμφέ-
ρειν ὑμῖν ἡγούμην, εἶπον ἄν, ἐπεὶ Ῥοδίοις γε (εἰ οἷόν τε
τοῦτ' εἰπεῖν τῷ συναγορεύοντι τῇ σωτηρίᾳ αὐτῶν)
συγχαίρω τῶν γεγενημένων, ὅτι τοῦ κομίσασθαι τὰ
ὑμέτερ' ὑμῖν φθονήσαντες τὴν αὐτῶν ἐλευθερίαν ἀπο-
λωλέκασι, καὶ παρὸν αὐτοῖς Ἕλλησι καὶ βελτίοσιν
αὐτῶν ὑμῖν ἐξ ἴσου συμμαχεῖν, βαρβάροις καὶ δούλοις,
οὓς εἰς τὰς ἀκροπόλεις παρεῖνται, δουλεύουσιν. Ὀλί- 16
γου δὲ δέω λέγειν, ἂν ὑμεῖς αὐτοῖς ἐθελήσητε βοηθῆσαι,
195 ὡς καὶ συνενήνοχε ταῦτ' αὐτοῖς· εὖ μὲν γὰρ πράττοντες
οὐκ οἶδ' εἴ ποτ' ἂν εὖ φρονῆσαι ἠθέλησαν, ὄντες Ῥόδιοι,
ἔργῳ δὲ πειραθέντες καὶ διδαχθέντες ὅτι πολλῶν κακῶν
ἡ ἄνοια αἰτία τοῖς πολλοῖς γίγνεται, τάχ' ἄν, εἰ τύχοιεν,
σωφρονέστεροι πρὸς τὸν λοιπὸν τοῦ χρόνου γένοιντο.
Τοῦτο δ' οὐ μικρὰν ὠφέλειαν αὐτοῖς ἡγοῦμαι. Φημὶ
δὴ χρῆναι πειρᾶσθαι σώζειν τοὺς ἄνδρας καὶ μὴ μνησι-
κακεῖν, ἐνθυμουμένους ὅτι πολλὰ καὶ ὑμεῖς ὑπὸ τῶν
ἐπιβουλευσάντων ἐξηπάτησθε, ὧν οὐδενὸς αὐτοὶ δοῦναι
δίκην δίκαιοι ἂν εἶναι φήσαιτε.

Ὁρᾶτε δὲ κἀκεῖνο, ὦ ἄνδρες Ἀθηναῖοι, ὅτι πολλοὺς 17
ὑμεῖς πολέμους πεπολεμήκατε καὶ πρὸς δημοκρατίας
καὶ πρὸς ὀλιγαρχίας. Καὶ τοῦτο μὲν ἴστε καὶ αὐτοί·

ἀλλ' ὑπὲρ ὧν πρὸς ἑκατέρους ἔσθ' ὑμῖν ὁ πόλεμος,
τοῦτ' ἴσως ὑμῶν οὐδεὶς λογίζεται. Ὑπὲρ τίνων οὖν
ἐστίν; Πρὸς μὲν τοὺς δήμους ἢ περὶ τῶν ἰδίων ἐγκλη-
μάτων, οὐ δυνηθέντων δημοσίᾳ διαλύσασθαι ταῦτα, ἢ
περὶ γῆς μέρους ἢ ὅρων ἢ φιλονεικίας ἢ τῆς ἡγεμονίας·
πρὸς δὲ τὰς ὀλιγαρχίας ὑπὲρ μὲν τούτων οὐδενός, ὑπὲρ
18 δὲ τῆς πολιτείας καὶ τῆς ἐλευθερίας, ὥστ' ἔγωγ' οὐκ
ἂν ὀκνήσαιμι εἰπεῖν μᾶλλον ἡγεῖσθαι συμφέρειν δημο-
κρατουμένους τοὺς Ἕλληνας ἅπαντας πολεμεῖν ὑμῖν
ἢ ὀλιγαρχουμένους φίλους εἶναι. Πρὸς μὲν γὰρ ἐλευ-
θέρους ὄντας οὐ χαλεπῶς ἂν εἰρήνην ὑμᾶς ποιήσασθαι
νομίζω, ὁπότε βουληθείητε, πρὸς δὲ ὀλιγαρχουμένους
οὐδὲ τὴν φιλίαν ἀσφαλῆ νομίζω· οὐ γὰρ ἔσθ' ὅπως
ὀλίγοι πολλοῖς καὶ ζητοῦντες ἄρχειν τοῖς μετ' ἰσηγο-
ρίας ζῆν ᾑρημένοις εὖνοι γένοιντ' ἄν.

19 Θαυμάζω δ', εἰ μηδεὶς ὑμῶν ἡγεῖται Χίων ὀλιγαρ- 196
χουμένων καὶ Μυτιληναίων, καὶ νυνὶ Ῥοδίων καὶ πάν-
των ἀνθρώπων, ὀλίγου δέω λέγειν, εἰς ταύτην τὴν
δουλείαν ὑπαγομένων, συγκινδυνεύειν τὴν παρ' ἡμῖν
πολιτείαν, μηδὲ λογίζεται τοῦθ', ὅτι οὐκ ἔστιν ὅπως,
εἰ δι' ὀλιγαρχίας ἅπαντα συστήσεται, τὸν παρ' ὑμῖν
δῆμον ἐάσουσιν. Ἴσασι γὰρ οὐδένας ἄλλους πάλιν εἰς
ἐλευθερίαν τὰ πράγματ' ἐπανάξοντας· ὅθεν δὴ κακὸν
αὑτοῖς ἄν τι γενέσθαι προσδοκῶσι, τοῦτ' ἀνελεῖν βου-
20 λήσονται. Τοὺς μὲν οὖν ἄλλους τοὺς ἀδικοῦντάς τινας
αὐτῶν τῶν κακῶς πεπονθότων ἐχθροὺς ἡγεῖσθαι χρή·
τοὺς δὲ τὰς πολιτείας καταλύοντας καὶ μεθιστάντας εἰς

ὀλιγαρχίαν κοινοὺς ἐχθροὺς παραινῶ νομίζειν πάντων
τῶν ἐλευθερίας ἐπιθυμούντων. Ἔπειτα καὶ δίκαιον, ὦ 21
ἄνδρες Ἀθηναῖοι, δημοκρατουμένους αὐτοὺς τοιαῦτα
φρονοῦντας φαίνεσθαι περὶ τῶν ἀτυχούντων δήμων
οἷάπερ ἂν τοὺς ἄλλους ἀξιώσαιτε φρονεῖν περὶ ὑμῶν, εἴ
ποθ', ὃ μὴ γένοιτο, τοιοῦτό τι συμβαίη. Καὶ γὰρ εἰ
δίκαιά τις φήσει Ῥοδίους πεπονθέναι, οὐκ ἐπιτήδειος
ὁ καιρὸς ἐφησθῆναι· δεῖ γὰρ τοὺς εὐτυχοῦντας περὶ
τῶν ἀτυχούντων ἀεὶ φαίνεσθαι τὰ βέλτιστα βουλευο-
μένους, ἐπειδήπερ ἄδηλον τὸ μέλλον ἅπασιν ἀνθρώποις.

Ἀκούω δ' ἐγὼ πολλάκις ἐνταυθὶ παρ' ὑμῖν τινῶν 22
λεγόντων ὡς, ὅτε ἠτύχησεν ὁ δῆμος ἡμῶν, συνεβουλεύ-
θησάν τινες αὐτὸν σωθῆναι· ὧν ἐγὼ μόνων Ἀργείων ἐν
τῷ παρόντι μνησθήσομαι βραχύ τι. Οὐ γὰρ ἂν ὑμᾶς
βουλοίμην, δόξαν ἔχοντας τοῦ σῴζειν τοὺς ἀτυχοῦντας
197 ἀεί, χείρους Ἀργείων ἐν ταύτῃ τῇ πράξει φανῆναι, οἳ
χώραν ὅμορον τῇ Λακεδαιμονίων οἰκοῦντες, ὁρῶντες
ἐκείνους γῆς καὶ θαλάττης ἄρχοντας, οὐκ ἀπώκνησαν
οὐδ' ἐφοβήθησαν εὐνοϊκῶς ὑμῖν ἔχοντες φανῆναι, ἀλλὰ
καὶ πρέσβεις ἐλθόντας ἐκ Λακεδαίμονος, ὥς φασιν,
ἐξαιτήσοντάς τινας τῶν φυγάδων τῶν ὑμετέρων ἐψη-
φίσαντο, ἐὰν μὴ πρὸ ἡλίου δύνοντος ἀπαλλάττωνται,
πολεμίους κρίνειν. Εἶτ' οὐκ αἰσχρόν, ὦ ἄνδρες Ἀθη- 23
ναῖοι, εἰ τὸ μὲν Ἀργείων πλῆθος οὐκ ἐφοβήθη τὴν
Λακεδαιμονίων ἀρχὴν ἐν ἐκείνοις τοῖς καιροῖς οὐδὲ τὴν
ῥώμην, ὑμεῖς δ' ὄντες Ἀθηναῖοι βάρβαρον ἄνθρωπον,
καὶ ταῦτα γυναῖκα, φοβήσεσθε; Καὶ μὴν οἱ μὲν

ἔχοιεν ἂν εἰπεῖν ὅτι πολλάκις ἥττηνται [ὑπὸ] Λακεδαι-
μονίων, ὑμεῖς δὲ νενικήκατε μὲν πολλάκις βασιλέα,
ἥττησθε δ' οὐδ' ἅπαξ οὔτε τῶν δούλων τῶν βασιλέως
οὔτ' αὐτοῦ ἐκείνου· εἰ γάρ τί που κεκράτηκε τῆς πό-
λεως βασιλεύς, ἢ τοὺς πονηροτάτους τῶν Ἑλλήνων καὶ
προδότας αὐτῶν χρήμασι πείσας ἢ οὐδαμῶς ἄλλως
24 κεκράτηκεν. Καὶ οὐδὲ τοῦτο αὐτῷ συνενήνοχεν, ἀλλ'
ἅμα εὑρήσετε αὐτὸν τήν τε πόλιν διὰ Λακεδαιμονίων
ἀσθενῆ ποιήσαντα καὶ περὶ τῆς αὑτοῦ βασιλείας κινδυ-
νεύσαντα πρὸς Κλέαρχον καὶ Κῦρον. Οὔτ' οὖν ἐκ τοῦ
φανεροῦ κεκράτηκεν οὔτ' ἐπιβουλεῦσαι συνενήνοχεν
αὐτῷ. Ὁρῶ δ' ὑμῶν ἐνίους Φιλίππου μὲν ὡς ἄρ' οὐ-
δενὸς ἀξίου πολλάκις ὀλιγωροῦντας, βασιλέα δ' ὡς
ἰσχυρὸν ἐχθρὸν οἷς ἂν προέληται φοβουμένους. Εἰ δὲ
τὸν μὲν ὡς φαῦλον οὐκ ἀμυνούμεθα, τῷ δὲ ὡς φοβερῷ
πάνθ' ὑπείξομεν, πρὸς τίνας, ὦ ἄνδρες Ἀθηναῖοι, παρα- 198
ταξόμεθα;

25 Εἰσὶ δέ τινες, ὦ ἄνδρες Ἀθηναῖοι, παρ' ὑμῖν δεινότα-
τοι τὰ δίκαια λέγειν ὑπὲρ τῶν ἄλλων πρὸς ὑμᾶς, οἷς
παραινέσαιμ' ἂν ἔγωγε τοσοῦτον μόνον, ὑπὲρ ὑμῶν
πρὸς τοὺς ἄλλους ζητεῖν τὰ δίκαια λέγειν,
ἵν' αὐτοὶ τὰ προσήκοντα πρῶτοι φαίνωνται ποιοῦντες,
ὡς ἔστιν ἄτοπον περὶ τῶν δικαίων ὑμᾶς διδάσκειν αὐτὸν
οὐ δίκαια ποιοῦντα· οὐ γάρ ἐστι δίκαιον ὄντα πολίτην
τοὺς καθ' ὑμῶν λόγους, ἀλλὰ μὴ τοὺς ὑπὲρ ὑμῶν
26 ἐσκέφθαι. Φέρε γὰρ πρὸς θεῶν σκοπεῖτε, τί δή ποτ'
ἐν Βυζαντίῳ οὐδείς ἐσθ' ὁ διδάξων ἐκείνους μὴ κατα-

λαμβάνειν Χαλκηδόνα, ἣ βασιλέως μέν ἐστιν, εἴχετε
δ' αὐτὴν ὑμεῖς, ἐκείνοις δ' οὐδαμόθεν προσήκει· μηδὲ
Σηλυμβρίαν, πόλιν ὑμετέραν ποτὲ σύμμαχον οὖσαν,
ὡς αὐτοὺς συντελῆ ποιεῖν καὶ Βυζαντίους ὁρίζειν τὴν
τούτων χώραν παρὰ τοὺς ὅρκους καὶ τὰς συνθήκας, ἐν
αἷς αὐτονόμους τὰς πόλεις εἶναι γέγραπται. Οὐδὲ 27
Μαύσωλον ζῶντα, οὐδὲ τελευτήσαντος ἐκείνου τὴν
Ἀρτεμισίαν οὐδείς ἐσθ' ὁ διδάξων μὴ καταλαμβάνειν
Κῶν καὶ Ῥόδον καὶ ἄλλας ἑτέρας πόλεις Ἑλληνίδας,
ὧν βασιλεὺς ὁ ἐκείνων δεσπότης ἐν ταῖς συνθήκαις
ἀπέστη τοῖς Ἕλλησι, καὶ περὶ ὧν πολλοὺς κινδύνους
καὶ καλοὺς ἀγῶνας οἱ κατ' ἐκείνους τοὺς χρόνους Ἕλλη-
νες ἐποιήσαντο. Εἴ δ' ἄρα καὶ λέγει τις ἀμφοτέροις
αὐτοῖς, ἀλλ' οἵ γε πεισόμενοι τούτοις, ὡς ἔοικεν, οὐκ
εἰσίν.

Ἐγὼ δὲ δίκαιον μὲν εἶναι νομίζω κατάγειν τὸν Ῥο- 28
δίων δῆμον· οὐ μὴν ἀλλὰ καὶ εἰ μὴ δίκαιον ἦν, ὅταν
εἰς ἃ ποιοῦσιν οὗτοι βλέψω, προσήκειν οἶμαι παραινέ-
199 σαι κατάγειν. Διὰ τί; Ὅτι πάντων μέν, ὦ ἄνδρες
Ἀθηναῖοι, τὰ δίκαια ποιεῖν ὡρμηκότων αἰσχρὸν ἡμᾶς
μόνους μὴ ἐθέλειν, ἁπάντων δὲ τῶν ἄλλων ὅπως ἀδικεῖν
δυνήσονται παρασκευαζομένων μόνους ἡμᾶς τὰ δίκαια
προτείνεσθαι, μηδενὸς ἀντιλαμβανομένους, οὐ δικαιοσύ-
νην, ἀλλ' ἀνανδρίαν ἡγοῦμαι· ὁρῶ γὰρ ἅπαντας πρὸς
τὴν παροῦσαν δύναμιν τῶν δικαίων ἀξιουμένους. Καὶ 29
παράδειγμα λέγειν ἔχω τούτου πᾶσιν ὑμῖν γνώριμον.
Εἰσὶ συνθῆκαι τοῖς Ἕλλησι διτταὶ πρὸς βασιλέα, ἃς

ἐποιήσατο ἡ πόλις ἡ ἡμετέρα, ἃς ἅπαντες ἐγκωμιάζουσι, καὶ μετὰ ταῦθ' ὕστερον Λακεδαιμόνιοι ταύτας ὧν δὴ κατηγοροῦσιν· κἂν ταύταις οὐχὶ ταὐτὰ δίκαια ἀμφοτέραις ὥρισται. Τῶν μὲν γὰρ ἰδίων δικαίων τῶν ἐν ταῖς πολιτείαις οἱ νόμοι κοινὴν τὴν μετουσίαν ἔδοσαν καὶ ἴσην καὶ τοῖς ἀσθενέσι καὶ τοῖς ἰσχυροῖς· τῶν δ' Ἑλληνικῶν δικαίων οἱ κρατοῦντες ὁρισταὶ τοῖς ἥττοσι γίγνονται.

30 Ἐπειδὴ τοίνυν ὑμῖν ἐγνωκέναι τὰ δίκαια ποιεῖν
ὑπάρχει, ὅπως καὶ πρᾶξαι ταῦτ' ἐφ' ὑμῖν ἔσται, δεῖ
σκοπεῖν. Ἔσται δὲ ταῦτ', ἐὰν ὑποληφθῆτε κοινοὶ
προστάται τῆς ἁπάντων ἐλευθερίας εἶναι. Εἰκότως δέ
μοι δοκεῖ χαλεπώτατον ὑμῖν εἶναι πρᾶξαι τὰ δέοντα.
Τοῖς μὲν γὰρ ἄλλοις ἅπασιν ἀνθρώποις εἷς ἀγών ἐστιν
ὁ πρὸς τοὺς προδήλους ἐχθρούς, ὧν ἐὰν κρατήσωσιν,
31 οὐδὲν ἐμποδὼν αὐτοῖς κυρίοις τῶν ἀγαθῶν εἶναι· ὑμῖν
δ', ὦ ἄνδρες Ἀθηναῖοι, δύο, οὗτός θ' ὁ καὶ τοῖς ἄλλοις,
καὶ προσέθ' ἕτερος τούτου πρότερος καὶ μείζων· δεῖ
γὰρ ὑμᾶς βουλευομένους κρατῆσαι τῶν τἀναντία τῇ
πόλει παρ' ὑμῖν πράττειν προῃρημένων. Ὅταν οὖν
μηδὲν ᾖ διὰ τούτους ἀκονιτὶ τῶν δεόντων γενέσθαι,
32 πολλῶν διαμαρτάνειν ὑμᾶς εἰκότως συμβαίνει. Τοῦ
μέντοι πολλοὺς ἀδεῶς ταύτην τὴν τάξιν αἱρεῖσθαι τῆς
πολιτείας ἴσως μὲν αἱ παρὰ τῶν μισθοδοτούντων αὐτοὺς
ὠφέλειαι μάλιστ' αἴτιαι, οὐ μὴν ἀλλὰ καὶ ὑμᾶς ἄν τις
ἔχοι δικαίως αἰτιᾶσθαι. Ἐχρῆν γάρ, ὦ ἄνδρες Ἀθηναῖοι, τὴν αὐτὴν ἔχειν διάνοιαν ὑμᾶς περὶ τῆς ἐν τῇ

πολιτείᾳ τάξεως ἥν περ περὶ τῆς ἐν ταῖς στρατείαις ἔχετε. Τίς οὖν ἐστὶν αὕτη; Ὑμεῖς τὸν λείποντα τὴν ὑπὸ τοῦ στρατηγοῦ τάξιν ταχθεῖσαν ἄτιμον οἴεσθε προσήκειν εἶναι καὶ μηδενὸς τῶν κοινῶν μετέχειν. Χρὴ τοίνυν καὶ τοὺς τὴν ὑπὸ τῶν προγόνων τάξιν ἐν τῇ πολιτείᾳ παραδεδομένην λείποντας καὶ πολιτευομένους ὀλιγαρχικῶς ἀτίμους τοῦ συμβουλεύειν ὑμῖν αὐτοῖς ποιεῖσθαι· νῦν δὲ τῶν μὲν συμμάχων τοὺς τὸν αὐτὸν ἐχθρὸν καὶ φίλον ὑμῖν ἕξειν ὀμωμοκότας νομίζετε εὐνουστάτους, τῶν δὲ πολιτευομένων οὓς ἴστε σαφῶς τοὺς τῆς πόλεως ἐχθροὺς ᾑρημένους, τούτους πιστοτάτους ἡγεῖσθε.

Ἀλλὰ γὰρ οὐχ ὅ τι τις κατηγορήσει τούτων ἢ τοῖς 34
ἄλλοις ὑμῖν ἐπιπλήξει χαλεπὸν εὑρεῖν· ἀλλ' ἀπὸ ποίων
λόγων, ἢ πράξεως ποίας ἐπανορθώσεταί τις ἃ νῦν οὐκ
ὀρθῶς ἔχει, τοῦτ' ἔργον εὑρεῖν. Ἴσως μὲν οὖν οὐδὲ τοῦ
παρόντος καιροῦ περὶ πάντων λέγειν· ἀλλ' ἐὰν ἃ προῄ-
ρησθε δυνηθῆτε ἐπικυρῶσαι συμφερούσῃ τινὶ πράξει,
καὶ τἆλλ' ἂν ἴσως καθ' ἓν ἀεὶ βέλτιον σχοίη. Ἐγὼ 35
μὲν οὖν οἶμαι δεῖν ὑμᾶς ἀντιλαμβάνεσθαι τῶν πραγμά-
201 των τούτων ἐῤῥωμένως, καὶ πράττειν ἄξια τῆς πόλεως,
ἐνθυμουμένους ὅτι χαίρετ' ἀκούοντες, ὅταν τις ἐπαινῇ
τοὺς προγόνους ὑμῶν καὶ τὰ πεπραγμένα ἐκείνοις διεξίῃ
καὶ τὰ τρόπαια λέγῃ. Νομίζετε τοίνυν ταῦτ' ἀναθεῖναι
τοὺς προγόνους ὑμῶν οὐχ ἵνα θαυμάζητ' αὐτὰ θεω-
ροῦντες μόνον, ἀλλ' ἵνα καὶ μιμῆσθε τὰς τῶν ἀναθέντων
ἀρετάς.

NOTES.

NOTES.

OLYNTHIAC I.

THIS Oration was delivered in the assembly of the people, B. C. 348 or 349, on the application of the Olynthians for aid to enable them to repel the attack with which Philip of Macedon was at that time threatening them, and proposes a definite plan of action suited to the crisis. Its contents are as follows: —

1. That as they must be supposed to be chiefly anxious to know what would be for the interest of the city in the case in question, they should be ready to listen to any who wished to offer their counsel, however little premeditated. § 1.

2. That as the present opportunity, although they seemed unaccountably indifferent to it, plainly called upon them, even out of regard to their own interests, to interfere in behalf of the Olynthians, it seemed to him that they ought at once to vote to fit out an armament from Athens, of citizen soldiers, to proceed as soon as possible to their relief, and in the mean time send ambassadors to inform them of their purpose, and watch the course of events there. § 2.

3. That the mere presence of the ambassadors would do much towards preventing the effect of the wily arts of Philip in getting control of the chief interests there; es-

pecially as his very absoluteness, which gave him greatly the advantage in war, would prevent the Olynthians from coming to any terms with him, lest he might destroy their free government, as he had that of so many other states. There was every reason, therefore, for espousing their cause zealously. § 3–6.

4. That the fact of the Olynthians being in open hostility with Philip, and especially as this had happened in consequence of his aggressions and injuries, and not at the instigation of the Athenians, would make them their firm allies, and the determined enemies of Philip. § 7.

5. That their experience of the evils of neglect, in many similar cases, especially in that of Amphipolis, should teach them not to let so favorable an opportunity of reëstablishing their authority in those parts escape them; since it was by such neglects that Philip had attained his present power. § 8, 9.

6. That the opportunity now offered them of repairing the loss of Amphipolis, and wiping off former disgraces by gaining Olynthus, was another evidence of the continued favor of the gods towards them, which had been manifested, indeed, at all times, but had generally been frustrated by their supineness. § 10, 11.

7. That such a course was necessary, in order to prevent Philip from bringing the war into their own country, as was evident from the past career and known activity of Philip, compared with their own backwardness and inertness. § 12–15.

8. That the expedition, in order to be successful, should be directed partly to the relief of Olynthus and its neighboring cities, and partly against the country of Philip. § 16–18.

9. That they had sufficient means for sustaining such an expedition in the theoric fund, if they were disposed to draw upon it; but if not, they could contribute a special fund for the purpose. § 19, 20.

10. That the condition of Philip, at that time, was far

from being formidable, since most of his conquered cities and tribes were treacherous and rebellious. § 21–24.

11. Finally, that unless they now assisted the Olynthians in checking the progress of Philip, at this point, he would inevitably bring the war into Attica, which would be far more disastrous to all. § 25–28.

§ 1. Ἀντὶ] "against," "instead of," "before," "above." Generally used thus with the genitive after verbs of *esteeming, exchanging, preference*, and some others, instead of the simple gen. of price. *K. §§ 275, R. 4; 287. 1, (2), b.; C. § 54. 10. — ἂν] Belongs to ἑλέσθαι, and gives it a conditioned meaning. K. § 260. (5); C. § 73. 4. — τὸ μέλλον συνοίσειν] "the course which will prove for the interest *of the city*." Like the Latin periphrastic fut. — νυνὶ] Stronger or more emphatic than νῦν. — Ὅτε] Literally, "when," but here used in a causal sense ("since"), as our *when* often is. K. § 338. 1. — ἐθέλειν] Observe the difference between this verb and βουλομένων ("*to be willing* to hear those *wishing*"). — ἐσκεμμένος] Perf. part. of σκοπεῖν, from a different stem. (See σκοπεῖτε above.) The forms from σκοπέω are used, by Attic writers, only in the pres. and imperf. — λάβοιτε] For the opt. with ἄν, after a principal tense, see K. § 339. 3, a; C. § 73. 2. — τύχης] "fortune," "favorable destiny of the nation," "happy genius of the state." Demosthenes often speaks of the good fortune of Athens. See De Coron. § 255; also, Philip. I. § 12, *et passim*. The word is governed here by εἶναι understood, in the sense "to belong to." K. § 273. 2; C. § 54. 11. — πολλὰ . . . . εἰπεῖν] "that much of what is required should occur to some on the spur of the moment (ἐκ τοῦ παραχρῆμα) to speak." πολλὰ is the subject of ἐπελθεῖν, and εἰπεῖν depends upon it, and expresses the purpose or result. K. § 306, R. 10; C. § 70. 14. See the same construction,

* K stands for *Kühner's Greek School Grammar* (1st Amer. Ed.) and C for *Champlin's Greek Grammar*.

Plat. Gorg. 485, E. But some govern εἰπεῖν by τῶν δεόντων ("much of what ought to be said"). — ὥστ'] Followed by the infinitive, expresses the consequence or effect merely as a conception, as real in thought (i. e. logical), but not as an actually occurring fact ("so that in the nature of things," "of necessity"). K. § 340. 3, b; C. § 70, R. 2. — ἁπάντων] "all together," "all of both kinds," that is, both premeditated and unmeditated. It is stronger than the simple πᾶς. — ὑμῖν] Governed by συμφέροντος, as a dat. of advantage.

2. 'Ο μὲν .... καιρός] "The present *opportunity*, then." μὲν refers to δ', a few lines further on (ἡμεῖς δ'). It is concessive, and shapes its clause with reference to that. Its force may here be best given by simply placing an accent upon *opportunity*, and δ' may be translated by *while*. But in other cases μέν may be translated by *while*, *whereas*, and δέ by no particular word; or μέν by *although*, *not only*, and δέ by *yet*, *but also*, etc. Sometimes when μέν precedes οὖν it is closely connected with it, and does not point forward to a δέ in a following sentence. In this case it is a shortened form of μήν, and is used with οὖν in *answers* and *corrections*. K. § 316, R.; also, De Coron. § 130. — μόνον οὐχὶ] "only not"; English idiom, *almost*. — λέγει φωνὴν ἀφιείς] "*almost* speaks, sending forth a voice"; that is, almost says audibly. A species of personification. — ὅτι .... ἐστίν] Observe here the position of ἐκείνων ("those there," "those well known") and αὐτοῖς ("selves"), each being placed after its word, and separated from it by an intervening word, forming, evidently, a sort of after-thought or emphatic addition. Thus: "that you should participate in the transactions, — *those well-known transactions carried on in Chalcidice, and that, too, in person*" (i. e. not by mercenaries). ὑμῖν .... αὐτοῖς is the dat. of the agent after the verbal ἀντιληπτέον ἐστίν. K. § 284. 3. (12); C. § 59. 11. — αὐτῶν] Reflexive of the third person used for the second, the reference to the second person being sufficiently determined by the person of the preceding verb

Thus often. K. § 302. 8. But some prefer *αὐτῶν*, referring to *πραγμάτων*.—*ἡμεῖς δ' . . . αὐτά*] Observe the order of the words, and the happy manner in which they bring out all the nice shades and limitations of the idea intended to be expressed. By introducing the attributive part of the object, in the form of a separate sentence (*οὐκ οἶδ' ὅντινά*, "I know not what"), between the noun and its verb, the incongruity between *ἡμεῖς* and *μοί* ("*we* seem to *me*") is concealed, by removing them further from each other, while at the same time, by its emphatic position ("while we—*I know not what*"), the idea is rendered more intense. See De Coron. § 67, my note.—*δή*] "now," "then," "therefore." To be variously translated, according to the connection, but always referring to the *certainty* or *inevitable character* of something. It is a shortened and weaker form of *ἤδη*, and conforms to it very much in usage, except that it cannot stand first in its sentence. K. § 315. 1.—*γ' ἐμοί*] *γέ* denotes *emphasis* and *assurance*, and frequently implies a contrast. It usually follows its word, but often stands between an article and its noun, or a preposition and its case. Its position before or after *ἐμοί* seems to vary the meaning just as it is in the English expressions, *at least to me, to me at least.* *ἐμοί* seems to be a sort of attributive to the following word, and to coalesce with it into a single idea ("*the at least to-me-appearing good,*" = "what appears *to me* to be proper is").—*δοκοῦντα*] Neut. plur. referring to the following infinitives.—*ἤδη*] "now at length," "immediately," "without any further delay." Implying that there had already been too great delay. And thus, generally, *ἤδη* refers to time *just past* or *just to come*, often with the accompanying idea of its being *out of season*, —*too late* or *too early*, like the Latin *jam*. See § 9, *fin.*—*ἐνθένδε*] "from here," i. e. from Athens, and not by mercenary soldiers enrolled abroad.—*βοηθήσητε*] This is the manuscript reading. It has commonly been changed into the future in conformity with Dawes's canon, but that canon is now rejected. Jelf's K. § 812. — πρότερον] Some three years before (B. C. 352), during the siege of the castle of Hera (Ἡραῖον τεῖχος) by Philip, they voted to send aid, and talked about it, and employed their time in endeavoring to get together a mercenary force, till it was too late. See III. § 4. — πρεσβείαν δὲ] δὲ "while." See above. This is the second of the two things which he proposed. — ταῦτ'] "these things," i. e. their preparations to send them aid. — παρέσται] "shall be in the midst of." So as to watch their movements.

3. Ὡς ἔστι . . . . δέος] Let these words be translated precisely in the order of the Greek ("as there is especially this to fear") and so in all cases, *as far as it can be done and make a good English sentence.* It is believed that pupils will find great advantage from always following this rule in their translations. — ἄνθρωπος] The reference is to a definite person (Philip). Orations being designed for delivery, both *crasis* and *elision* are more common in them than in other kinds of prose, as is always the case in oral discourse. See § 23; IV. § 50, *et al.;* also τἀνδρὸς, II. 18. — πράγμασι χρῆσθαι] "to avail himself of affairs," "take advantage of circumstances." The shrewd management and untiring activity of Philip are often referred to by Demosthenes. See § 14; also, II. § 3; De Coron. § 144. — τὰ μὲν] "some things," "partly." So τὰ δ' . . . . τὰ δ', below. See K. § 247. 3, d. And for the repetition of δέ, see § 28, note. — ἡνίκα ἂν τύχῃ] "when he may chance *to yield*," "if he yields at all," = "perhaps." τύχῃ is personal, and εἴκων is to be supplied. Thus often. See II. § 10; IV. § 46, and other passages referred to by Franke. — ἀξιόπιστος] "Jam multas enim urbes expugnatas exciderat earumque cives vel interfecerat vel vendiderat. Cf. IX. 11." Saupp. — ἀπουσίαν] "absence," i. e. the want of an embassy there. This he would turn against them, by making it appear to the Olynthians that it arose from a want of interest in their welfare. — τρέψηται . . . . πραγμάτων] "may turn

to himself and wrest from us a portion of our vital interests." The phrase, τὰ ὅλα πράγματα, or simply τὰ ὅλα, is used like the Latin *summa* (or *summæ*) *res*, to express what we call the *highest interests*, *the combined interests*, or *what is of vital importance*, or *of a decisive nature*, as opposed to what is of temporary, local, or subordinate importance. Demosthenes regarded it as of primary importance to Athens, that Olynthus and the other Chalcidian towns should not only be kept from falling into the power of Philip, but also should be kept from coming to a reconciliation with him, which he was fearful he would effect by his artful measures, notwithstanding their recent rupture and present hostile relations.

4. Οὐ μὴν ἀλλ'] "yet," "however." This combination of particles arises from an ellipsis. The first two properly refer to some predicate to be supplied from what goes before, here τρέψεται, perhaps ("he will not gain them over indeed, but"). — ἐπιεικῶς] "probably," "perhaps," "almost." — καὶ] "also." — ἐκεῖνον ἕνα ὄντα] "him, a single man," "*that* he, a single man." The subject of εἶναι. Demosthenes often speaks of the advantages which Philip had over them in war, from being an absolute ruler, and consequently having the whole control of things himself. — αὐτὸν] "himself," i. e. in person. — τὸ τὰ τοῦ] Observe the accumulation of articles. τὸ refers to the whole substantive idea expressed by the following infinitive and its adjuncts; τὰ is used substantively ("the affairs") and governs πολέμου with its article. See a similar accumulation of articles, III. § 11. — Πολλῷ προέχει] "is much in his favor." πολλῷ — dat. of *measure*, K. 285. 3, c; C. § 60. 3.

5. οὐ περὶ . . . . χώρας] A good illustration of the difference between περί and ὑπέρ, when they approach each other nearest in meaning. Translate, "not about glory, nor even in defence of a part of their country." ὑπέρ implies a stronger interest than περί, or ὑπέρ is = "for" (*in favor of*, *in defence of*, *for the sake of*); περί = "for" (*concerning*). But

as used by Demosthenes it is often difficult to distinguish them. See De Coron. § 9, my note, *fin.* — ἀναστάσεως] Governed by ὑπέρ, to be supplied from the preceding sentence, and in the sense "for the prevention of," since their interest was not *for* but *against* the thing. — ἅ τ'] τ' refers forward to καὶ before Πυδναίων, and shows that ἅ is to be repeated there. ἅ, together with a personal object, is governed by ἐποίησε ("*what* evil he did to those of the Amphipolitans who betrayed to him," etc., i. e. how he used them). K. §§ 279. 2, 280. 2; C. § 58. 2. — ἄπιστον] Belonging to the predicate of ἡ τυραννίς, but in the neuter as referring to χρῆμα, understood, or by way of expressing contempt. K. § 241. 2; C. § 52. 3. "Sententia, cujus veritas non tantum illis temporibus cognita est, sæpe a Demosthene repetitur. Orat. VI. 21; XXIII. 108." Saupp. — πολιτείαις] Constitutional governments, as opposed to absolute or arbitrary governments. Hence, "free governments," "democracies." — ἄλλως τε κἂν] "especially." For an analysis of this combination of particles, see De Coron. § 5, note; also K. § 321. 1, c, examples.

6. τἄλλ' ἃ προσήκει] "Scil. ἐνθυμεῖσθαι. Gloria majorum, Græciæ principatus, oppressis opitulandi consuetudo, grassationes et injuriæ Philippi, periculi magnitudo." Wolf. — προσέχειν] Supply νοῦν, "to give attention to," "devote yourselves to with zeal." A common usage. Both this, and the preceding infin. (παροξυνθῆναι, "to be aroused from stupidity") depend upon ἐθελῆσαι.

7. Νυνὶ] See § 1, note. Words will generally be explained but once, unless some new usage is met with, not included in the previous explanation. On the recurrence of the word, the pupil can refer to the index to ascertain the place where it is explained. — καὶ ταῦθ'] "and that too." — ὡς ἂν] "as would." ἂν exhibits the hypothetical character of the optative more strongly. K. § 260. 2. (4), a; C. § 68. R. 1. — μέχρι του] "up to a certain point," "for a while,"

"only temporarily." Opposed to βεβαίαν .... ἔχθραν, below. — ταῦτ' ἂν .... ἦσαν] Literally, "would have remained cognizant of these things," i. e. would have retained this disposition of hostility to Philip. The periphrastic form of the verb implies *the being in a certain condition.* K. § 116. 13; C. § 35, 11. It will be observed that this and the preceding clause represent a condition and its consequence as contrary to fact or what really exists. This is expressed in Greek by the indicative of the historical tenses with εἰ and ἄν. K. § 339. 2, I. b; C. § 73. 3. Here, where the reference is to past time, the imperfect and aorist are usually translated into English by the pluperfect. See IV. § 1, note. — ἐκ τῶν .... ἐγκλημάτων] "on account of the injuries against themselves." ἐξ, "out of," "from," in a causal relation, very naturally comes to mean "out of regard to," "on account of." ἐγκλημάτων (lit. "complaints") here means "causes of complaints," i. e. injuries. Thus, also, De Pace, § 14. αὑτούς seems to be the true reading rather than αὐτούς, since the orator, in speaking of their hatred, speaks of it *from their point of view*, that is, represents them as entertaining it on account of *personal* injuries. — εἰκὸς] "it is probable," "natural." ἐστί is understood, as is generally the case with εἰκός. K. § 238, R. 8, b; C. § 50, n.

8. παραπεπτωκότα] "unexpected." Observe the force of παρά in composition ("having fallen out *contrary* to expectation"). — ταὐτόν] Thus, also, § 2, and most commonly in Demosthenes. But the form without the final ν (ταὐτό, III. 18; also τοιοῦτο, τοσοῦτο, τηλικοῦτο, instead of the forms with ν) is often found in Demosthenes, as in other authors. K. § 96, R. 1 and 2. — ἥκομεν] That is, *home*, or *hither*, = "when we had returned." They had just returned (B. C. 358) with a victorious army from Eubœa, where they had been to expel the Thebans (see De Chersones. § 74, *seq.*), and might, therefore, have proceeded at once, in compliance with the entreaties of the Amphipolitan ambassadors, to the

rescue of Amphipolis. But Philip dissuaded them from undertaking its defence, and took the place himself. See II. 6, note. — ἐπὶ] For the accusative after this with a verb of rest, see V. § 11. The contest with Philip for the recovery of Amphipolis continued eleven years, and was, indeed, the commencement of a long series of difficulties between Athens and him, which ended in the conquest of Athens itself.

9. Πύδνα] This and the other places named here, together with Pheræ, Magnesia, and some other places included in τἄλλα (see § 12, *fin.*), were important cities at the head of the Ægean sea, in each direction from Amphipolis, situated either in Thessaly, Macedonia, or Thrace, and mostly in alliance with, or in some sort of dependence upon, Athens. They were taken possession of, one after another, by Philip, till, a few years from the taking of Amphipolis, he had reduced them all under his power. — ἑνὶ τῷ πρώτῳ] "to one, the first," "the first one," "the most important," — "Rarius decendi genus. Cf. Isæus, 8, § 33." Saupp. — ῥᾴονι] "easier *to conquer* or *control*." — Νῦν] "as it is," "Particulæ temporis sæpe internæ rerum rationi exprimendæ adhibentur." Saupp. — σχήσειν] Rarer form for ἕξειν, but common in Demosthenes. See § 14; De Coron. § 45. But it rarely has the meaning simply "to have." "Hoc sensu solet ἕξειν dici." Saupp. — οὗτος .... Ὀλυνθίων] "this of the Olynthians," "this offered by the state of the Olynthians." The clause is parenthetical, and explains καιρὸς .... τις. "Interdum Græci ita loquuntur, ut, quum primo rem indefinite significaverint, deinde eam certo definitam adjiciant." Saupp.

10. τις ἂν] τις is the subject of δοκεῖ, which is personal here, and from this arises the peculiarity in the structure of the sentence. See De Coron. § 107, where the construction is the same as here, except that the attracted nominative (here τὶς instead of τινὰ) has no predicative qualifications, as

here (*δίκαιος λογιστὴς . . . . καταστάς*). *ἄν* is preparatory, being designed to indicate the character of the concluding part of the sentence, before the intermediate clauses are introduced. It is repeated, therefore, in the closing part of the sentence (*ἂν ἔχειν*) ; C. § 73. 7. — *καίπερ . . . . πολλῶν*] "although many things do not go with us as could be desired." — *ἀπολωλεκέναι*] Understand *ἡμᾶς*. For the frequent use of the infinitive by Demosthenes in the place of nouns, see De Coron. § 1, note, *fin.* — *κατὰ τὸν πόλεμον*] The war for the recovery of Amphipolis. The extension through the war is conceived of as "*down* through," and hence *κατά* is used; when *ἀνά* is used, the conception is "*up* through," whether from the past towards the present, or from the present towards the past. — *τῆς ἡμετέρας ἀμελείας*] Partitive gen. governed by *θείη* ("would place to the account of" = *would refer to.* K. § 273. 3; C. § 56. 3). The terms are those of an accountant (*λογιστής*). See De Coron. 227, note. — *μήτε . . . . τέ*] "neither . . . . and." A negative and positive clause, found occasionally in Greek, as also in Latin. Jelf's K. § 775. 3. *μήτε*, and not *οὔτε*, is used, because the conception expressed by the infinitive with the article is necessarily general, and refers to no particular case. K. § 318. 4. — *πάλαι*] "long ago." — *τοῦτο*] "this," i. e. loss. Or rather, *τοῦτο* is here an attributive of the kindred idea, "this *suffering*," = "thus." K. § 278. R. 1; also, Soph. Antig. v. 550, Woolsey's note. — *πεφηνέναι*] Second perf. The first perf. is not used by good writers, on account of the unharmonious combination of the letters *γκα* which it would require. So of all verbs whose perf. would require this combination. K. § 149. 6; C. § 37. R. 6. — *συμμαχίαν . . . . ἀντίῤῥοπον*] "an alliance counterbalancing these things," i. e. promising to repair their losses in the contest with Philip for Amphipolis. Referring to the Olynthians, who were soliciting their alliance and aid against Philip. — *θείην*] "Personæ mutatio in verbo finito *θείη ἄν τις* et *ἔγωγε ἂν θείεν* aptissima. Primum non ipse ex sua persona vult dicere, altereum dicere suo nomine gaudet." Bremi.

11. παρόμοιόν ἐστιν] This illustration of the principles of national gratitude for the favors of Providence, by those of gratitude to Fortune for her favors, is very ingenious and forcible, and characteristic of the manner of Demosthenes, of summing up and bringing out, in an apt and vivid illustration at the close, the spirit and force of a series of observations on some topic which has preceded. See other illustrations of this method, § 15; III. § 33; IV. § 40; also, De Coron. § 243, note. — ἄν .... ἄν] The first is a contraction of ἐάν (hence it stands at the beginning of its sentence), and the other is the modal ἄν. — ἀναλώσας λάθῃ] "unconsciously spent." The verb may be rendered adverbially, and the part. like a finite verb. K. § 310. 4, 1; C. § 71. R. 1. ἀναλίσκω is found both with and without the augment in the augmented tenses; but the form with the augment prevails in Demosthenes, and the orators generally. However, nearly all editors admit the unaugmented form here, in the compound which follows (συνάλωσε). — τῶν πραγμάτων] "affairs," "public interests." — πρὸς] "in view of," "according to." A meaning arising directly from its primitive signification, *before*. — τῶν ὑπαρξάντων] "what has already taken place," "the favors of fortune," (See II. 2, note). The πρίν or πρό found in some MSS. seems unnecessary. — ἐπανορθωσάμενοι] "having rectified," "set right."

12. καὶ] "also," i. e. if they should send away the Olynthian ambassadors without aid, as they had the Amphipolitans. — εἶτ' .... καταστρέψεται] This sentence is parenthetical in its nature ("if we reject these men — then he will subvert Olynthus —)." In other words, it is a direct assertion thrown into the midst of a hypothetical sentence, and thus represents the act as certain and independent of the condition, and consequently adds much to the vivacity of the sentence. — τὸ κατ' ἀρχὰς] "at the first."

The article gives a substantive meaning to the preposition with its case. See I. 6. — Τὸ πρῶτον] "At the commencement." The article shows that πρῶτον is used substantively; without the article it is used adverbially ("firstly," "first of all"). "Adverbiorum varietas (τὸ πρῶτον, μετὰ ταῦτα, πάλιν, αὖθις, εἶτα) Philippi et negotiositatem et artium quibus usus sit varietatem apte depingit." Saupp.

13. πάνθ' .... τρόπον] "having secured to himself all as he wished." πάνθ' is a sort of summing up and enlargement of the separate items included in Φέρας κ. τ. λ. τρόπον is an accusative expressing the *aim* or *manner*. K. § 278, R. 3; C. § 57, R. 9. Philip entered upon his conquests in Thrace, B. C. 352, a year after he entered Thessaly, and six years after he took Amphipolis. — τοὺς μὲν .... καταστήσας] He ejected Teres and Cersobleptes, and established Amadocus and Berisades. Wolf. — πάλιν .... ἀπέκλινεν] "again obtaining relief (lit. *having become easy*, he had not fully recovered) from sickness, he did not turn aside to indulge in idleness." The allusion here is to his attack upon Olynthus, which gave rise to this and the two following orations. — ἐπ' .... πρὸς] the proper meaning of ἐπί being "upon," and that of πρός, "face to face," "against," the expeditions seem to have been differently conceived of by the speaker. The first two, perhaps, were the most successful, and were more wasting, ravaging campaigns ("descent *upon*, *among*") than the other, of which nothing is known. Franke places the first two in B. C. 356, and the last in B. C. 352. Arymbas was uncle of Olympias, wife of Philip, and king of a tribe in Epirus. This outline of the career of Philip should be firmly fixed in the memory.

14. τις ἂν εἴποι] This sentence is parenthetical. In § 19, and elsewhere, ἄν is found *before* τίς, making the same difference in meaning as in the two English sentences, *one would say*, and *would one say*. — Ἵνα γνῶτε, .. . αἴσθησθε] "that you may know and perceive." An oratorical

pleonasm. The first word refers to mental, and the second to sensible perception; hence the second implies a more vivid conception. Such oratorical expansions are common in Demosthenes, though never carried to excess. See De Coron. § 21, note. — ἀμφότερα] A sort of preparatory acc. in apposition with what follows. See II. 1, note. — καθ' ἕκαστον ἀεί] "always in each individual case." — ἀγαπήσας τοῖς πεπραγμένοις] "having become satisfied with what has already been accomplished." The dat. expresses the ground or reason. K. § 285. 1, (1); C. § 60. 1. — ὁ μὲν] Philip. — ἐγνωκὼς ἔσται] "shall habitually feel or think." For the peculiar force of the periphrastic form, see § 7, note. — ἀντιληπτέον] A verbal, implying *duty* or *obligation*, to be taken with εἶναι, understood, and the dat. of the agent (here the Athenians), — "you must participate." — ποτ'] "I should like to know." Corresponding to the Latin *tandem*. — ἐλπὶς] Understand ἐστίν. — τελευτῆσαι] Used instead of the future to express the bare action of the verb. K. § 258. R. 2; C. § 63. 5, 5. τελευτᾶν takes εἰς with the accusative, because it implies *motion*. K. § 300. 3, b; C. § 82. 2.

15. ὅστις] The relative clause here, after οὕτως, is used instead of an adverbial clause introduced by ὥστε. ὅστις = ὥστε αὐτός, as, in Latin, *qui* is often equivalent to *ut is*. K. § 334. 2. — ἐκεῖθεν] Attracted into this form by the influence of the following verb of motion, instead of ἐκεῖ ("the war *there*," "the war now remote from us"). K. § 300. R. 8; C. § 82, R. 2. — Ἀλλὰ μὴν] "But in truth," "but most assuredly." ἀλλά is adversative, and μήν confirmatory. — μὴ] After verbs of *fearing*, etc., followed by the finite verb, as here, means "lest," "whether not," like the Latin *ne* or *numne*. K. § 318, R. 6; C. § 81, R. 3. — δανειζόμενοι . . . τόκοις] "hiring money without concern (ῥᾳδίως) at the high rates." The article here, as in most cases, corresponds entirely to the English article *the* in usage; here it denotes a thing as well known ("*those* high rates so common a

Athens," they varied from 10 to 36 per cent.). For the rates of interest in Attica, see Boeck, Pub. Econ. Ath., Bk. I. Ch. 22. — καὶ τῶν .... ἀπέστησαν] "have been wont to be rejected even from their paternal estates." The aorist here expresses a general truth, as the result of experience, — what has always been found to be the fact. This is what is called the *frequentative* use of the aorist, and is very common in the indicative (C. § 63. 2), but is not used thus in the oblique moods. (See the learned note of Professor Felton, Aristoph. Clouds, new edition, p. 157–162.) ἀπέστησαν, being in the second aorist, is intransitive, and hence is capable of being rendered passively, as above. — ἐπὶ πολλῷ] "at a high interest." That is, if they now purchased quiet by paying Philip a large tithe of their possessions for it, he would by and by take the whole, Attica and all. — ἠβουλόμεθα] See also the form with the simple augment ἐ, § 13; also, IV. § 51. And so of the other two verbs (δύναμαι and μέλλω) which vary the augment thus; they are found with both forms in Demosthenes.

16. παντὸς] Possessive gen., governed by εἶναι. So also συμβούλου, below. K. § 273. 2, c; C. § 54. 11. — τὸ δ'] τὸ shows that all the words, including the relative clause and all, as far as ἀποφαίνεσθαι, constitute one substantive idea (lit. "*the*-to-meet-the-present-exigencies-what-it-is-necessary-to-do," i. e. what it is necessary to do to meet the present exigencies). — τοὺς αἰτίους] "those to blame," "the guilty ones." — ἐν ὀργῇ ποιεῖσθε] lit. "you place in anger," i. e. are angry at, = ὀργίζεσθε. So ὡς ἐν αἰσχύνῃ ποιήσων. De Coron. 136; also, ἐποίει ἐν ἀτιμίᾳ εἶναι, Xen. Mem. I. 2. 51. — μὴ] Used because the negation is merely a *supposed* or *conceived* one, and not actual. K. § 318. 1, and 3, e. — οὐ μὴν] "not surely," or rather, in an antithesis, "yet not." Jelf's K. § 728. 3, b. Used in asserting as not true what might be supposed, from what has gone before, to be true. Xen. Mem. I. 2, 5, Kühner's note. — ὑποστείλασθαι] lit. "to furl

my sails," i. e. conceal his opinions. "Vela contrahere improprie dicuntur oratores, qui ingruentis iræ populi quasi tempestatis providi cautionem adhibent in dicendo reticentque si quæ iram populi excitare posse videantur neque audent animi sententiam libere eloqui. Cf. IV. 51." Franke.

17. διχῇ] "in two ways." Originally referring, probably, like all the adverbs with a feminine dative termination, to ὁδῷ understood. — τὰς πόλεις] "τὰς ἐν τῇ Χαλκιδικῇ (XIX. 266), duas et triginta numero (IX. 26, quas Philippus exeunte Ol. 107. 4 (A. C. 349), in suam potestatem redegarat." Franke. — θἀτέρου] "the one or the other." Formed by crasis from τοῦ ἑτέρου. K. § 10, R. 2.

18. ὑπομείνας τοῦτο] "enduring this," i. e. the ravaging of his country. — παραστήσεται] "shall subject to himself." Used as in Soph. O. C. 913, where the scholiast says: τὸ παρίστασαι ἴσον ἐστὶ τῷ καταδουλοῖς καὶ ὑποχείριον ποιεῖς. — εἰς Ὄλυνθον] Instead of ἐν Ὀλύνθῳ, on account of the *motion* implied in βοηθησάντων ("having brought aid to Olynthus," instead of "having rendered aid *in Olynthus*"). See § 14, note; also, IV. § 3, 4. — τὰ οἴκοι] "the affairs at home," i. e. his country. — προσκαθεδεῖται καὶ προσεδρεύσει] "shall sit down by and watch *the affairs*." Words relating to a siege and nearly synonymous, but employed for the sake of oratorical fulness, and the better to express the patience and assiduity with which he would prosecute his designs.

19. γιγνώσκω] "I think." As γιγνώσκειν refers to internal knowledge, it often has this meaning. — χρημάτων πόρου] "a way of procuring means," "source, income of means." He now proceeds to consider what means they had for sustaining the military operations proposed. He goes on to say that they had means, — the largest military fund of any people (see IV. § 40). He refers to the theoric fund, which was originally a military fund; but it had been diverted to theatrical purposes, and other purposes of pleas-

ure, by the demagogues, for the sake of pleasing the people, who had even made it penal for any one to propose a bill for reclaiming it to military purposes (see Boeck. Pub. Econ. Ath., Bk. II. Ch. 13). He has to deal very cautiously with the subject, therefore. He touches the same subject again, III. § 11. — ὡς βούλεσθε] "as you wish," i. e. not as they should. Referring to their misappropriation of the fund to the purposes of pleasure. — προσδεῖ . . . . ἐνδεῖ] Observe the difference between these two words; the latter implying a *total want* or absence of what is needed, and the former only a *partial want*. — ἅπαντος] Placed before the article, as in English ("all the"). K. § 246. 5, γ; C. § 49. 10. — γράφεις] "propose." This was forbidden by law. See above.

20. Μὰ] "no by," or, simply, "by." When without ναί used only in negative sentences, or in sentences preceded or followed by a negative. — καὶ ταῦτ' εἶναι στρατιωτικά] He does not propose to divert the theoric fund to military purposes, but says there was *need* of its *being done*. — καὶ μίαν . . . . δέοντα] "and that there should be one system, the same both of receiving and doing what is proper;" i. e. that all should be allowed to draw pay from the theoric fund, and should be required, in turn, to serve their country in the army, or otherwise, as the case demanded. The plan is more fully developed, III. § 34. — ὑμεῖς δὲ . . . . ἑορτάς] "while you *think it necessary* thus, somehow, without trouble, to receive them for the festivals." οὕτω is explained by ἄνευ πραγμάτων ("thus, namely, without trouble," i. e. without public service). — "πως vero adjecit, ut fieri id quidem aliquo modo diceret, sed quomodo fieri posset se non intelligere." Saupp. At all the principal festivals money was distributed from the Theoricon for sacrifices, etc. See Boeckh's Pub. Econ. Ath., Bk. II. 303; also De Coron. § 119. — Ἔστι δὴ λοιπόν] That is, they must do this if they would persist in thus misapplying the theoric fund, and not allow it to

be appropriated to military purposes. — Δεῖ δὲ χρημάτων] "any how (δὲ) we must have money." Money is the nerve of war.

21. καθέστηκε] Intransitive; "have become settled" = *are*. — τὰ Φιλίππου] "the affairs of Philip *I mean*." Added at the last of the sentence, as a kind of after-thought, for the purpose of further defining τὰ πράγματα, which has all along been used of the affairs in Chalcidice. — ὡς ἂν κάλλιστ'] "as favorable as they might be." ἔχοι is understood, to be supplied from ἔχει, one form of the verb from another, as is often the case. K. § 346. 2, a. ὡς implies οὕτως ("thus as,") which, like other demonstrative words, is usually understood in Greek, unless some emphasis rests upon them, and only the relative word expressed. Supplying the sentence containing the demonstrative, it would become "so favorable as the most favorable." K. § 343, R. 2. "Opponuntur vero particulis οὔτε .... οὔτε ea quæ jam habeat Philippus (τὰ παρόντα) et belli jamjam futuri fortuna incerta." Saupp. — τοῦτον ἐκεῖνος] Placed last for emphasis ("this war, he"). — εἰ πολεμεῖν .... αὐτόν] "if he had thought he should be under the necessity of carrying it on." Here πολεμεῖν .... δεήσειν seems to be entirely equivalent to the verbal πολεμητέον ἔσεσθαι. — ὡς ἐπιὼν] lit. "as if advancing," i. e. by a mere feint of fighting. The construction is the same as in the phrase ὡς εἰπεῖν. K. § 341. R. 3; C. § 70. 15. — κᾆτα διέψευσται] "and then he has been deceived," "wherein he has been deceived." A copulative with a demonstrative word is equivalent to the corresponding relative, as *et is* is equal to *qui*. The use of κᾆτα here must be accounted for something in this way. — γεγονός] "having taken place." Agrees with τοῦτο.

22. Ταῦτα.] In the neuter, perhaps, on account of the influence of τὰ in the preceding sentence, but referring, evidently, to the Thessalians themselves, or rather to their character. — κομιδῇ δ', ... τούτῳ] "and just as they were,

are they now also to him," i. e. treacherous. "Proverbium vero erat: ἀεὶ γὰρ τὰ Θετταλῶν ἄπιστα." Saupp. — ἔτι] "any longer." He had enjoyed the revenue from them since his expedition to Thessaly (see § 13, note), by virtue of his conquests there. — καρποῦσθαι] Infin., expressing the *purpose* or *result* ("to reap the fruits of"). See § 1, note; C. § 70. 14. — τὰ . . . . κοινὰ] "public interests," "governments," "confederation." — ἀπὸ τούτων] "by these *revenues*." ἀπό is often used thus with the genitive to denote the instrument or means. K. § 288. 1, (3), f; also Olynth. III. § 34. — δέοι] "it were proper." This is in the opt. (but with γάρ instead of ὅτι), since the orator, in giving a reason for the course of the Thessalians, gives it at the same time as their view. K. § 345, R. 1. — εἰς στενὸν . . . . καταστήσεται] "the means of support for his hired soldiers will be reduced to an utter strait." ξένοις is dat. of advantage after τροφῆς. αὐτῷ is dat. of the person in respect to whom the act takes place, with the verb καταστήσεται. K. § 284. 3, (10); C. 59. 10.

23. γε] "too" ("but in truth the Pæonian too.") The singular for the plural. K. § 243. 2; C. § 47. 7. — ἁπλῶς] "in short." — καὶ γὰρ] Like the Latin *etenim*, are employed when the reason is a clear one ("for truly"). Strictly, they do not both belong to the same predicate, but γὰρ refers to some confirmatory sentence understood (as, "well it may be so," or something of the kind), which καὶ connects with what goes before. — ἅνθρωπος] Observe the rough breathing (for ὁ ἄνθρωπος). Used by way of contempt for Philip. See De Coron. § 139. "Philippus comi quidem et miti animo erat, sed ita ut interdum gravi ira correptus in devictos petulanter et insolenter ageret. Conf. § 3; III. 18, seqq.; IV. 9; IX. 26." Saupp. — τὸ γὰρ . . . . γίγνεται] "for well-doing (success) beyond one's desert (i. e. unworthily, unjustly) is the occasion of evil thinking (insolence) to the rude." The allusion is to the well-known

effects of sudden success upon uncultivated, low-bred men. The student will observe the antithesis (which it has been attempted to preserve in the translation) between εὖ πράττειν and κακῶς φρονεῖν.

24. ἀκαιρίαν .... καιρὸν] Observe the play upon the words, (his *extremity*, your *opportunity*). — συνάρασθαι τὰ πράγματα] "to help sustain the undertakings," i. e. to join with the Olynthians in repelling Philip from Chalcidice. The figure is taken from helping one bear a load. — ἐφ' ἃ δεῖ] "for what the case demands," i. e. for the purposes explained in § 2. — τοὺς ἄλλους ἅπαντας] Not only the other Greeks, but the allies and subjects of Philip also. — λάβοι] "might receive," "be favored with." — πρὸς τῇ χώρᾳ] "on the borders of our country." With the dat. πρός denotes rest before or in the presence of something; hence, *near.* — πῶς ἂν .... Ἐλθεῖν] The structure of the preceding part of the sentence strictly requires here ὅτι ἑτοιμότατ' ἂν ἐλθ., but by a species of anacoluthon, the orator adopts the interrogative form as more vivid. — Εἶτ'] Expressing indignation, as we often do by *then, these things being so*, etc. — εἰ μηδ' .... ἐκεῖνος] "if not even what you would suffer, if he should be able," i. e. the hardships of war. There is a contrast between πάθοιτ' and ποιῆσαι ("will not *dare to inflict* what you *would suffer*"). οὐ is used before τολμήσετε, because the negation contained in μηδ' is a mere negation of its clause. οὐ is used instead of μή, because it forms with its verb but a single idea ("shall shrink from"). K. § 318, R. 1.

25. Ἔτι τοίνυν] "besides then," = *porro.* τοίνυν is properly a causal or deductive particle, but often has the causal meaning in so slight a degree, that it simply indicates a continuation or transition. It is thus in the present case. See K. § 324. 3, c. — ἐκεῖνον] Observe the emphatic position of this word at the end of the sentence. — ἀντέχῃ] "hold out against *him*," "resist *him*." — τὴν ὑπάρχουσαν .... καρπούμενοι] χώραν is understood here ("the country in our possession

and inherited from our fathers"). Thus, also, in the previous sentence, and often, (see § 18). Attica is meant. This, he says, they would enjoy the benefits of fearlessly, since Philip would be kept at a distance.

26. Μὴ λίαν . . . . ἑτοίμως] "Let it not be deemed too severe to be said: they will even zealously unite with him in making the irruption." The fact was, that the Thebans were urging Philip to make an irruption into Attica. — οἷοί τε] See II. § 17, note. The Phocians were in the midst of the Sacred War. They were hard pressed by the Thebans, and threatened by Philip. The Athenians were actually aiding them. — Ἀλλ' ὦ τᾶν] "Est blande objicientis; ὦ τᾶν enim, ut grammatici dicunt, ἑταιρικὴ ἐκφώνησις." Schäf. It is employed in representing an opponent as courteously suggesting something to avoid a preceding conclusion. See De Coron. § 312. — Τῶν ἀτοπωτάτων . . . . ἐκλαλεῖ] "it would, indeed, be the most absurd of all things, (lit. of the most absurd things. See II. 2), if what, although at the risk of the imputation of folly, he nevertheless blazes abroad." The adversative particle ὅμως is used here with reference to the concessive idea ("although") contained in the preceding part. — πράξει] In the fut. instead of the opt., because the condition is regarded as a fact or reality. K. § 339. 3, a.

27. τριάκοντα ἡμέρας] "Sic vulgo dicebatur pro μῆνα." Schäf. — ἔξω γενέσθαι] That is, in Attica, but out of the city. The argument is from the weaker to the stronger case. The aorist is used because the simple fact of being from Athens is the main conception, and not the continuance; or it is conceived of as a single act. But the receiving provisions from the products of the country, while on camp service, is a repeated and continued act, and hence requires the pres. (λαμβάνειν). K. § 257. 1. — πλέον . . . . δεδαπάνησθε] "as many of you as are farmers (i. e. either owners or tillers of the soil) would, I think, suffer more loss

than what you nave expended during all the war hitherto (πρὸ τοῦ)," i. e. the war with Philip, commenced about ten years before, in a contest for Amphipolis, and extending to other places and interests, till it had finally reached Olynthus. According to Dem. Olynth. III. § 28, it cost Athens fifteen hundred talents. — *πόλεμός τις*] "a certain war," "any war," i. e. an actual war, and not a mere encampment out of the city, as in the case just supposed. — *προσέσθ'*] "there is added," "there is in addition." As the Latin *accedit* is often used. — *ἡ ὕβρις . . . . αἰσχύνη*] "the insolence (i. e. of the enemy) and the shameful management of affairs (i. e. on the part of the Athenians themselves)." — *οὐδεμιᾶς ἐλάττων*] "less than none." Thus the Greek generally. See § 9; also, Xen. Mem. I. 5, 6. But we usually say, "not less than any." "Less than none (not one)" is logically the same as "not less than any." (C. § 54, R. 2.) It is not strange, therefore, that the Greek should adopt one form, while the English and most other languages adopt the other. — *τοῖς γε σώφροσιν*] "at least in the view of judicious men." The dat. here denotes the person in whose view the thing is so. K. § 284. 3, (10); C. § 59. 10. We have here a good illustration of the force of *γέ*. See § 2, note.

28. *ἐκεῖσε*] In Chalcidice; abroad, out of Attica. — *καλῶς ποιοῦντες*] "by the blessing of God." See De Coron. § 231, note. "Hæc et similia addunt ii, qui quod vel facere aliquem vel alicui evenire dicunt laudant. Laudant quia vel recte facere alter videtur, vel gaudent ei bene evenire." Saupp. — *ἡλικίᾳ*] The military age among the Athenians commenced at nineteen. See De Coron. § 177, note. The sentiment expressed here is very patriotic, and reminds one of those celebrated lines of Burns: —

> "Then, howe'er crowns or coronets be rent,
> A virtuous populace may rise the while,
> *And stand a wall of fire around their much-loved isle.*"

— ἀκεραίον] Expresses the *result*, "so that it may be safe." If it had a strictly attributive sense, it would have been placed between the article and its noun. K. § 245. 3, a, b. — τοὺς δὲ λέγοντας] The orators. Observe δέ here used the second time after μέν, in enumerating several classes or particulars, of which all the succeeding stand slightly opposed to the first ("not only the rich . . . . but also the young . . . . and the orators too"). — ἵν' αἱ, κ. τ. λ.] "that the rendering up of the account of their public measures may be easy, since very much as affairs are with you, such judges will you be of their measures. May they be favorable, for the sake of all!" That is to say, as it was obviously better for the country to meet Philip on foreign than on their own soil, even the orators were interested in sustaining him in the course which he was proposing, of sending out an army immediately to the relief of Olynthus; since, otherwise, Philip would enter and ravage their country, and thus bring down the indignation of the people upon them for not adopting a policy to keep him out of the country. ἅττα is a less common form for τινά (K. § 93, R. 2), and, like that, used with pronouns in the sense of *fere*, *somewhat*, etc. K. § 303. 4; C. § 48. 9. Observe that τῶν πεπολιτευμένων and τῶν πεπραγμένων refer to the same things, but the former as mere measures *proposed*, and the latter as *accomplished*. περιστῇ is aorist, as expressing a single completed result. K. § 257. 1. — εἵνεκα] This preposition is found also in two other forms in Demosthenes, namely, ἕνεκα, ἕνεκεν. See II. § 28; De Pace, § 6; also, K. § 288, R.

OLYNTHIAC II.

This Oration was delivered soon after the preceding, in the same year (B. C. 349), in order, as is generally supposed, to decide the wavering Athenians, who were reluctant to enter into the contest with so formidable an enemy as Philip, to hurry off, as speedily as possible, the armament which had been voted on the previous occasion. This he endeavors to effect, by exhibiting the insecurity of the power of Philip, on account of his unjust and faithless character. The course of thought is as follows: —

1. That the favor of the gods towards them, conspicuous in many things, was more conspicuous in nothing than in raising up for them against Philip such enemies as the Olynthians. It became them, therefore, to act worthily of the occasion, and not, by abandoning the allies which the gods had thus raised up for them, to prove themselves the most unworthy of men. § 1, 2.

2. That he did not think it best to attempt to stir them up against Philip, by referring to the dangerous power which he had already acquired, since this would only reflect credit on him and disgrace upon themselves; inasmuch as it would appear that his growth had been promoted by shameless neglect, and even by treachery, on their part. He would rather arouse them by describing the unfair and deceptive means which he had made use of in acquiring it. § 3, 4.

3. That, by the deceptive policy which he had uniformly employed in gaining his ends, till he had exhausted all its arts, he had not only made himself appear contemptible, but had laid the foundation for a reaction against him among all with whom he had had any thing to do, including even his Thessalian allies. § 5–8.

4. Nor could he, as some seemed to suppose, maintain his position by force, since he could not rely upon his allies, who were only waiting for an opportunity to join his enemies and revenge themselves upon him. His kingdom was founded in injustice, and could not stand. § 9, 10.

5. That, in order to promote this disaffection towards Philip, they should send an embassy to the Thessalians; and, what was even more needed, follow up the words of their ambassadors by zealously joining with the Olynthians in the war against Philip. § 11, 12.

6. That, his allies having once declared against him, there would be remaining to him only his regular Macedonian subjects, and his mercenary forces, of whom his subjects had suffered great inconveniences and evils by his continued course of conquest, which sacrificed every thing to his own success and aggrandizement, while his mercenary soldiers, from fear and envy, had been gradually deprived of all the ambitious and high-minded men, till he was left with nothing but a set of supple tools, submitting to all the caprices, and indulging in all the vices, of their master. That these evils, though they had been thus far concealed by success, would at once be revealed by the slightest reverse of fortune, which it was in their power speedily to bring about. § 14–21.

7. That Philip appeared formidable, indeed, if judged of by his success, but, undoubtedly, the fortune of the city was naturally quite as good as his, and would be seen to be so, if they would only use the same strenuous exertions to insure success which he did. Which, however, was not the case; but, while he was never idle, they were either sitting inactive, or merely passing votes without following them up with deeds, and that, too, when formerly they had often made great sacrifices of their own interests for those of the other Greeks. Thus, after a long war, they had accomplished nothing, while, instead of engaging in the war per-

sonally, they had committed the business to a few generals, and spent all their time in indulging in expectations from these, or else in censuring them and bringing them to trial for their failures. § 22–25.

8. That their losses could be repaired only by entirely reversing their course of conduct, and entering with zeal into all the toil, expenses, and sacrifices of the war, instead of devolving these duties upon others, and on their failure (which would be inevitable, under these circumstances) increasing the evil by forming themselves into factious parties, either in their defence or condemnation. § 26–31.

§ 1. *ἄν τις ἰδεῖν*] *τις* is nominative to *δοκεῖ*, and *ἄν* belongs to *ἰδεῖν* (lit. "any one seems to me that he might see"). The peculiarity of the construction arises from the use of *δοκεῖ* in a personal, instead of an impersonal sense. See the same construction, I. § 10. — *γιγνομένην*] In the pres. to denote a general truth, or permanent condition. — *οὐχ ἥκιστα δὲ*] "but not the least." This use of a negative with a *minutive* word, instead of the direct positive expression, is very common in Greek, as it is in English. — Τὸ γὰρ] Observe the length of the sentence here used as a noun; all as far as *ἀνάστασιν*. — *τοὺς πολεμήσοντας*] "those who are ready to contend with *Philip*." — *γεγενῆσθαι*] "have sprung up.' — *τινα*] "certain," "some considerable," "great." See *πόλεμός τις*, I. § 27; also, K. § 303. 4; C. § 48, R. 9. — *τὸ μέγιστον*] "what is the greatest." An adverbial accusative, in apposition with the following sentence. Jelf's K. § 580, Obs. 2; also, III. § 31; K. § 279, R. 8; C. § 57, R. 9. — *διαλλαγὰς*] In I. § 4, we find *καταλλαγάς*, apparently in precisely the same sense, the only difference being, that the orator is there speaking of Philip's desire for a reconciliation, as the only party interested, while he is here speaking of the feelings of the Olynthians on the subject. In the first case, then, but one party was thought of, while here both are thought of, since Philip was known to desire it, if they were only willing. διαλλαγή, then, implies more strongly, "a *mutual* reconciliation." — εἶτα] The δέ corresponding to the foregoing μέν is omitted, as it generally is with this particle, since the opposition is sufficiently implied by the particle itself. K. § 322, R. 4. — δαιμονίᾳ .... θείᾳ] "superhuman .... divine."

2. αὐτούς] "ourselves." It being sufficiently obvious from the connection that the Athenians are referred to, ἡμᾶς is not expressed. Besides, the contrast with δαιμονίᾳ εὐεργεσίᾳ is better expressed by the simple αὐτούς. — ὅπως μὴ .... ὑπαρχόντων] "how we shall avoid seeming more unfavorable to ourselves than the circumstances of our condition." The fut. after ὅπως μή, following verbs of considering, etc., exhibits the purpose as more certain. K. § 330. 6 ; C. § 79. The acc. with περί exhibits the object merely as such ("to," "upon"), while the gen. exhibits it at the same time as the *cause* or *occasion* ("for," "concerning"). τῶν ὑπαρχόντων, "the things furnished to our hands;" referring to the providential raising up for them such an enemy against Philip. This meaning is directly deducible from the proper meaning of ὑπάρχω. See De Coron. § 1, note. — ἔστι τῶν αἰσχρῶν] "it is base," (lit. "of what is base"). Possessive gen. K. § 273. 2, c. Genitives like this are considered by the grammarians as in the neuter, the neuter being the more comprehensive gender. — μᾶλλον δὲ] *imo vero*, "nay rather." δὲ, being adversative, increases the corrective force of μᾶλλον. Or perhaps it may be considered as referring to a tacit *concession*, of the preceding statement, and as opposing this to it as nearer the truth ("yes, I may say this indeed, *but rather*"). It is often thus found with μᾶλλον. See §§ 8, 22 ; III. § 14, *et al.* — μὴ μόνον .... ἀλλὰ καὶ] Used, as the corresponding particles are in our language, to connect two sentences, of which the latter expresses the stronger case. μή is used instead of οὐ, because the case is represented

as merely a supposed one, though it describes very accurately the actual case of the Athenians. — τόπων] "i. e. χωρίων, λιμένων, ὁρμητηρίων." Wolf. This and πόλεων are separative gen., and depend upon προϊεμένους. K. § 271. 2; C. § 55. 6.

3. μὲν] Responded to by δὲ in § 4, (Ἃ δὲ). A fine specimen of παράλειψις, as it is called, where a speaker or writer, in declining to say any thing on some point, contrives, in the very act of declining, to say all the severest things. — ὑπὲρ τούτων] "in favor of these." The rehearsing of his acts to stimulate the Athenians to do likewise would, of course, be commending them. Hence ὑπέρ, and not περί, is used (see I. § 5, note). τούτων strictly refers back to ῥώμην, but as his power was exhibited in many individual acts, it is put in the plural by the construction κατὰ σύνεσιν. — φιλοτιμίαν] Lit. "love of honor," but here the result of the love of honor, i. e. *honor*. — ἡμῖν δ' οὐχὶ καλῶς πεπρᾶχθαι] "while by us they seem to have been managed badly." A sudden change of the construction, in order to avoid directly charging upon them the opposite of what he had attributed to Philip, i. e. ἀτιμίαν and ἀδοξίαν. — ὑπὲρ τὴν ἀξίαν . . . . τὴν αὑτοῦ] Lit. "beyond his desert *or* rank," i. e. beyond what would naturally be expected of him, from his position and resources. It may be translated here, then, "above expectation." So παρὰ τὴν ἀξίαν, I. § 23, "contrary to expectation," i. e. unexpectedly.

4. παραλείψω] Often used by Demosthenes in this phrase, but usually in the present instead of the future. — ἐνθένδ'] "hence," i. e. from Athens, and perhaps he may mean from the very bema upon which he was standing. Referring to the Philippizing orators, who had thrown their influence in his favor, and, as he says below, had legislated for him. — δίκην] "satisfaction," "punishment." — τούτων] This is the *emphatic* use of the demonstrative after a relative. (C. § 48, R. 7). The gen. denotes that *about* which something

is said. C. § 53. 4. — Ἃ δὲ .... ἔνι] "but both what it is possible to speak (lit. "what is in the case," "what is practicable") without reference to these." ἔνι is not unfrequently used thus by Demosthenes. See § 23; IV. § 23; also, De Coron. § 12. ἅ is implied before each καί in the two following sentences. — βουλομένοις] "to you wishing." Governed by φαίνοιτ'. — ταῦτ'] Placed after the relative clause by a common Greek idiom. K. § 332. 8.

5. ἐλέγχειν] "Scil. αὐτὸν ἐπίορκον καὶ ἄπιστον ὄντα." Franke. — τοῦ .... φαίνεσθαι] Used as a noun, and governed by ἕνεκα, to be supplied from above. — πάντα διεξελήλυθεν] "has exhausted all his arts." — καὶ πρὸς .... αὐτοῦ] "and that his power has come to the very end."

6. θεωρῶν καὶ σκοπῶν] "viewing and considering." The second implies more reflection and inquiry than the first. — εὐήθειαν] "simplicity," "folly." Governed by προσαγαγόμενον ("taking advantage of our simplicity"). — τὸ κατ' ἀρχάς] "at the beginning," i. e. of their troubles with Philip. The preposition with its case, preceded by the article, is used as an adverbial accusative here. These troubles, as before stated, commenced about Amphipolis, in B. C. 358. The Olynthians here spoken of were ambassadors from Olynthus, inviting the Athenians to join them in repelling the threatened attack of Philip upon Amphipolis. They were soon followed by an embassy consisting of Hierax and Stratocles (mentioned I. § 8), from Amphipolis itself. — τῷ τὴν .... κατασκευάσαι] "by saying that he would restore Amphipolis, and by constructing that once far-famed secret." Allusion is here made to a singular transaction, illustrating the power of the government, even under democratical institutions, to barter away the dearest interests of the people without their knowledge and against their wishes. Philip wanted Amphipolis, and, as the easiest way of obtaining it, seems to have found means of dissuading the Athenian government from resisting him in his attempts to gain possession of it,

under the assurance that he would deliver it to them as soon as conquered; while he quieted the Olynthians by putting them in possession of the towns of Anthemus and Potidæa. The affair was kept as secret as possible (the ambassadors sent to make the arrangement reporting the details only to the Senate), and only leaked out by degrees, so as to become a matter of common conversation (θρυλούμενον) but never of absolute knowledge. See Thirlw. Ch. XLII. — τούτῳ] This is an emphatic repetition of the idea contained in τῷ . . . . φάσκειν, κ. τ. λ., called the *retrospective* use of the pronoun. K. § 304. 3; C. § 48, R. 6.

7. φιλίαν] This is governed in the same way as εὐήθειαν; so also Θετταλοὺς below. — ἐξελεῖν] "by having taken away," i. e. from the Athenians. He took it soon after he took Amphipolis (B. C. 357). — καὶ τοὺς μὲν . . . . ἐκείνοις] "and thus injured you, his former allies (see § 14), while he gave it to them," i. e. injured you in doing them a favor. The student will observe the force of μέν and δέ here, and how impossible it is to feel and express the combined meaning of the two clauses without taking them into the account. These particles shape their clauses with reference to each other, and always should be translated so as to express this reference. See I. § 2. — Θετταλοὺς δὲ] δέ here means "finally" *or* "too." It is used thus after μέν, in adding a second particular, which sustains a common relation with the preceding to the concessive clause ("making use of not only our simplicity, but also of the friendship of the Olynthians and finally of the Thessalians"). See I. § 28. Philip is said to have made use of the Thessalians themselves, because he enslaved them. — τὸν Φωκικὸν πόλεμον] That is, the second Sacred War. — Ὅλως δὲ] The use of δέ here is to be explained very much as with μᾶλλον (§ 2), i. e. it implies an opposition to some clause understood ("I might go on enumerating particular cases, *but, in short*"). — προσλαμβάνων] "attaching them to himself," "taking them as coadjutors."

"Demosthenes ita Athenienses admonet omnia, quæ Philippus perfecerit, non perfecisse eum nisi Atheniensibus, Olynthiis, Thessalis deceptis. Id quod sperare poterat se facile civibus persuasurum esse. Hoc vero illud est quod efficit, ut Demosthenes herois instar inter æquales emineat ejusque orationes etiam nunc hominem cordatum quemque moveant et admiratione efficiant. Non Athenienses bellum gerunt cum Philippo, sed libertas cum lubidine, pietas cum perfidia, virtus denique cum pravitate et vitio." Saupp.

8. τούτων] "these *arts*," i. e. of deception, etc. — ἡνίκα .... πράξειν] This expresses the motive under which they acted in joining him; they thought it for their own advantage. When, therefore, he goes on to say, they found it was solely for his advantage, they would cast him down from the height which he had attained at their expense and by their coöperation. — Καιροῦ .... τὰ πράγματα] "To this state, be assured, Athenians, the affairs of Philip have come" (see I. § 21). καιροῦ is a partitive gen., governed by τοῦτο. It is placed first for the sake of emphasis ("as to *condition*"). μὲν here is not the *concessive* μέν, requiring a corresponding δέ in a subsequent clause, but a shortened form of the *confirmatory* μήν. It is often used thus with δή following it. (K. § 316, R.) Or, perhaps, we may suppose the corresponding δέ to be omitted by a change of construction, at the beginning of § 9. — παρελθών] "coming forward," i. e. upon the bema. — ἢ ὥς οἱ, κ. τ. λ.] He is here describing the case of the Thessalians.

9. Καὶ μὴν] Marks a transition to a new and more important point. K. § 316. 1. — ἡγεῖται, οἴεται δὲ] "is persuaded, yet thinks." The second verb implies more uncertainty. — τὰ πράγματα] A word often difficult of translation, and to be rendered variously, according to the connection, as "affairs," "public interests," "state supremacy," "power," "state," etc., like the Latin *res*. — τὰ χωρία] "oppida munita sive castella." Franke. — τῷ .... προειληφέναι] "by his hav-

ing preoccupied," "taken possession of by anticipating you." Comp. III. § 17; IV. § 31. "Dum Græci deliberabant aut classem parabant, Macedo, qui bella non indicebat, velut morbus inexpectatus, media sæpe hieme jam caperet urbes improvisus; quod alii facturi videbantur, ille facere occupabat." Vöm. — Ὅταν μὲν .... συστῇ] "for as when power subsists by mutual good-will." μὲν is responded to by δ', just below (ὅταν δ'). ὑπ' is used after the intransitive συστῇ, as after the passive. K. § 299, I. 2, a. — φέρειν] For συμφέρειν ("to bear together"). The two infinitives are so closely united, that σύν prefixed to one seemed sufficient for both (as we say, "to labor and bear *together*"). See Soph. Antig. v. 537; C. § 82, R. 1. — καὶ .... καὶ .... καὶ] The second καὶ barely connects the two words which it stands between, while the first and last connect their clauses with each other ("both .... and"). — ἐκ πλεονεξίας] "by overreaching." ἐκ is used here in something the same sense as ὑπό after intransitive and passive verbs. K. § 251, R. 4. — ἀνεχαίτισε καὶ διέλυσεν] "has always overthrown and dissipated it." I have expressed the peculiar meaning of the aor. by *always* and the perf. See I. § 15, note. The figure in ἀνεχαίτισε is that of a horse rearing and throwing off his rider.

10. Οὐ γὰρ ἔστιν, οὐκ ἔστιν] Repeated for emphasis. Thus I. § 19; De Coron. § 24, *et al.* — ἀντέχει] "resists," "holds out," "endures." — καὶ σφόδρα .... καταῤῥεῖ] "and flourished vigorously in hopes, it may be (ἂν τύχῃ, see I. § 3, note), yet in time they discover their frailty, and fall upon themselves like withered flowers." The metaphor is a very just and beautiful one, as also is the following comparison. Indeed, this whole paragraph is exceedingly nervous and spirited. ἐπὶ ταῖς ἐλπίσιν expresses the *condition* of the flourishing; it was merely in hopes (see VIII. § 10). — τὰ κάτωθεν] "the foundations." The ending -θεν expresses the relation *whence;* accordingly, the precise shade of idea here is, "the

parts *commencing from* the foundation," since houses and vessels are built from the foundation up.

11. ὅπως] This expresses *manner* here (K. § 342. 1), and not *aim* or *intention*, as in § 2. — δὲ] "but also," corresponding to μὲν above, which, therefore, should be translated "not only." — Παγασὰς ἀπαιτεῖν] See I. § 22. — λόγους ποιεῖσθαι] "to make discussions," "to treat concerning." Philip had not delivered Magnesia to them as he had agreed to. See § 7.

12. ὅπως μὴ] See § 2. But observe that it is there preceded by the active of σκοπέω, and here by the middle. The reason of this variation is, that there the reflexive pronoun is expressed, while here it is not. — δεικνύειν] From the form in -ύω, which is used interchangeably with the form in -υμι. See § 5; also, K. § 169, R. 2; C. § 38. 5, b. — ἕξουσιν] "shall have wherewith," "be able." — ἐπὶ τοῖς πράγμασιν] "at the doings," "in the war." — μάλιστα δὲ .... πόλεως] The Athenians were famous for their patriotic speeches and votes, but were not much given, in later times, especially, to following up their words by corresponding action. Demosthenes often rallies them upon this point. See III. § 14, *seq.* — αὐτῷ .... αὐτῷ] Each referring to λόγος. Much talking is not, generally, a very good indication of a determination to act.

13. μετάστασιν .... μεταβολὴν] "alteration .... change." Words of nearly the same import, employed for oratorical effect. The second is the more general word, and properly denotes *mere change*, without any collateral notion of its being *designed*. — εἰσφέροντας] This and the following part. are in the acc. on account of the infin. implied in the verbal δεικτέον ("it is necessary for us to show"). K. § 284, R. 7; C. § 59. 11. — εἴπερ .... νοῦν] "if any one is to regard *or* attach himself to us." That is, this was the only way in which they could secure the respect and coöperation of others See IV. § 6.

14. *προσθήκης μέρει*] "in the relation of an addition," "as an addition," "appendage." "While (*μὲν*) as such," he says, "it was not small, of itself (*αὐτὴ δὲ*) it was weak." — *οἷον*] "such as." The occasion when the Macedonian forces were united with Athens against Olynthus was, according to some, B. C. 374; according to others, B. C. 364, when Timotheus took Potidæa and Torone from the Olynthians. (See Thirlw. Ch. XLII). — *τοῦτο συναμφότερον*] "this united power." Nom. to *ἐφάνη*. "*συναμφότερον* vero eo loco posuit, quo maxime conspicuum esset." Saupp. The occasion when it was joined with the Olynthians against Potidæa, is referred to, § 7. — *νυνὶ*] That is *lately*, about four years before (B. C. 353), during his campaign in Thessaly, which he undertook to assist the Thessalians in expelling the tyrants of Pheræ and their allies, the Phocians. — *καὶ ὅποι . . . ὠφελεῖ*] "and wherever, as I think, one may add even a small power, it is clear gain." For the repetition of *ἄν*, see I. § 10.

15. *ἐπισφαλεστέραν*] Agrees with *αὐτὴν* understood, referring to Macedonia. This brilliant succession of wars and campaigns, which had gained him so much glory, had only tended, he says, to make the possession of his own country more insecure. — *ἐζήλωκε*] "has and continues to strive after," = "has devoted his life to its pursuit." The perf. indicates that the state of mind implied in the verb had not only formerly existed, but continued to exist to the present time.

16. *τὴν τοῦ . . . . δόξαν*] The words separating the article from its noun bear an attributive relation to that noun; i. e. they describe the *quality* or *character* of the glory which he chose (lit. *the* of-doing-what-no-other-Macedonian-king-ever-did-before *glory*); but the arrangement of words cannot be followed in our language, and hence the *precise shade* of idea cannot be expressed. *μηδείς*, and not *οὐδείς*, is used here, because the thought is represented as proceeding from

the mind of Philip, and not of the speaker; that is, it is represented merely as a *conceived* idea, and not as an actual one. K. 318. 1. — τοῖς δὲ . . . . μέτεστι] "while to them (i. e. his subjects) there is no participation in the honor which comes from these." φιλοτιμία has this meaning often. See § 3. The article following φιλοτιμίας refers to that word, and connects ἀπὸ τούτων with it as an attributive. See above; also, K. § 245. 3, a, examples. — κοπτόμενοι] "wearied out," or, perhaps, "chafed," "galled," as we say. — ταύταις] "those," i. e. those well-known expeditions. For the repetition of the article after this word, see above. — τοῖς ἔργοις . . . . ἰδίοις] "their works . . . . their private cares." "Nec negotia sua agere nec rem familiarem curare iis licet . . . . vulgo male ἔργα ad opus rusticum tantum referebant." Saupp. — ὅπως ἂν δύνωνται] "as they can," i. e. at great inconvenience, at great disadvantage, being constantly occupied in military service. This is a comparative sentence of manner. K. § 342. 1. — διαθέσθαι] "to expose for sale," "sell."

17. Οἱ . . . . πολλοὶ] "the many," i. e. the great body of the Macedonians. — πεζέταιροι] Originally "body-guards," but afterwards a common name for all Macedonian soldiers, hence here opposed to ξένοι. — ὡς] "that." Introduces a substantive sentence, expressing the object. The sentence here serves the office of a noun in the gen. after δόξαν ("the reputation *of being*," etc.). K. § 329. 1. — συγκεκροτημένοι] "well trained *in the affairs of war*." — οἷον τε] "able." The τε has no grammatical relations, but, according to Buttmann (Gr. § 149), has come down as a part of the ancient form of the language, when relative words were used also as demonstratives, and required a connective to distinguish their use as a relative ("*and this*" = "which"). So ὥστε, ἅτε, and ἐφ' ᾧτε. — οὐδένων εἰσὶ βελτίους] "are better than none," i. e. no soldiers can be worse. This form of expression would be ambiguous in our language, as *none* means both

"none at all" and "none of whatever class or kind." As used in the Greek, in such cases, it must be taken in the latter sense. See I. § 27, note.

18. *μὲν . . . . μὲν*] *μέν* is often repeated thus in the demonstrative clause. K. § 322, R. 1. — *οἷος ἔμπειρος*] "such as is skilled in." The demonstrative, as usual, is understood. See I. § 21, note. — *τούτους*] "these," i. e. such. This is what is called the retrospective use of the pronoun, and is in the plural because it refers to a *class* of men which is indicated by the indefinite *τὶς*. K. § 304. 3; C. § 48, R. 7. — *φιλοτιμίᾳ*] "from ambition," "jealousy," i. e. from a desire to engross all the distinction and honor himself. — *ἄλλως*] "besides." Or else it is entirely pleonastic, as *ἄλλος* often is. C. § 49, R. 11. — *ἀκρασίαν*] "excess." — *κορδακισμοὺς*] "lewd dances." Originally employed in comedy. — *παρεῶσθαι*] From *παρωθέω*. The *παρά* implies a comparison ("to set aside for others"). It thus differs from *ἀποθεῖν* above. — *ἐν οὐδενὸς εἶναι μέρει*] "to be in the part of no one," "to be as no one." See § 14, note.

19. *λῃστὰς*] "robbers," "pirates," i. e. persons drawn to his service by the hope of plunder. — *οἵους . . . . ὀρχεῖσθαι*] The orator is relating what one had reported to him of the affairs of Philip, and hence it is the oblique discourse. Now in oblique discourse, in Greek, the acc. with the infin. may be used in all sorts of subordinate clauses, instead of the finite verb. K. § 345. 6; C. § 70. 18. — *τὸν δημόσιον*] "the public slave." Public slaves were employed at Athens in various capacities, as in that of scribe, policeman, etc. See Boeckh, Pub. Econ. Ath., Bk. II. Ch. XI., note, 241. — *μίμους . . . . ᾀσμάτων*] "merry-andrews and makers of low songs."

20. *κακοδαιμονίας*] "madness," "evil genius." *γνώμης*, then, must be taken in the sense of "*bad* state of mind," "folly." — *ἐπισκοτεῖ*] "obscures," "envelops in darkness." Hence, it takes the dat. — *αὐτοῦ ταῦτ' ἐξετασθήσεται*] "these evils of

his will be examined into." — δείξειν] That is, "will show *a false step*," "*mistake*," "*failure*." The object is to be supplied from πταίσει. — μακρὰν] A feminine acc., referring to ὁδόν understood. See I. § 17, note. — θέλωσι .... βούλησθε] For the difference between the meaning of these words, see I. § 1, note. Demosthenes generally uses ἐθέλω instead of θέλω, but after θεός or θεοί seems always to have used the latter form. And so, according to Sauppe, other writers. See IV. § 4; Contr. Aristog. § 2.

21. ἕως] The MSS. have here the Ionic or poetic form τέως, which seems to have been often used by Demosthenes. See Orat. de Class. 36; De F. L. § 326, and other passages referred to by Franke. — ἐπαισθάνεται] "perceives," "is conscious of." — κινεῖται] "is moved," "stirred up," "disturbed." The same comparison between the body and the state, in a healthy and an unhealthy condition, is more briefly made, De Coron. § 198. — ῥῆγμα .... στρέμμα] "rupture .... sprain." — συμπλακῇ] "may have been engaged in." Observe the use of the aor. ἐποίησεν in expressing truths established by experience. See I. § 15, note.

22. ταύτῃ] "in this way," "on this account." This differs slightly from τούτῳ. It refers to ὁδῷ understood. See above, § 20. — προσπολεμῆσαι] Governed by φοβερὸν ("fearful to wage war with"). K. § 306. 1, d; C. § 70. 12. — μᾶλλον δὲ] See § 2. — παρὰ] "along by," "during the execution of." K. § 297, III. 1, c. — οὐ μὴν ἀλλ'] See I. § 4, note. — ἔγωγε] "I for one." γέ has its usual force here, but, being an enclitic, is joined on to pronouns of the first and second person, instead of being simply written after them. See I. § 2, note. — καὶ κατὰ μικρόν] "even in a small degree." — ἀφορμὰς] "means." See the word, De Coron. § 156.

23. οἶμαι] "I think," "as it seems to me," "I trow." Used very often by Demosthenes, not as implying any doubt, but to give an air of modesty to his views and state-

ments, and sometimes in irony ("I trow"). See De Coron. § 225, note. — αὐτὸν ἀργοῦντα] "for one who is inactive." αὐτὸν is the indefinite *one*. Thus often. The sentiment here, "that those who will not help themselves cannot expect either their friends or the gods to help them," is very just and forcible, — *fortes fortuna adjuvat*. — μή τί γε δή] Of these particles, μή refers to an imperative understood (for instance, ὑπολάμβανε, "do not suppose *that he may call upon the gods*," etc.); τί is a sort of adverbial acc. ("do not *at all* or *for a moment* suppose"); γε simply adds emphasis to τί, and δή means "now," "only." Or all together they are = *nedum* ("*least of all* upon the gods"). See Jelf's K. § 721. 1. μή τί γε is not uncommon, but no other instance of the concurrence of all these particles is cited by commentators or grammarians. — εἰ] "that." Used in a sense very nearly the same as that of ὅτι, after words indicative of *emotion*, so as not directly to attribute the cause of the emotion to the subject of the subordinate sentence, but leave it as a matter of doubt, or as merely possible. It is, of course, a more polite and delicate mode of expression than that with ὅτι. We sometimes use *if* or *whether* thus, i. e. as a delicate way of expressing what we have no doubt of the existence of, but not so frequently as the Greeks. K. § 329, R. 7; C. § 74, R. — πυνθανομένων] "inquiring," i. e. how affairs go, etc. See III. § 35. — ἐγώ] Observe the emphatic position of the pronoun at the end of the sentence.

24. ἐκεῖνο] Used in opposition to τοῦτ', above, as referring to the remoter case. Jelf's K. § 655. 8. — μέν] "while." Responded to by δ', below (νυνὶ δ'). Either the Bœotian war, for enforcing the observance of the conditions of the peace of Antalcidas is here referred to, or the latter part of the Peloponnesian war, called the Corinthian war. See IV. § 3. — ἀντήρατε] "ye withstood," "resisted." In the aor., as also πλεονεκτῆσαι, ἠθελήσατε, as referring to a single in

dependent act, or several acts viewed in this light. But they are followed by the imperf., (ἀνηλίσκετε) in the following clause, to denote a continued action. This change of tenses, to correspond to the nature of the action, gives an exactness and vivacity to the Greek, which are unattainable in English. — ἐξὸν] "it being possible." Acc. absolute, employed chiefly in impersonal expressions. K. § 312. 5; C. § 72. III. 2. — τύχωσι] Subj. instead of the opt., in connection with a historical tense, since the speaker wished to convey the idea that the Athenians not only contended for the rights of the Greeks on the occasion referred to, but had been in the habit of doing so up to the present time; that that was their nature or permanent habit. K. § 330, R. 1; C. § 78. 1. — τὰ ὑμέτερ' αὐτῶν] "your own property." αὐτῶν is usually employed thus with the plural of the possessive pronouns, in order to express the reflexive possessive idea. So again below. K. § 302, R. 4; C. § 48, R. 1. — μέλλετε] "you delay," "hesitate." Thus § 23, and often. — πάντας . . . . μέρει] "all, and individually each one of them in turn." For καθ' ἕνα αὐτῶν ἕκαστον, see IV. § 20. πάντας is thus placed after its noun, in order to bring it nearer to the distributive clause which follows, and thus make the antithesis more obvious and striking. The Athenians may be said to have saved all the Greeks in the Persian wars, and to have saved them individually in defending different states, in turn, either against the Lacedæmonians, the Thebans, or Philip.

25. λογίσασθαι] "to draw a conclusion," "form an opinion." And hence in the aor., since it does not refer to the *process* of reasoning, which would require the present. — πόσον . . . . χρόνον] About nine years. — αἰτιωμένων . . . . κρινόντων] Mutual crimination and arraignment of each other, among the public men at Athens, was rife in the time of Demosthenes. It was a favorite way of silencing an opponent, and was resorted to without scruple or any re-

gard to justice by partisans. This was especially true with regard to military leaders. They always had parties for and against them. When one was appointed to conduct a campaign, many others, of course, were disappointed. The orators, too, who, "for certain valuable considerations" were committed for different candidates, shared in the same defeat or triumph, while the people generally followed by sections in the wake of the orators. There were generally, too, parties in favor of, and opposed to, the war. Hence, when a general left Athens, he usually "left enemies in his rear." This subject is more fully developed further on. See also IV. § 47.

26. Εἰθ'] See I. § 24. — ἔχον ἐστὶ φύσιν] "naturæ rei convenit." Saupp. It seems to correspond to our expression, "it has nature on its side." For the periphrastic form, see De Coron. § 13. — ῥᾷον] This is an adverb ("for by nature all things are in a state for those who have them more easily to take care of them than to acquire them"). For the infin. after πεφυκέναι see K. § 306. 1, d. — ὑπὸ] Used as after the pass. with ἐστιν . . . . λοιπὸν = ὑπολέλειπται.

27. αὐτοὺς] "yourselves," i. e. personally. — πρὶν ἂν . . . . κρατήσητε] "before you shall have gained possession of affairs," i. e. conquered Philip, and regained their former supremacy. This sentence refers specially to the latter clause of the preceding sentence (μεδέν' αἰτιᾶσθαι, "to accuse no one," = *not to accuse any one*), and hence has its predicate in the subjunctive instead of the infinitive, since it follows a negative sentence. K. § 337. 9, a, b, c. — ἀπ' αὐτῶν τῶν ἔργων] "from the deeds themselves," i. e. not from rumor and the false representations of the orators, as they were accustomed to do. — τὰς προφάσεις . . . . ἐλλείμματα] "and take away the pretexts and the deficiencies which lie in yourselves," i. e. to remove all causes of failure connected with themselves, and thus deprive the generals of all pretexts of this sort in accounting for their want of success

(see IV. § 25). καθ' ὑμᾶς acquires, from its position between the article and its noun, an attributive meaning (lit. "the as-to-you faults," i. e. *your personal deficiencies*). See § 16, note; also, De Coron. § 14, note. — ἔστι] "it is," i. e. "it is proper." — τί] For ὅ τι, the direct for the indirect form. This is not uncommon in Greek. K. § 344, R. 1; C. § 48. 8.

28. φεύγειν] "desert." Referring especially to Chares, who, having exhausted the means furnished him by Athens, left the war with Philip, and went on a private expedition to Asia, to replenish his military chest. See the Chronological table, Olymp. 106. 1. — εἰ δεῖ .... εἰπεῖν] He merely alludes to the generals, as the orators were in the habit of charging the disasters on them, but ascribes their failures and misconduct to the want of support from the people. See IV. 45. — ἐνταῦθα] "here," i. e. at Athens, or rather, in the Amphipolitan war. — ὑμέτερα] This belongs to the predicate ("the prizes are *yours*"). — κομιεῖσθε] "you will receive it," i. e. from the general who had taken it. — τῶν ἐφεστηκότων] "those having been placed in command," i. e. the generals. — ἴδιοι] "private," "their own." — μισθὸς δ' οὐκ ἔστιν] "and there is no pay." They were neither allowed the prizes of war, nor a regular stipend, in the Athenian service. See De Coron. § 145, note. — λήμματα] "gettings," "gains." Meaning about the same as ἆθλα, except that it implies, according to Schäfer, that the gain is *irregular* or *unlawful*. See Soph. Antig. v. 313.

29. δόντες λόγον] Lit. "having given them speech," i. e. "having given them an opportunity to speak *or* to plead their cause." See § 31. — εἰσεφέρετε κατὰ συμμορίας] "you contributed by companies *or* divisions." Reference is here made to the distribution of the citizens of Athens, according to their property, into twenty classes or companies, for the purpose of paying the extraordinary expenses of the government. See Boeckh, Pub. Econ. Ath., Bk. IV. Ch. 7.

Now as each of these companies was arranged among themselves, according to a certain system of subordination, under a leader, superintendent, etc., so, the orator says, the two great parties (ἑκατέρων) in the assembly were distributed on these questions, with the orators as leaders, the generals as overseers, sustained by three hundred applauders, and followed by the people in sections, according to their preferences. — οἱ βοησ. τριακόσιοι] The Three Hundred were the principal men in the συμμορίαι (see De Coron. §§ 103, 171), and, in this application of the system to political parties, appear as the principal supporters and applauders of the orators and generals. — ὡς] Used in the sense of εἰς, as it often is with designations of persons and cities. K. § 290. 3.

30. ἐπανέντας] "having renounced." Second aor. part. of ἐπανίημι. — ὑμῶν . . . . γενομένους] "yet even now (i. e. after having been so long dependent) having become masters of yourselves." ὑμῶν αὐτῶν is a possessive gen. K. § 273. 2. — κοινὸν] "common," "one," i. e. not making it the duty of one to deliberate, of another to speak, and of another to act. — τοῖς μὲν κ. τ. λ.] "τοῖς μὲν, oratoribus demagogisque; τοῖς δὲ, civibus opulentis et industriis; τοῖς δὲ, turba commitiali." Saupp. — ὥσπερ . . . . ὑμῶν] "as if from a tyrannical power over you." ὑμῶν is governed by τυραννιδος. — ἐπιτάττειν] "to give commands." Used absolutely, without an object. — κατὰ τούτων] "against these." — τὸ γὰρ . . . . ἐλλείψει] "for the injured part will always fail." μέρος is a collective noun, and hence is referred to in the next sentence, by τούτους.

31. ὁ δεῖνα, ἢ ὁ δεῖνα] "this one or that one." "De homine certo, sed quem nominare aut non possumus aut nolumus." Schäf. "Eubulum similesque oratores intelligit, quibus turba comitialis mirifice favebat." Saupp.

OLYNTHIAC III.

This Oration appears to have been delivered shortly after the preceding, on occasion of some temporary success of the forces which they had despatched to Olynthus, when the people, and many of the orators, imagining that the safety of their allies had been sufficiently secured, were loudly demanding that they should now proceed at once to chastise Philip himself for his many wrongs to them. The general aim and design of the Oration, therefore, is to repress this vain presumption, and concentrate their interest and efforts upon the vigorous prosecution of their present campaign in aid of Olynthus. In doing this he is led to point out the degeneracy of their character and of the administration of the State, in comparison with former times. The course of thought is as follows: —

1. That the present popular clamor, favored by many of the orators, about proceeding at once to the chastisement of Philip, was untimely, since it was plainly their first duty to thoroughly secure their allies against his ravages, which was the utmost that they could expect to do under existing circumstances. § 1, 2.

2. That the course of action to be pursued seemed sufficiently plain, but that he felt at a loss as to the manner of expressing his convictions in the case, since he should be obliged to say some unwelcome things, the general neglect of which by the orators, for so long a time, had left the country to fall into its present disgraceful condition. § 3.

3. That it seemed necessary to remind them of the sad consequences of their neglect of a similar opportunity to sustain their allies against Philip, which occurred some three or four years before, during his conquests in Thrace. § 4, 5.

4. That, as their making peace with the Olynthians had led to hostilities between them and Philip, a result which they desired, now, unless they enabled them to repel him, after subduing them, as there would then be nothing to impede his progress, he would certainly descend upon Attica itself. § 6–9.

5. But that the necessity of the war was sufficiently admitted, and the main question now was the procuring of means to carry it on; to which the first step was to annul the laws relative to the misappropriation of the theoric fund, and the exemption of citizens from military service. § 10–13.

6. That, obviously, their vote to prosecute the war would be of no avail, unless they entered vigorously upon the execution of it (which they had every motive for doing from the present crisis to which their past neglect had brought affairs), and, instead of remaining inactive, while they followed the flattering advice of a few, and charged upon them the blame of failure (for which, in reality, they were all to blame) should each consider himself responsible both for the measures and their execution, and hence follow the best advice, though it might interfere with some of their pleasing indulgences. § 14–20.

7. That a comparison of their present condition with their condition in former times, when under the direction of political leaders, who, in proposing measures, inquired what was best, and not what was most agreeable to the people, would show the great superiority of such a course over that pursued by the orators of his time; since, in the former period, the country was prosperous, both at home and abroad, and her leaders frugal and democratic in their habits, while now their country had sunk to the lowest degradation and disgrace, and her leaders risen to the greatest opulence and magnificence at her expense. § 21–29.

8. That the grand cause of all this change in their pros-

perity lay in the fact, that, while formerly, by daring to go personally on military expeditions, they became masters of the orators, and the dispensers of all favors, now, by declining such service, the orators had acquired an ascendency over them, and doled out to them, as they pleased, their favors, in the form of theatrical exhibitions, and other shows; thus getting them more and more under their control, and unfitting them for all manly feeling and action. § 30–32.

9. That their present evils, then, could be remedied only by all holding themselves under obligation to serve their country in whatever capacity they might be called upon to, receiving, in turn, a portion of the theoric fund, according to the nature of their service, whether at home or abroad. § 33–36.

§ 1. Οὐχὶ . . . . γιγνώσκειν] "not by any means the same things does it occur to me to think," i. e., as Sallust has it (Cat. c. 52), "Longe mihi alia mens est," etc., — *the words of the orators were at variance with the actual state of things.* Observe that οὐχί is stronger than οὐκ. — ἀποβλέψω] Aor. subj. after ὅταν (K. § 337. 5). It is accompanied by εἰς and the acc., because it implies motion. See II. § 14. — ὁρῶ] More vivid than ἀκούω, and hence used for it, as occasionally with us. — εἰς τοῦτο προήκοντα] "have come to this pass." — ὅπως μὴ πεισόμεθα] In the fut. to denote the purpose more as a reality ("how we shall not"). See II. § 2, note. — δέον] Understand ἐστί. — Οὐδὲν οὖν ἄλλο] This is properly the attributive of the kindred idea with ἁμαρτάνειν ("those saying such things seem to me to err in nothing less, — to err *no other error,* — than to present to you the question about which we are deliberating not as it really is"). For acc. of this kind, see K. § 278. 2; C. § 57. 2.

2. ἐπ' ἐμοῦ] Lit. "under me," "during my public life," "in my day." It designates time, or rather, a course of

events controlled by or *depending upon* some one, as in the expression ἐπὶ ἄρχοντος. — γέγονε] The perf. is used, not because the state of things referred to continued up to the present time of the speaker, but because the period of time referred to (the period of his life) was one continued present time to him. So we say, "this has all happened in my day," not necessarily meaning that the events referred to had continued up to the time of speaking. — προλαβεῖν .... τὴν πρώτην] "to secure .... at first." This is of the nature of what is called a *parallelism*, the idea *first* being expressed twice (see IV. § 7, note). τὴν πρώτην is a fem. acc., like μακράν, etc. (see II. § 20), instead of the more common τὸ πρῶτον. The shade of meaning in the two cases is probably slightly different. See IV. § 23. — ὅπως] Followed by the subj. here, since the purpose is represented merely as something conceived (K. § 330. 2). For its being in the first aor., contrary to Dawes's canon, see I. § 2, note. — περὶ τοῦ τίνα τρόπον] Lit. "concerning the what manner," etc. τρόπον is an acc., denoting *aim* (K. § 278, R. 3). By being placed between the article and the verb, it is incorporated into the general substantive idea expressed by the phrase. — ὀντινοῦν] "any whatever." οὖν strengthens the pronoun, and makes it more comprehensive. K. § 324, R. 6.

3. ἐκεῖν'] Refers to what follows, as it often does, but only because it is contrasted with something going before, as *more remote*. See II. § 24. The orator is preparing their minds for what he is going to say about applying the theoric fund to military purposes, a subject of the greatest delicacy. See I. § 19, note. — παρὼν .... σύνοιδα] "being present and hearing, I have become conscious of." The part. with σύνοιδα quite as frequently agrees with the object as with the subject. K. § 310, R. 2. — τὰ πλείω] "the greater part," "the more." For the difference between this and the positive and superlative with the article, see K. § 246. 8, c. — τῷ μή, κ. τ. λ.] The infin. with the article is treated

wholly as a noun (K. § 308. 1. It is here in the dat. to designate the instrumental relation. *μή* and not *οὐ* is used with the infin. in such cases, because the action of the verb is conceived of in its abstract and general form. See I. § 10. — *παῤῥησίας*] "boldness," "freedom." Referring to what he is about to say concerning the theoric fund. — *ποιῶμαι τοὺς λόγους*] See II. § 11. — *τοῦτο θεωροῦντας*] "looking to this," i. e. what follows (to see if he spoke the truth, etc.) — *διὰ τοῦτο*] "for this purpose." Expressing a final cause, as often. — *ἵνα*] Introduces a substantive sentence expressing the *aim* or *end* of his speaking the truth. K. § 330. 1, 2; C. § 78. — *ἐκ τοῦ . . . . ἐνίους*] "from certain ones haranguing the people for their gratification." A condensed substantive idea. *πρὸς*, lit. "before," and hence, by an easy transition, "out of regard to." — *μοχθηρίας*] Partitive gen., governed by *πᾶν* (lit. "to all of badness," i. e. "to the last degree of badness," "to the most deplorable condition"). Referring to the wretched state in which the foreign relations of the country, more particularly, were at that time.

4. *τρίτον ἢ, κ. τ. λ.*] "this is the third or fourth year." An indefinite expression for what all recollected, and had occurred *not long since*. Or, perhaps, because it was *between* three and four years before. See the chronological table; also, I. § 2, note. — *Ἡραῖον τεῖχος*] "Castellum Thraciæ, colonia Samiorum, Junonis cultorum, in ora Propontidis, haud procul a Perintho. *Νέον τεῖχος*, *Δαύνιον τεῖχος*, similia castella illius regionis erant, contra incursiones Thracum munita." Saupp. — *Τότε τοίνυν μὴν μὲν*] *τοίνυν* denotes a conclusion, or rather continuation from what precedes, and *μὴν* is a noun (*month*). *μὲν* refers to the following *δὲ*, and cannot be rendered by any particular word. Mæmacterion was the fifth month in the Attic year (here November, B. C. 352). — *γιγνομένου*] Pres. because the vote was passed while the tumult continued. — *καθέλκειν*] "to draw down," "to launch." The vessels of the ancients were generally small, and were

drawn up upon the shore when not in use. So the Latin, *deducere naves.* — καὶ τοὺς . . . . ἐμβαίνειν] "and that those up to five-and-forty years of age personally should embark." The limits of the military age, for foreign service, at Athens, were twenty and sixty. But it was not common that all within these limits were called into service on any one occasion. It was usual, therefore, when they voted an armament, to define the age up to which the citizens would be held liable for the present campaign. See IV. § 21.

5. διελθόντος] "having passed away." That is, the remaining seven months after Mæmacterion (see § 4). It was not, he goes on to say, till the third month of the next year (Ol. 107. 2) that they finally despatched Charidemus with the paltry number of ten ships, and these destitute of soldiers (κενὰς), having but five talents of silver. The main armament (ἀπόστολον) had been released. — Ἑκατομβαιών, κ. τ. λ.] Supply ἦσαν. — μηνὸς] Gen. of time *within* which any thing happens. K. § 273. 4, b; C. § 54, 13. — μετὰ τὰ μυστήρια] That is, the great Eleusinian mysteries. Hence, after the twenty-fifth of Boedromion, (they were held from the fifteenth to the twenty-fifth). The cause of so great a delay is given afterwards, and, as it must be confessed, does not exhibit the military character of the Athenians of that day in a very favorable light. — δέκα ναῦς] Placed here because emphatic (lit. "ten ships, and these empty, you sent out Charidemus having"). — πέντε τάλαντα ἀργυρίου] = to something more than $5,000. — οὐκέτι . . . . οὐδένα] Observe the double negation, — one direct negative and a negative pronoun ("not no time"). Thus generally in Greek. K. § 318. 6; C. § 81. 5. — ἀφεῖτε] "you relinquished." In some of the MSS. the imperf. is found.

6. ἵνα μὴ] Followed by the subj. after a historical tense, because the intention is represented as continuing to the present time. K. § 330, R. 1; C. § 78. 1. — Τί δὴ] "how now." Expressive of impatience. Jelf's K. § 721. 1. —

γὰρ] This refers to a supposed reply to the preceding question (" what use shall we make of this?—'a good use I hope,'—*for*"). — κατὰ τὸ δυνατόν] "according to ability," "as you are able." It is not redundant. — ἐστρατηγηκότες .... ἔσεσθε] "will have managed all things," i. e. will be seen to have done so, upon a review of the whole case. The part. and auxiliary form a fut. perf., but with a slightly different shade of idea from the simple perf. See I. § 7. The orator proceeds to show how they will have consulted the interests of Philip if they allow him to reduce Olynthus, which, by seeking alliance with them, had, most providentially, thrown itself in the way of his further progress, and would effectually check him, if assisted then in maintaining its stand.

7. Ὑπῆρχον] In the imperf. to denote a permanent state. But below, in speaking of the single and independent act of making a peace, the verb is in the aor. (ἐπράξαμεν). — τινα] "considerable," "great." See II. § 1, note. — οὕτω] Refers here to what follows. — ἐθάῤῥει] "felt secure of," "was without apprehension of." Thus with the acc. See Xen. Anab. III. 2. 20; also, K. § 279. 3. But with the dat. it means *to confide in, rely upon.* K. § 279, R. 3. — ἡμεῖς] Understand πρὸς ἐκείνους. — ἐφορμεῖν .... καιροῖς] "lies by and watches to take advantage of his opportunities." Referring to the position of Olynthus, close upon his borders. The figure is taken from a blockading squadron. "ἐφεδρεύειν proprie de copiis pedestribus, ἐφορμεῖν de navibus dicitur." Saupp. — Ἐκπολεμῶσαι .... ἀνθρώπους] "we thought it necessary to stir up the men to war," i. e. it had always been (imperf.) their policy to stir up the Olynthians to war against Philip. — ὁπωσδήποτε] "in whatever way," "in some way or other, how I need not say." Used in cases where the writer does not consider himself called upon, or does not care, to state the way or reason, and generally implying some censure or suspicion. It had taken place without

any agency of theirs. See V. § 1; also, De Coron. §§ 22, 261.

8. Ἐγὼ μὲν] μὲν is used here without the corresponding δέ following it, the clause in which δέ would be used being understood ("I for one do not see, *I cannot say how it is with others*"). K. § 322, R. 4. — ἂν] Gives a conditioned meaning to the part. Χωρὶς requires the noun to be in the gen., and hence the verb is changed into a part. and put in the same case, instead of being in the opt., as it might have been under another construction. K. § 260. 3, (5). — εἰ .... πραγμάτων] "if we should betray any of the interests committed to us." The verb here is in the opt. aor., to correspond to the part. with ἂν used optatively in the apodosis. K. § 339. II. a. — ἐχόντων μὲν ὡς ἔχουσι] "Sic solent Græci, quando de rebus injucundis brevi prædicant." Schäf. The Thebans, at this time, were unfriendly towards Athens. — ἀπειρηκότων .... Φωκέων] "the Phocians having failed in money." They had exhausted the treasures of the temple of Delphi, which they had taken possession of. Hence they would not be able to hold out long against Philip, with whom they were at war. — τὰ παρόντα] "his present undertakings," i. e. the reduction of Olynthus. — πρὸς .... πράγματα] "of his turning to the affairs here," i. e. at Athens.

9. εἰς τοῦτο .... δέοντα] "puts off doing his duty to this." The fut. infin. seems to be used here, instead of the pres. or aor. infin., in order to express, not simply the act of doing, but the determination ("that you will do your duty" = *the determination to do your duty*). See Matth. § 506, VI. — ἐγγύθεν] "from near at hand." — τὰ δεινά] "the dangers," i. e. of war. — ἐξὸν] See II. § 24. — ἄλλοθι] That is, in Olynthus or Macedonia. — δήπου] "Vi ironica dictum δήπου haud raro in clausula legitur; Cf. § 17." Bremi.

10. τὸ δὲ .... λέγε] "but *the how*, this tell us." — Μὴ]

Followed, as usual in prohibitive expressions in cases where the aor. is required, by the subj. (θαυμάσητε), instead of the imperat. K. § 259. 5; C. § 72. 2. The orator manages this whole discussion about the propriety of turning the theoric fund to military purposes with great adroitness. He contrives to say about what he wished to on the subject, without outraging the popular feeling, or exposing himself to prosecution, by openly proposing the measure. See I. § 19, note. — Νομοθέτας καθίσατε] "appoint a committee of legislation." This reading seems more in accordance with the usage of Demosthenes than καθίστατε. See Contr. Timoc. §§ 21, 25, 26, 27, 29. The regular *nomothetæ* were a large committee appointed annually from among the judges or jurymen, to revise the laws (see Smyth's Dict. Antiq.). Demosthenes proposes that they should appoint an extraordinary committee of this kind to revise the laws concerning the Theoricon; also certain other hurtful laws concerning refusing military service. 'Εν δὲ .... μηδένα] "in this committee pass no law." He merely wished the committee to annul certain existing laws which were injurious, without establishing any new ones.

11. σαφῶς οὑτωσί] "plainly thus," i. e. *thus* as he was doing. — θεωρικά] Is used in a predicative sense ("the military in the shape of theoric funds, *or* for shows"). — οἱ δὲ .... καθιστᾶσιν] "while the others secure those exempt from military service against punishment;" i. e. members of the Senate, collectors of customs, commanders of merchant-vessels, and the *choreutæ*. See Herm. Polit. Antiq. § 152. 15. — ὅτι συμφέρει] "that it is profitable *should be proposed*." συμφέρει is impersonal here, I think; however, it may be personal, being used with ὅτι instead of the infin. ("that they are profitable," = "to be profitable").

12. Πρὶν] Followed by the infin., because the clause merely expresses an incidental designation of time, and does not represent it formally as a condition of the principal

sentence. K. § 337. 9, c. — τίς] For ὅστις. See II. § 27. — ὑπὲρ ὑμῶν ὑφ' ὑμῶν] Observe the play upon the words ("who shall be willing, for having said the best things *for you*, to be killed *by you*"). Referring to the danger generally incurred by those who proposed measures which were useful rather than agreeable to the people, and especially to the danger in the present case, of proposing to deprive the people of their favorite theatrical exhibitions, for the purpose of sustaining the war with Philip. — ἄλλως τε καὶ . . . . γράψαντα] "especially, this alone being likely to be the result, that the one who spoke and proposed these things should unjustly suffer some terrible evil." For ἄλλως τε καὶ, see I. 5. For τὶ, "some," "some great," "some terrible," see II. § 1, note. — τὰ πράγματα] "the state." "Delectatur hoc nomine Demosthenes γενικῷ ὄντι ἀντὶ τῶν εἰδικῶν." Wolf. — μᾶλλον ἔτι ἢ νῦν] "more even than now." μᾶλλον expresses the comparison between τὸ λοιπὸν and νῦν. The comparative following (φοβερώτερον) is more general or absolute ("more fearful than ever," or simply, "more fearful"). It seems to differ from the cases where μᾶλλον is used with the comparative to strengthen it. See Matth. § 458. — Καὶ λύειν γε] "and to abrogate too," i. e. as well as to propose them. — τοὺς αὐτοὺς ἀξιοῦν] "to demand of the same men." Referring especially to Eubulus, who, to flatter the people, had procured the passage of the law rendering it penal for any one to propose to divert the theoric fund from theatrical purposes.

13. ἄμεινον πράξαιμεν] "would fare better," "would be better off." For this meaning of ἄμεινον πράττειν, see De Coron. § 254. — ζημίαν] "as a punishment *or* penalty." — ἀξιοῦτε] "think." — τηλικοῦτον] "so great," "so powerful." That is, no one would have sufficient influence to protect himself from the effect of the popular indignation.

14. Οὐ μὴν οὐδ'] "not in truth not even." For οὐ μήν, see I. § 16, note. — τά γε δόξαντα] "at least what was decreed."

For the position of γε, see I. § 2, note. — προθύμως] To be referred to ποιεῖν, but placed at the end of the sentence, like ὑμᾶς, for emphasis ("zealously, too, and in person"). — ἂν γραφῇ] "they may have been written," i. e. the decrees. — ἕνεκά γε ψεθισμάτων] "at least on account of decrees," "as far as it could have been done by decrees."

15. Τοῦτ' .... προσεῖναι] "it is necessary, then, that this should be added," i. e. action. — καὶ γνῶναι .... ῥηθέντα] "and of all men you are the sharpest to apprehend what is said." The Athenians were remarkable for their quick and lively genius. — πρᾶξαι .... ποιῆτε] Observe the difference in meaning between these yerbs ("and now, also, you will be able to *execute* them, if you *do* your duty"). For καὶ .... δὲ, "and also," see K. § 322. 7.

16. χρόνον .... καιρόν] "time .... opportunity." Thus these words differ. "Mira vero est vis harum interrogationum, omnia rei momenta summa brevitate repetentium. Totidem sunt aculei, quibus civium animos leves et inertes pungit, ut rem strenue agant." Saupp. — τὰ χωρία] "fortified places," "strongholds," as Amphipolis, Pydna, Potidæa, Methone. See II. § 9. — ταύτης .... τῆς χώρας] That is, Olynthus, or Chalcidice. The δὲ in this clause, preceded by μὲν in the preceding clause, shows that the effect of the negative οὐχ extends to both clauses. See III. §§ 32, 33. — εἰ πολεμήσαιεν] "if they would enter into hostilities," i. e. if the Olynthians would resist Philip. The Athenians longed to see the Olynthians at variance with Philip. See § 7. — σώσειν] ἂν is omitted in order to represent the consequence as *unconditioned*, and consequently, more certain. K. § 360. R. 7. — βάρβαρος] Philip was not properly a barbarian (i. e. of other than Grecian origin), for, although the Macedonian population was a mixture of Greeks and barbarians, the kings claimed a descent from Hercules.

17. Οὐχ ὅ τι .... τις ;] "is he not whatever any one might call him?" i. e. any thing however bad. He terminates

this series of questions thus abruptly, as if tired of pursuing it, and unable to express himself contemptuously enough." — πάντα . . . . αὐτῷ] "having permitted all these things, and almost having assisted him in effecting them." — τότε] "then," "after all this." Calls special attention to the time described by the participles. Thus, also, we use *then* after participles describing the character of an act or event. τότε is used here something like εἶτα in such cases, but it implies less indignation. — τοὺς αἰτίους] "those to blame." — ἐγώ] Observe the emphatic position of this pronoun (lit. "plainly know this *I*"). — δήπου] "doubtless," "all will agree." Expresses that it is a common sentiment, and sometimes with a degree of irony (see § 9, note; also, K. § 315. 2). "Habet usum in asseverationibus iis, quæ ex alterius assensu et consentiente sententia suspenduntur." Zeun. ad Vig.

18. Καὶ νῦν] "also now," i. e. just as in war, where no one can properly accuse another for a defeat, but each should take part of the blame to himself. So in their present deliberations, if they wished to prevent the adoption of bad measures, each one should do all he could to make them right, while under consideration, and not let injurious measures be adopted, for the purpose of arraigning their authors, if they proved unsuccessful. — ἀγαθῇ τύχῃ] "with a favoring fortune." Like the Latin *quod bene vertat*. "Formula bene precandi a Græcis usurpata, quum vel ipsi aliquid susciperent." Bremi. — ἡδέα] "agreeable," "pleasing." That is, suppose the proposed measures, although good, are not agreeable, or interfere with some of the cherished pleasures and indulgences of the people. The student cannot fail to see how skilfully the orator is framing a shield of defence for any one who shall propose to divert the theoric funds to military purposes. Such a measure might not be agreeable to them, but there could be no doubt of its high utility. — Οὐκέτι] "no longer," "not in this case." Referring to οὐ

λέγει τις τὰ βέλτιστα, above, where the individual might be considered at fault. — πλὴν εἰ . . . . παραλείπει] "unless it being allowed him to wish, he neglects to do so," i. e. he was not to blame that the supposed measure was not agreeable, unless he might have had just what he wished for. A remark of great severity, since the Athenians of that day sacrificed every thing to pleasure, and were more given to wishing for good results, than to self-denying action in order to secure them. "Of all employments wishing is the worst." In the expression πλὴν εἰ, the predicate to which πλὴν belongs is understood (lit. "except *it be, if*"). It is of the same nature as εἰ μὴ εἰ, *nisi si*. Jelf's K. § 860. 7. For δέον, see II. § 24. — ῥᾴδιον] Understand ἐστί. — εἰς ταὐτὸ] "into the same place," "together," "indiscriminately." — ἐν ὀλίγῳ] Understand χρόνῳ. — ἑλέσθαι] "to choose," "select," i. e. among the conflicting views and measures. — προτεθῇ] "when it may be put or proposed," i. e. by the πρόεδροι, whose duty it was to propose the subject for discussion in the assembly. — ἀλλὰ] Conjunction (properly the neuter plural of ἄλλος), denotes *difference* or *separation* from something which precedes, and generally what is so different as to entirely abrogate what precedes. It more commonly follows a negative sentence, as here. K. § 322. 6.

19. ἔχει] "is able." Thus often. — Φήμ' ἔγωγε] "I for one say so." Observe the difference between φήμι and εἶπον here. Often, however, φήμι is used in the same sense as εἶπον ("I say," in general, and not specifically, as here, "I say *yes*," "affirm"). K. § 178, R. 2. — τὰ παρόντα] "existing means," "actual means." Opposed to τῶν ἀπόντων ("from what is not possessed," "from anticipated means"). — εὐπορῆσαι] "to obtain a supply." — μέγα . . . . λόγοις] "greatly contributes to such suggestions," i. e. such as that last made, namely, whether they could not obtain means for carrying on the war without using the theoric fund. Such suggestions, he says, are little more than wishes; *the will has much*

to do with them. — οὐχ οὕτω πέφυκεν] "have not been thus constituted," "are not thus by nature."

20. Ὁρᾶτε] "see," "consider." — ταῦθ'] "these things," i. e. the method of obtaining means for the war. — ὅπως .... ἐνδέχεται] "as the actual state of things admits." This is an adverbial, and not a substantive sentence. (K. § 342. 1.) According to the punctuation here adopted, ὅπως, in a somewhat modified sense ("how"), affects, also, δυνήσεσθε, and ἕξετε, but if a comma should be admitted after ἐνδέχεται, it would affect that verb alone. — τοι] "surely." Strictly an old dative for τῷ, and hence an illative confirmatory particle, used especially in affirming general principles. K. § 317. 3. But according to others, it is the old dat. for σοι ("*sir*," "*you know*"). C. § 81, R. 4. — ἐστὶν] "is it the part of." — ἐλλείποντάς τι .... φέρειν] "neglecting any thing connected with the war, through want of money, to bear such reproaches," i. e. such as they were bearing, "of sacrificing the interest of the state, betraying their allies," etc. — εὐχερῶς] "easily," "slothfully." See the word, De Coron. § 70. — μὲν] "while." Connects its clause closely with that which follows, containing the corresponding δέ. The two clauses express different parts of one idea, as is done in the preceding sentence by a part. with an infin. The expeditions here referred to, against the Corinthians and Megarians, took place long before (the first, probably, B. C. 460, the second, B. C. 432), but are spoken of as conducted by them in the present, according to Franke, because, as citizens of the Athenian state, they might be considered the same, though different individuals. — δι' ἀπορίαν κ. τ. λ.] "through a scarcity of supplies for the soldiers." ἐφοδίων here includes both pay (μισθός) and provisions. τοῖς στρατευομένοις is dat. of advantage after ἐφοδίων. See I. § 22, note.

21. οὐχ ἵν' .... ὑμῶν] "not that I may become offensive to certain of you." A final substantive-sentence, having its

predicate in the subj., because the verb of the principal sentence is in one of the principal tenses. K. § 330. 1, 2. τισιν refers to such as resisted the diversion of the theoric fund to military purposes. — τὴν ἄλλως] Understand ὁδόν (lit. "the otherwise way," "the perverse way," = "*without purpose*," "*for nothing*"). The phrase is explained by μεδὲν ὠφελεῖν νομίζων. — ἀτυχής] "ill-starred." — ἀντὶ τῆς .... χάριτος] "before the pleasures imparted by speaking." See a fuller exhibition of the idea, IV. § 38. — ἐπὶ τῶν προγόνων] For an explanation of this phrase, see § 2. — ἀκούω] In the pres. because the character of the ancient orators was a matter of general notoriety, and thus lived in the present. Thus often in such cases. K. § 255, R. 1. — πολιτείας] "administration," "managing the state," "civil life."

22. Ἐξ οὗ] "since." — οὗτοι] That is, "these whom you all know so well." — πεφήνασι] "have made their appearance," "have come upon the stage." For the employment of the second perf., instead of the first, see I. § 10. — Προπέποται] "have been drunk away," "have been sacrificed for." Thus προπίνειν is often used. See Orat. F. L. § 152. — παραυτίκα] Acquires the force of an adjective by having the article before it; "immediate," "momentary." — τοιαυτί] That is, such as were seen on all sides. — τούτων] The orators who had sacrificed the interests of the city to their own personal advantage.

23. κεφάλαια] "as chief points," "as a summary." — ἔργων] "of the works," "doings," "deeds." — γνώριμος] "known," "familiar." Because concerning their own history. — εὐδαίμοσιν] In the dat. by attraction, because ὑμῖν, the object of ἔξεστι, is in the dat. K. § 307. 2; C. § 70. 10.

24. τοίνυν] Used here (as at the beginning of § 25) as a particle of transition or continuation. See § 4, note. — οἱ λέγοντες] "the speakers," "the orators." Referring now to the ancient orators. — οὐδ' ἐφίλουν .... νῦν] That is, they did not make such a show of affection, they did not consult

them so much in proposing public measures, inquiring what they wished, etc., but rather inquired what would be for the public good. The remark is full of irony. αὐτους, in this clause, stands in place of the relative. It is often used thus in a clause where the preceding relative would have to be repeated in a different case. Math. § 472. 3. — πέντε μὲν .... ἔτη] That is, from the second Persian war to the beginning of the Peloponnesian war (from B. C. 477 to B. C. 432). In Philip. III. § 23, he makes the period of their supremacy seventy-three years, including the twenty-eight years of the Peloponnesian war, as their supremacy was not wholly lost till the close of the war. But up to the beginning of that war, their supremacy was acknowledged and *voluntarily* submitted to. — ἀνήγαγον] "carried up," "deposited." During this period the revenue of Athens from home duties and the contributions of the allies was very great. What remained over and above the current expenses was deposited in a posterior apartment of the Parthenon (ὀπισθόδομος), until it finally reached the sum here mentioned (not far from ten million of dollars; see § 5, note). — ταύτην τὴν χώραν] That is, Macedonia. In what degree of submission to Athens Macedonia was, during this period, is not accurately known. Perdiccas the Second, the king at that time, courted the friendship of Athens, but does not seem to have been tributary to any considerable extent. See De Halon. § 12. — πεζῇ] "by land." Opposed to ναυμαχοῦντες. — ἔστησαν] First aor., and hence transitive; "placed," "erected." — αὐτοὶ] "themselves," i. e. personally, and not trusting, as they did then, to mercenary troops. — μόνοι δὲ .... κατέλιπον] "and finally (δὲ; see δέ repeated three times before this, after μέν, above), alone of men, left a fame arising from their deeds (lit. at their deeds, *or* based upon their deeds) above the reach of the envious."

25. 'Επὶ .... τοιοῦτοι] "over Grecian affairs now (i. e. in their superintendence of the affairs of Greece at large)

they were such." For this meaning of ἐπί, see K. § 296. 3, e. — οἰκοδομήματα] "public buildings," "structures." Referring to the Propylæa, docks, porticos, etc., named by Demosthenes, Orat. Contr. Aristoc. § 207. — κάλλη .... ἱερῶν] "ornaments of temples," i. e. ornaments consisting of temples, = *ornamented* or *beautiful temples*. Such as those of Theseus, Erechtheus, the Odeum, and the Parthenon. — ὥστε .... λελεῖφθαι] "so that no chance of surpassing them has been left to any of their descendants." Probably no other city, in any age of the world, was so highly decorated with architectural and other artistic ornaments as Athens in the time of Pericles. For a fine description of its wealth in the plastic arts, see Discourse of Frederick Jacobs, Classical Studies, by Sears, Edwards, and Felton.

26. ἦσαν .... μένοντες] Instead of ἔμενον, to denote a permanent state. See I. § 7. — ἐν τῷ τῆς πολιτείας ἤθει] "in the spirit of the constitution," "in keeping with the constitution," i. e. simple and democratic in their style of living, etc. — εἴ τις ἄρα] "if any one, perchance," *si quis forte*. K. § 324. 3, a, examples. It is implied that the degenerate Athenians of his time thought or cared so little about these ancient worthies, that they knew nothing of the character of their houses. — ὁποία ποτ' ἐστίν] "of what distinctive character it is." ποτέ is often joined thus both to the direct and the indirect interrogative, to indicate anxiety or wonder of the inquirer how the thing can be so, like *tandem* ("possibly," "I should like to know," "tell me," and hence "conceivable," "describable," "distinctive"). K. § 344, R. 2. These dwellings were probably standing in the time of Demosthenes, and hence they are spoken of in the pres. — περιουσίαν] "riches." — αὐτοῖς] Dat. of the agent after the pass., instead of the gen. with ὑπό, or rather, it does not express barely the agent, but at the same time the persons interested in the action ("the affairs of the city were not

managed *by* them and *for personal* advantage"). K. § 251, RR. 4, 5.

27. χρωμένοις . . . . προστάταις] "enjoying such leaders as I have spoken of." χρωμένοις refers to ἐκείνοις, and οἷς is attracted into the case of προστάταις, i. e. the case required by χρωμένοις, rather than that required by εἶπον, upon which logically it depends. χρωμένοις, then, controls all the other words in the sentence. That is to say, the relative clause (οἷς εἶπον) is little more than a simple attributive to προστάταις ("enjoying what-I-spoke-of leaders"). Thus often. K. § 332. 6. — ὑπὸ] "by," "under." Used as with the pass. after ἔχει, which is intransitive. K. § 249. 3. — τῶν χρηστῶν τῶν νῦν] "those excellent orators of the present day." χρηστός is often ironical. See De Coron. § 30. — Ἀρά γε] ἄρα expresses doubt, and hence in plain cases like this has an ironical force. This point and irony are increased by γέ. See ὅμοιόν γε, De Coron. § 136. — ἂν ἔχων] "although I might be able." The part., as is often the case, contains the concessive idea, *although*, while, at the same time, by the influence of ἄν, it acquires a conditional meaning. See § 8; also, De Coron. § 258, note. — ἐρεμίας] "destitution," "absence," i. e. of rivals. Governed by ἐπειλημμένοι ("although having fallen upon," i. e. although living in an age, etc.). The relative sentence before this noun serves as an attributive to it. See above. — ἀπολωλότων] That is, at Leuctra and Mantinea, where they were overcome by the Thebans, and their power broken. — ἀσχόλων ὄντων] "Bello Phocensi tum maxime occupati erant Thebani." Vöm. — ἡμῖν ἀντιτάξασθαι] "to arrange themselves against us," "to contend with us," "to vie with us." — ἐξὸν δ'] For the construction of ἐξὸν, see II. § 24. For the repetition of δέ so many times after μέν, see § 24, note. — βραβεύειν] "adjudicate," "decide."

28. χώρας οἰκείας] Amphipolis and Chalcidice. See IV § 4. — ἐν τῷ πολέμῳ] That is, what was called the Bœotian

war, against the Lacedæmonians (see the chronological table, Ol. 100. 2). In this war the Athenians, principally by the exertions of Chabrias, Iphicrates, and Timotheus, regained a large part of the allies which they had lost in the Social War. See Boeckh, p. 416, *seq.* τῷ πολέμῳ forms an antithesis to εἰρήνης, below. There was peace at home at the time there referred to. And, indeed, even Philip was not professedly and openly at war with them, but pretended all the time to be at peace. And the Athenians opposed him so feebly, that they only gave him exercise in arms, and thus developed his strength.

29. Ἀλλ', ὦ τᾶν] See I. § 36.—Καὶ τί .... λήρους;] "and what could one mention (i. e. as evidence of this)? Those battlements which we are bedaubing with plaster, and the ways which we are repairing, and fountains, and frivolities?" The orator is supposed here to refer especially to the foolish measures of Eubulus.—τοὺς ταῦτα πολιτευομένους] "those managing these affairs," "the authors of this policy." For the usage of πολιτεύεσθαι, see De Coron. § 4, note.

30. καὶ τί δή ποτε] "and why now, I should like to know." For the force of ποτέ, see § 26, note.—τὸ μὲν πρῶτον] "at the first," "originally." For the article here, see XV. § 14. Referring to the preceding and more prosperous period; it stands opposed to νῦν δὲ, below. The καὶ following, means "even," "also," that is to go on expeditions, as well as to do other duties.—ἀγαθῶν] That is, *honors*, *office*, etc.—ἀγαπητὸν ἦν] "it was satisfactory," "it was esteemed a favor."—τῶν ἄλλων] That is, the others besides the people, viz. the orators.

31. διὰ τούτων] The orators.—ὑμεῖς δ' ὁ δῆμος] "you the people." Just as in our language.—περιῃρημένοι] "bereft of," "deprived of." Takes the accusative, because in the active it takes two accusatives. K. § 280. 3, d.—ἐν .... μέρει] For this use of μέρει, see II. § 14, note.—ἀγαπῶντες] "well satisfied." See § 30; also, I. § 14.—θεωρικῶν] Partitive

gen.; "of the theoric funds," "a pittance of the theoric funds." — ἢ βοηδρόμια πέμψωσιν] "or exhibit to you with pomp the Boedromia." The Boedromia (from βοηδρομεῖν, "to rush upon the enemy") was a festival, according to some, in honor of Apollo, but according to others, in commemoration of the victory of Theseus over the Amazons. See Smith's Dict. Antiq. — καὶ τὸ .... ἀνδρειότατον] "and what is the most manly of all," i. e. to mention "what is," etc. Ironical, of course. For the construction, see II. § 1, note. — χάριν] "gratitude," "thanks," "obligation." To feel under obligation for what was their own was not, of course, very *manly*. — Οἱ δ'] The orators. — καθείρξαντες] "shutting you up," "keeping you from going to engage in the wars." As the Scholiast suggests, the figure is taken from the confining, training, and domesticating wild beasts. Hence the particular coloring of the language which follows (ἐπάγουσιν, "train," τιθασεύουσι, "tame," χειροήθεις, "accustomed to the hand," "submissive").

32. νεανικὸν] "youthful," "high-spirited," "noble." This is a fine sentiment. A parallel passage is found in Cicero (Læl. IX. 32, quoted by Vömel,) — "Nihil enim altum, nihil magnificum ac divinum suscipere possunt, qui suas omnes cogitationes abjecerunt in rem tam humilem tamque contemptam." — Ταῦτα] Transferred from the subordinate to the principal clause, and made dependent upon θαυμάσαιμι, explained by what follows. K. § 347, 3. — τῶν πεποιηκότων] Put in the gen. instead of the dat. after ἤ, through the influence of μείζων. Thus often, where the verb of the two clauses is the same, and the subject of the comparison is in an oblique case, *dependent* upon the verb (Jelf's K. § 782, e; also, Soph. Antig. v. 74.) It seems to be a species of what is called the *comparatio compendaria*, where, instead of the attribute of one object being compared with the attributive of another, the attribute of one object is compared directly with the other object itself. K. § 323, R. 6. — γενέσθαι] Gov-

erned by πεποιηκότων. — παῤῥησία] "freedom of speech," but here "liberty to speak freely." Referring, not to any absolute restraint laid upon the liberty of speech, but to the various ways of annoying and silencing the expression of unpopular sentiments, such as hisses, groans, etc., resorted to by opposing factions and noisy demagogues. See De Coron. § 143, note. This whole passage (from § 24), employed in contrasting their present and past condition, is admirable.

33. ἀλλὰ νῦν γ' ἔτι] ἀλλὰ expresses opposition to a clause to be supplied; as, *if not before*, "yet," etc. In De Coron. § 191, we find the clause supplied before ἀλλά to which it refers ('Επειδὴ δ' οὐ τότε, ἀλλὰ). See the same combination of particles as here, Soph. Antig. v. 552. — ταῖς περιουσίαις] "excess of means," "superfluities," i. e. the theoric funds, which, as used at home, were of no advantage to the city. — τῶν ἀγαθῶν] Governed as a partitive gen. by τὰ ἔξω, "external advantages," "interests out of the city." — ἴσως ἄν, ἴσως] Observe the repetition for emphasis and rhetorical effect, and see II. § 10. The opt. here in the apodosis, follows the subj. with 'εάν in the protasis, in order to represent the consequence as more *uncertain* or *undetermined.* K. 339. 3, a; C. § 74. 3, 2. — τέλειόν τι .... ἀγαθόν] "some perfect and great good," i. e. the recovery of what they had lost, the conquest of Philip, the restoring of the state to its former splendor and power. Franke. — τῶν τοιούτων λημμάτων] "from such paltry gains," i. e. the reception of their theatrical fees, etc., as described in § 31. — τοῖς ἀσθηνοῦσι] Governed by διδομένοις ("like morsels given to the sick by the doctors"). σιτία is vegetable food, and evidently refers here to the simpler forms of its preparation, such as are barely sufficient to keep one alive, and under the doctor's hands, without imparting health and strength. ἐκεῖνα .... ταῦτα] Observe the use of these two pronouns here. The former refers to σιτίοις, as being introduced barely for the purpose of

illustration, and hence, in *thought*, though mentioned last, the *more remote* object, while the latter refers to what is illustrated by σιτίοις, i. e. the miserable pittance dealt out to them by the political leaders, in the form of shows, etc. — νέμεσθε] "receive," "enjoy." Observe the peculiar force of the middle voice. In the act. it means "to distribute," hence in the mid. "to distribute among themselves," = *receive, enjoy*. — ἀπογνόντας] "having renounced," "relinquished," "given up." Second aorist part. from ἀπογιγνώσκω.

34. Οὐκοῦν .... λέγεις;] "ergo tu stipendium facere jubes ex pecuniis theatralibus?" Auger. — Καὶ παραχρῆμά .... ἁπάντων] "*yes*, and forthwith, too, the same arrangement of all," i. e. the same liability to military service, as well as the same pay from the theoric fund. They could not then charge him with proposing to take these funds from the people, since he only proposed that all alike should draw from them, and all alike perform some public service in return. He evidently gives this as the substance of what he had been proposing in the previous part of the oration, as this is the peroration. See also ἤγαγον, εἶπον, § 35. Hence the opt. δέοιτο, ὑπάρχοι, which follow. — τῶν κοινῶν] The theoric funds. — τὸ μέρος] Observe the possessive meaning of the art. (*his* part). K. § 244. 3, 4; also, De Coron. § 2, note. — τοῦθ' ὑπάρχοι] "might be this," i. e. he might be what his country wanted. For the opt., see above. There are other readings here, but this seems to be supported by the best authority. — Ἔξεστιν ἄγειν ἡσυχίαν;] The orator now proceeds to describe more fully the nature of his proposition, by making application of it to the various cases which would be likely to occur. His first supposition is, that there is a state of peace. In this case they would draw their proportion of the fund, and thus be bettered by it. — βελτίων] "bettered," i. e., as he goes on to say, by being relieved of the necessity of doing any thing disgraceful through want. Some understand ὑπάρχοι here, but as the design is to de-

scribe how each one may be what his country needs, in different cases, nothing seems to be required but the part. (μένων). So we have ὑπάρχων in the next case. But in the third case, by a change of construction, we have the imperat. (λαμβανέτω). — ἀνάγκῃ] "by necessity." — τοιοῦτον] That is, "so unfavorable," "so disastrous." Referring to the war with Philip. — αὐτὸς] "yourself," "personally." — ἀπὸ τῶν αὐτῶν, κ. τ. λ.] That is, the fees or stipend drawn from the theoric fund. — ἔξω τῆς ἡλικίας] "beyond the military age." If taken in its highest sense, this was *above sixty*. But in particular campaigns they usually named some age under this, up to which citizens would be liable to enlistment. See § 4, note. — ἐν ἴσῃ τάξει] "in an equal *or* uniform system." As those liable to military service were to serve abroad for their stipend, so those beyond this age were to serve at home, as in the Senate, the assembly, the courts, etc.

35. οὔτ' ἀφελὼν .... μικρῶν] "neither having taken away nor added, except small things." He had left to them their theoric fees as before, to be increased, however, to a stipend (μισθοφοράν), and had only added, that all thus receiving of their country's treasures should perform some public service for that country. — ἤγαγον] "I led," "reduced," i. e. when supposed to be interrupted by the question at the beginning of § 34, and, indeed, he had been doing it in all the preceding part of the speech; the purpose is expressed by the aor. as accomplished. So εἶπον below. See also § 34, note. — τάξιν ποιήσας] "having made the same system." Separated from τὴν αὐτὴν by the intervening words, because they bear an attributive relation to it. See II. 16. — τὰ τῶν ποιούντων] "what belongs to those doing *something*." — αὐτοὺς] "ourselves." — ἀργεῖν καὶ σχολάζειν] The former indicates "freedom from toil," the latter, "freedom from care and anxiety." — ἀπορεῖν] That is, as the Scholiast interprets it, "to hang around the theatres, receiving nothing but their

two obols for admission, instead of entering the war and enriching themselves by it." This is suggestive of the condition of the common people at Athens. See also Xen. Anab. III. 2. 26. — *τοῦ δεῖνος*] "Charetis, Charidemi aliusve ducis mercenariorum." Franke. — *ὅτι . . . . νικῶσι*] A substantive sentence repeated by *ταῦτα*. They were more likely, of course, in the present state of affairs, to hear of their *being conquered*, but the orator does not want to admit the possibility even of a mercenary force, under an Athenian general, being conquered. "De industria verbo plausibili est usus ad excitandos gloriæ ac victoriæ dulcedine animos." Wolf.

36. *οὐχὶ μέμφομαι, κ. τ. λ.*] "Monet orator hæc a se dici non odio mercenariorum militum, sed Atheniensium studio." Franke. — *τῆς ἀρετῆς*] Strictly depending on *τάξεως*, but placed after the relative, as though depending upon it, for emphasis ("not to retire from the post which to you your ancestors, the post of valor, left"). — *ἔλοισθε*] Opt., expressing a wish. K. § 259. 3, b.

PHILIPPIC I.

This Oration was delivered four years earlier than the Olynthiacs, Olymp. 107. 1, B. C. 352, in order to arouse the Athenians from their supineness and dejection to some decisive measures of resistance to the dangerous aggressions of Philip, with whom they were in a state of neither peace nor war. The following is the course of thought: —

1. Were a new subject before them for deliberation, he should have waited till the older members had spoken. § 1.

2. In the first place, they should not be discouraged, because their misfortunes had been brought about by neglect

of their duty, and might, therefore, be repaired by doing their duty. 2.

3. Again, they should be encouraged by calling to mind their success against the Lacedæmonians on a former occasion, when each one acted worthily of the city. 3.

4. That there was no occasion for discouragement in the fact that Philip had acquired so extensive means and possessions, since they themselves once possessed nearly all of them; and as he gained these originally by not standing in fear of the Athenians, then having at their command such extensive resources, so they might recover them if they would only act upon the same principles which he had acted upon, and not stand in awe of him as a god, who held his possessions so securely and firmly that they could not be wrested from him. 4 – 8.

5. That, in consequence of this servile feeling of awe which they had manifested towards him, he had been emboldened to proceed from one step to another in his aggressions upon their interests, till he had reached such a point that it seemed impossible to conceive of any thing better fitted to arouse them to the most strenuous opposition, whereas they were only busying themselves in hearing and reporting certain rumors about him, instead of resisting him. 9 – 12.

6. That he would now proceed to describe the kind, extent of, and the means of sustaining the force which seemed to him suited to the demands of the case, requesting them to suspend their judgment of his plan till he had fully developed it, especially as his scheme was directly opposed to those temporary measures to which they were accustomed to give heed. 13 – 15.

7. That they should raise a force of citizen soldiers, with the necessary vessels, which should hold itself in readiness at all times to issue out to meet Philip in any of his sudden sallies forth from his country, and thus keep him at home, or else attack his country if he left it. 16 – 18.

8. That first, however, they should raise a mixed force of two thousand infantry and two hundred cavalry, and furnish them with fast-sailing vessels, to act on the offensive, and perpetually harass him by every possible means. 19 – 22.

9. That he had proposed so small a force, in order that there might be no difficulty in maintaining it, and because a large force did not seem to be demanded for this kind of service; while he had proposed to have it consist partly of mercenaries and partly of citizen soldiers, since past experience had proved that mercenaries could not be trusted without an intermixture of citizens. Hence, all, both common citizens and citizen generals, should hold themselves in readiness to go forth in the service of their country, and not hang around Athens, as they were accustomed to, witnessing and exhibiting shows. 23 – 27.

10. That it would only be necessary to provide sufficient means to furnish this force with ration-money, since they would easily obtain the rest from the enemy. 28 – 30.

11. That an acquaintance with the situation of the country of Philip, and of the winds prevailing on the coast, would suggest the propriety of providing a station for this force at some of the islands off the coast of Macedonia, whence it might avail itself of all favorable opportunities of injuring or annoying him. 31, 32.

12. That if they would make such arrangements, and individually enter into them with zeal, they would not need to make any further arrangements, and would speedily deprive Philip of the greater part of his resources, who had grown rich and powerful only by plundering them. But in order to the success of the plan, it must be definitely established in all its particulars and details by law, for the want of which their plans had failed hitherto. 33 – 37.

13. That, in opposing Philip, hitherto, they had merely followed in the wake of his conquests, and endeavored to re-

pair the losses which they had sustained from time to time, without pursuing any comprehensive plan for defending themselves against his ravages. But that he had now reached such a pitch of insolent daring, that, if they had any spirit left, they would enter personally and with zeal upon some more comprehensive plan of resistance, and not trust, as they had hitherto, to mercenary troops alone. 38 – 46.

14. That the only way in which they could hope to render their condition any better was by becoming soldiers themselves, and instead of occupying themselves in bringing the generals to trial, and fabricating rumors about the movements and designs of Philip, they should fix it in their minds that he was their settled enemy, and would do them all the harm he could, and oppose him as such. 47 – 50.

15. That he had not spoken for their gratification, but for their good, as he was wont to do, but did not feel sure that what he had said for their good would not result to his injury. 51.

§ 1. Εἰ . . . . προὐτίθετο] "if it had been proposed," "if we had been called upon," i. e. by the πρόεδροι. See III. § 18. Impossible conditional propositions relating to the past are expressed in English by the pluperfect, both in the conditioning and the conditioned clauses (as, "if he had been living he would have obeyed my summons," *but he is not living*, etc.). In Greek such propositions are expressed either by the imperfect, by the aorist, or by the pluperfect, in each case with εἰ in the conditioning clause and ἄν in the conditioned clause. The imperfect, in such cases, refers the action directly to the real time of its occurrence, and as *continuing* from that point (as, "if it was proposed," i. e. at the time the proposition was actually made, *and continued to the present time*), instead of viewing it as a mere independent occurrence, momentary in its nature (aorist), or as an action completed antecedently to some assumed point of past time, and continued in its effects to the present time (pluperfect; as, "if it had been proposed before our deliberations commenced, and continued proposed as the subject of our present discussion"). See Jelf's K. § 856, R. 1. — ἐπισχὼν ἂν] "I should, waiting." ἂν is preparatory here, and hence is repeated before its predicate, after the intermediate clauses. See I. § 10. Jelf's K. § 429, R. 1; C. § 73. 7. It was the rule in the Athenian assembly, that the older orators should speak first, and as Demosthenes at this time was but thirty-one years old, he seems to have supposed some apology necessary for speaking first on the present occasion. Herm. Polit. Antiq. § 129. 4. — ἀναστὰς] "Sedebant enim in concionibus Athenienses. Itaque, qui verba facturus erat, ἀνέστη et παρῄει, sive παρῆλθεν ἐπὶ τὸ βῆμα vel ἀνέβη." Krüg. The clauses of this introductory period are very nicely balanced. Sauppe remarks upon it: "Periodus artificiosissime structura documento esse potest, quanta diligentia Demosthenes Orationes elaboravit." — ἐκ τοῦ παρεληλυθότος] Not only *from*, but *through*, past time. ἐκ is used for ἐν here by attraction, from the idea of continuance or *motion from* the past *down* to the present time. This is similar to the attraction of adverbs (see I. § 15). K. § 300. 3. (4); C. § 82. 2. So, also, § 2. See Philip. III. § 5, where, in an entirely parallel passage, ἐν is used with the dat. All the difference there can be in the two constructions is, that the conception in the two cases is slightly different; in one the idea of *rest* prevails, in the other of *motion* or extension through ("*in* former times," "*from* former times *down* to the present"). But the idea of motion seems to have been practically disregarded, as in the phrase ἐκ νυκτός ("by night"), ἐκ τοῦ λοιποῦ χρόνου ("in future time"), etc.

2. τοῖς παροῦσι πράγμασιν] "at the present state of affairs." Constructed with ἀθυμητέον. K. § 285. 1. (1). — Τί οὖν ἐστὶ τοῦτο;] A very common interrogatory in Demosthenes,

employed to awaken attention when about to proceed to something of importance. See V. § 7. — *ποιούντων ὑμῶν*] "because you do." Thus the gen. absolute is often to be rendered. K. § 312. 4, b. — *εἶχεν, ... ἦν*] For the reason of employing imperfects here, and the way of translating them, see § 1, note.

3. *Ἔπειτα*] Expresses the succession after *πρῶτον μὲν*, § 2. The *δέ* is omitted, as usual, after this particle. See II. § 1. — *καὶ παρ' .... ἀναμιμνησκομένοις*] "both those of you who have heard from others and those knowing from personal recollection" (lit. "themselves remembering"). These dat. part. agree with the agent after *ἐνθυμητέον*, viz. *ὑμῖν* understood. K. § 284. 3. (12). — *ἡλίκην .... ὡς καλῶς*] "how great a force the Lacedæmonians once having, not long ago, how nobly," etc. Two relative or interrogative words are often found thus, in Greek, subject to one construction, without *καί* between them, where we should make two sentences (thus, "*by you who remember* how great a force the Lacedæmonians had, *and* how nobly," etc.). K. § 344, RR. 7, 8. The allusion here is, perhaps, to what was called the Bœotian war, but more probably to the Corinthian war, since the former was too recent to be referred to as merely *heard of*. See II. § 24. — *τῶν δικαίων*] That is, the public rights of the Greeks generally. Called in II. § 24, *τῶν Ἑλληνικῶν δικαίων*, and in some editions the same here, but without the best authority. — *εἰδῆτε, ... θεάσησθε*] "may know and see." The latter implies a more vivid apprehension, as if by sight. Observe, too, that the latter is in the aor. as a single act of sight, — a single view. — *οὐδὲν οὔτε .... οὔτ'*] For the double negation, see III. § 5. — *τοιοῦτον*] Understand *οὐδέν ἐστι*. — *τούτου*] Philip. — *ἐκ*] "from," "on account of." See I. § 7.

4. *τό τε πλῆθος*] "both the number," "extent." "Priore anno (Ol. 106. 4) Philippus, cum Onomarcho in Thessalia pugnans, plus quam XX. millia peditum et III. millia Thes-

salorum equitum contraxit; præterea classem extruxerat." Vöm. — καὶ τὸ τὰ .... τῇ πόλει] "and that all the fortified places have been lost to the city." ἀπολωλέναι is intrans., and is used very much like the pass. K. § 249. 3. — μέντοι] "but." Expresses opposition to μὲν, above, and supplies the place here of δέ, as do ἀλλά, εἶτα, ἔπειτα, etc., in other places. K. § 322, RR. 3, 4. The ground of encouragement here presented to them, that they once possessed the greater part of what Philip then had, when he had next to nothing, and hence that they had as much reason to expect to succeed against him now as he had against them formerly, is very just and ingenious. — καὶ πάντα τὸν .... κύκλῳ] "and had all that region around subject," i. e. that part of Macedonia around the Thermaic gulf. κύκλῳ is placed last, in order that οἰκεῖον may stand nearer the words with which it is connected. — μετ' ἐκείνου] "with him," "coöperating with him." So again, § 8. μετά denotes close connection and participation, and hence "aiding," "assisting," "in alliance with." The tribes here referred to as formerly free were the Illyrians, Pæonians, and Thessalians. — ἔχειν οἰκείως] "to be on friendly terms with."

5. ἐπιτειχίσματα] "bulwarks," "commanding points for attacking," "keys." See De Coron. § 71, where Eubœa is called ἐπιτείχισμα against Attica. — ἔρημον ὄντα] Referring to Philip. — κείμενα ἐν μέσῳ] "placed in the midst," "lying open to competition." Like the prizes at the games. The Athenian possession of these places was not so secure as to preclude the possibility of his wresting them. — τοῖς παροῦσι .... ἀπόντων] "Cave ad locorum situm referas. Vid. § 12; Orat. I. 4; II. 23." Krüg.

6. Καὶ γάρ τοι] "etenim sane *vel* profecto." Herm. ad Viger. p. 531. For καὶ γάρ, see I. § 23. τοι merely adds *assurance* or *certainty* to the idea conveyed by the other particles. — χρησάμενος] "having used," "having entertained." The aor. part. usually refers to past time, and hence is prop-

erly used here in looking back upon the course of Philip and describing its character after its completion. The pres. part. could have been used only in describing its progress. K. § 257. 1, d. — τὰ δὲ] "Maxime Thessalos et Olynthios (Ol. 105. 4)." Franke. — καὶ προσέχειν . . . . ἅπαντες] An hexameter verse. Thus not unfrequently in the orators. As Cicero (Orat. 56) says, — Versus sæpe in oratione per imprudentiam dicimus." For the meaning of προσέχειν τὸν νοῦν, see II. § 13, note.

7. ἐπὶ τῆς τοιαύτης . . . . γενέσθαι γνώμης] "firmiter adhærere huic rationi." Küh. Gr., p. 428. ἐπὶ here has its usual meaning, "upon," "relying upon," "attached to." He says they had only to exhibit the same activity and determination to succeed which Philip had manifested, in order to recover their losses. — ἐπειδήπερ] "since, as is well known." δή (surely), πέρ (thoroughly, entirely), add confirmation and certainty to ἐπεί, and show that it is a clear case, which no one could dispute. — οὗ] "where and when." "ἐν ᾧ καιρῷ καὶ τόπῳ." Wolf. See De Coron. §§ 124, 125. — δύναιτ'] That is, "*if willing*, might." Hence the opt. after the indic. pres. — εἰρωνείαν] "dissimulation," "pretexts for not performing their duty," i. e. complaining of the want of means, etc. See the same fault censured, § 37. — πράττειν] "to act." Used absolutely, without an object. The *kind* of action he describes in the succeeding sentences. — ἡλικίᾳ] See III. § 4, note. — συνελόντι δ' ἁπλῶς] Understand εἰπεῖν. Lit. "for one having comprehended all to speak frankly." = "to speak right out briefly." This is one of the most difficult forms of a Greek idiom, which uses a part. in the dat. thus, referring to a person in whose *view*, *character*, or *will* a thing is so. K. § 284. 3. (10), a. Some forms of the idiom are allowable in our language, as, for instance, "*to one entering* Rome, the dome of St. Peter's is seen in the distance." C. § 59, R. 3. — ὑμῶν αὐτῶν . . . . γενέσθαι] "to become masters of yourselves," "acquire a sense of personal

responsibility and self-reliance." See II. § 30. — αὐτὸς .... ἕκαστος] "himself, each one," "individually, each one." Thus always in Greek, αὐτός precedes ἕκαστος; but in our language it is the reverse ("each one, individually"). K. § 303. 3; C. § 48. 6. — κομεῖσθε] "you will receive," "you will recover." — καὶ .... καὶ .... καὶ (κἀκεῖνον)] "both .... and .... as well as also." — πάλιν ἀναλήψεσθε] "you will receive again," lit. "will regain again." What is called a parallelism, as we sometimes hear it in English, either from carelessness or a desire to make the idea more intense. See § 14, πρότερον προλαμβάνετε; also III. § 2, προλαβεῖν .... τὴν πρώτην; Philip. II. § 18, etc.

8. πεπηγέναι] "have been fixed," "established." — ἀθάνατα] "as perpetual," "so as to be perpetual." Taken in a predicative sense. See I. § 28. The orator shows that he understood human nature, — that no one, especially in Philip's situation, could be without enemies. He wished to divest him, in their eyes, of that transcendent character in which they looked upon him, as more like the gods than men. — τὶς] "Quod multi faciant, id exempli causa dicitur unus aliquis facere. Vid. Thucyd. 3. III." Saupp. — ὅσα περ] πέρ adds the idea of *identity*, *exactness*, to the relative ("precisely as many," "exactly what"). K. § 317. 1; C. § 28. 3. — καὶ] "also." Often used thus in dependent clauses, referring to another καί in the principal clause, where, by the principles of our language, it does not seem to be required; but in Greek such clauses are conceived of as more intimately connected. See Jelf's K. § 761. 1. — κἂν] By crasis for καὶ ἐν. — Κατέπτηχε] "have slunk out of sight," "do not show themselves." — ἀποστροφὴν] "refuge," i. e. support and encouragement.

9. οἷ .... ἀσελγείας] "to what a height of excess *or* insolence." Corresponding to the Latin *quo petulantiæ*. — ἀπειλεῖ] "Fortasse quod Pylas relinquere coactus erat (Ol. 106. 4)." Franke. — οἷός ἐστιν] "is not such as," "is not

of a make." μένειν depends upon it. — ἐπὶ τούτων] "*to remain* upon these," "to confine himself to these." See § 6, note. — προσπεριβάλλεται] "is compassing," "aiming to obtain in addition." See περιβαλλόμενος in this sense, De Coron. § 231. — μέλλοντας] "delaying." Thus often, since what one is *about* to do implies *delay*. — περιστοιχίζεται] "incloses as in a net."

10. Πότ' . . . . πότε] Repeated for emphasis (see II. § 10). This is not the indefinite ποτέ, it will be observed, but the demonstrative. — Ἐπειδὰν τί γένηται;] "when what may have happened?" A Greek idiom, by which two interrogative or relative words are drawn into the same sentence, not unlike that noticed § 3. See the references to the Gram. there made. — νὴ Δί'] Often used thus in answering one's self, or rather, anticipating the answer of another. See De Coron. § 101. — τὰ γιγνόμενα] "the things which are now coming to pass." Do not these amount to a necessity? — Ἐγὼ μὲν] For μέν alone here, see III. § 8, note. — εἰπέ μοι] Often used thus in the singular, where the address is made to more than one. K. § 241, R. 13, a. — περιιόντες] That is, in the *agora*, receiving and imparting news on all exciting topics. See §§ 48, 49; also, De Coron. § 158, note. — αὑτῶν] Reciprocal rather than reflexive, as often (K. § 302. 7). So we sometimes use *ourselves*, *themselves*, for *each other*. — γάρ] This refers to a supposed negative answer to the preceding question, and gives the reason for that answer, since it shows, by a play upon the word καινός (meaning both "new" and "strange"), that nothing could be *newer* or *stronger* than what already existed. — Μακεδὼν ἀνὴρ] Philip. Spoken of thus by way of contempt, and also by way of contrast to Ἀθηναίους ("a Macedonian man conquering Athenians").

11. ἀσθενεῖ] See I. § 13. "Crebriores tum Athenas perlati esse rumores videntur; sæpius enim vulneratus (De Coron. § 67), et multis laboribus fatigatus fortasse tum ægro-

tabat Philippus, et quod sperabant, facile credebant levissimi (III. § 19). Ne vero cogitemus de morbo, cui in Heræo castello oppugnando succubuit cujusque rumor demum Ol. 107. 2, Athenas perlatus est." Vöm. — ἂν οὗτός τι πάθῃ] lit. "if he may suffer any thing," "if any thing serious should befall him," "if he should die." Thus, generally, τί has an unfavorable meaning with πάσχειν, as in the corresponding phrase in our language. This is the aor. subj. following ἄν (i. e. ἐάν), because it denotes a single act; but below, where another condition of the principal sentence is given, the pres. subj. is used to denote a continued action. The predicate of the principal sentence is in the fut. (ποιήσετε). K. § 339. II. b. — παρὰ] "by," "by means of." The literal, local meaning, "by," seems to be transferred to the causal relation.

12. Καίτοι καὶ τοῦτο] "and yet also this applies," i. e. what follows. A phrase often used thus in introducing, as applicable to the present case, some admitted saying or principle (see De Coron. § 123). When ἐκεῖνο stands with it, ἐκεῖνο refers to the principle, and τοῦτο to its application. Jelf's K. 655. 8. — εἴ τι . . . . ἡμῖν] "if any thing should befall him, and the events of fortune *bring about even this* for us." For τὰ τῆς τύχης see K. § 263, b; it forms the subject of ἐξεργάσαιτο. — βέλτιον] "better." Used adverbially. — ἴσθ'] "know ye," "be assured." — ὅτι πλησίον . . . . διοικήσαισθε] "that in case you are near by, watching the affairs thrown into confusion (i. e. by the death of Philip), you might arrange them for yourselves as you wish." The part. ὄντες and ἐπιστάντες, expressing, as they do, parallel actions, are not connected by a copulative. For the rendering given them, see K. § 312. 4, a. ἂν belongs to διοικήσαισθε, which expresses the consequence or result of the condition implied in the participles, just as below, with δύναισθ'. — ἀπηρτημένοι . . . . γνώμαις] "being removed both in preparation and feeling, i. e. neither having their army nor their thoughts there.

13. Ὡς] "that." Introduces a substantive sentence. K. § 329. 1. "Construe: Ὡς μὲν οὖν (ὑμᾶς) ἅπαντας ὑπάρχειν ἐθέλοντας ποιεῖν ἑτοίμως τὰ προσήκοντα. Ceterum ἅπαντας ἑτοίμως graviter in fine enunciationis collocata sunt." Franke. — ὡς ἐγνωκότων] "as if having understood," "supposing you to understand." Like our *as* with a participle, expressing the *assumed* existence of something as the ground or reason of an action. K. § 312. 6; C. § 71. III. — ἣν ἀπαλλάξαι .... οἴομαι] "which I think would deliver us from such a state of affairs." ἂν gives to the infin., just as to the part., the force of the opt., i. e. if the construction with the finite verb were used instead of the infin., the opt. would be used. See III. §§ 8, 27. — δή] "now," "immediately." See I. § 2.

14. πρότερον προλαμβάνετε] See § 7. — ἐξ ἀρχῆς] "from the beginning," "at the first." — ἀναβάλλειν] "to put off." "Quia instituendo illo apparatu (§ 16) multum videbatur temporis consumi." Rüd. This verb is used mostly in the mid. by the Attic writers; thus, also, by Demos. III. 9; IV. 38. But in the mid. it denotes that the individual himself defers something, and in the act. that one keeps others from acting. — τὰ πράγματα] "the undertakings." — οἱ ταχὺ .... εἰπόντες] "those saying *immediately* and *to-day*," i. e. those urging immediate action, without taking time to make preparations for permanent resistance. — εἰς δέον] "to the purpose," "seasonably." See Soph. Antig. v. 386. — οὐ γὰρ ἂν τά γε ἤδη γεγενημένα] "for not surely what has already taken place." These it was too late to prevent.

15. τίς .... πόση .... πόθεν] "what .... how great .... whence," i. e. what kind of armament, of what extent, and whence to be supported. The man who should point out some comprehensive plan of raising and supporting a permanent army in Macedonia, he says, would serve his country best. — πεισθέντες] "having been persuaded," "by consent." "Ergo æquis conditionibus." Franke. This, per-

haps, is implied also in διαλυσώμεθα. — τοῦ λοιποῦ] According to Hermann (Annotat. to Viger, p. 706), this differs from τὸ λοιπόν by implying *repetition* rather than *extent of time*, somewhat as our *again* differs from *for the future, in future.* According to others, τοῦ λοιποῦ is used in the *negative*, τὸ λοιπόν in *affirmative* sentences (but see De Coron. § 78). The true distinction, derived from the nature of the two cases, the gen. and acc., seems to be, that τοῦ λοιποῦ represents the time as a *cause* (i. e. as an indispensable *condition* of the action), while τὸ λοιπόν represents it as the *measure* of the action. — ἐπαγγέλλεταί τι] "offers any thing." — οὕτω] That is, *thus* as just described. — πρᾶγμα] "thing," "act," "reality," i. e. the actual development of his plan. This would show whether he had promised too much or not.

16. πεντήκοντα] "Modicum numerum, quum Athenienses etiam Demosthenis ætate 300 – 400 triremes instruere possent." Vöm. — αὐτοὺς] "yourselves," ὑμᾶς being understood, as the *person* was sufficiently obvious. — οὕτω . . . . ὡς] "thus . . . . as if." The verbal which follows takes the place here of the more common gen. absolute after ὡς. K. § 312, R. 12. — ἐάν τι δέῃ] "if there be any necessity," "if it be required." — αὐτοῖς ἐμβᾶσιν] Dat. of agent after πλευστέον ("you must yourselves, embarking, sail in them"). K. § 284. 3. (12). — τοῖς ἡμίσεσι τῶν ἱππέων] "for the half part of the cavalry." Thus generally ἥμισυς takes its noun in the gen. instead of agreeing with it. K. § 264, R. 5. c. — πλοῖα] "merchant-vessels." For carrying provisions, etc., for the army.

17. ὑπάρχειν] "to be ready." — ταύτας] That is, *those well-known* expeditions of Philip, which had happened within the year (Ol. 107. 1), and were fresh in the memory of all. — ἐκείνῳ . . . . παραστῆσαι] "to present this to him in his mind." The two datives here, one with, and one without a preposition, seem to express a relation not unlike that expressed in the figure *of the whole and its part.* K. § 266, R. 4. — ἐκ] "from," i. e. having become aroused from their neglectful

course. This expedition into Eubœa (under Timotheus) took place Ol. 105. 3; that to Haliartus, Ol. 96. 1; and that to Thermopylæ, in which they repulsed Philip, a short time before the delivery of this oration.

18. παντελῶς] "all perfectly." But with a negative, as here (οὔτοι), it corresponds with our *at all, by any means.* οὔτοι οὐδ', "not indeed not even," cannot differ materially from οὐ μὴν οὐδέ, and hence = *neque . . . . quidem.* See Xen. Mem. I. 2. 5, Kühner's note. — εἰ μὴ . . . . τοῦτο] That is, if they should not actually make an expedition, but only get in readiness for one. For εἰ and ἄν both in the protasis, see K. § 340. 6. — εὐκαταφρόνητόν ἐστιν] "is to be despised," i. e. what follows. — εἰσὶ γάρ, εἰσὶν] "Proditores, quos multos cum ubique tum Athenis alebat aurum et gratia Philippi, hic Demosthenes significat, fortasse Aristodemum et Neoptolemum histriones, qui iidem postea fuerunt pacis auctores, neque vero jam cogitandum est hoc loco de Æschine post primam demum legationem (de pace) corrupto a Philippo." Vöm. παριδὼν] "having disregarded," "taken no notice of *these preparations,*" i. e. in *consequence* of his having done so. — ἀφύλακτος ληφθῇ] "may be taken off his guard." — μηδενὸς] "*nihil,* non *nemo.* Cf. § 31, seq. Non posuit οὐδενός propter ἵνα." Franke. — ἂν ἐνδῷ καιρόν] "should he (Philip) give us an opportunity."

19. πᾶσι δεδόχθαι] "should be decreed by," "resolved upon by all." The dat. of the agent is often used thus, instead of ὑπό with the gen., with the perf. pass. K. § 284. 3. (11). — πρὸ δὲ τούτων] "Quum quinquaginta triremes et quantum satis est vectoriarum navium (§ 16) instructas paratasque haberi jubeat, ut Philippo, si quam subito expeditionem fecerit, occurrere et obsistere possint, tamen *ante omnia* copias (§ 21) mitti vult, quæ in vicinia Macedoniæ collectæ (§ 32) regem vexent eaque re domi suæ detineant." Franke. — Μή μοι] Understand εἴπῃς or λεγέτω τις. — τὰς ἐπιστολιμαίους . . . . δυνάμεις] "those paper-forces." ταύτας implies *notoriety,*

as in § 17. For its position, see K. § 246, R. 2. By *epistolary* forces, the orator means such forces as they were in the habit of promising their leaders abroad in *letters*, but never sent. — ἀλλ' ἢ .... ἔσται] "but which shall be of the city" (a city force). The reading ἢ for ἢ is by conjecture of H. Wolf. — τὸν δεῖνα] See III. § 35, note.

20. Ἔσται .... δύναμις] "but this force shall be what?" See § 10, note. — ἐθελήσει] "shall be willing." There would be no want of ability if they were only willing. — καθ' ἕκαστον τούτων] "by each one of these," = *individually*. Used almost as an adverb. So II. § 24, and often. διεξιὼν, then, must be taken in a kind of absolute sense, without any definite object ("going over the ground," "giving my views"). καθ' ἕνα, καθ' ἕκαστον, often seem to have the force of a simple substantive or pronoun ("each one") and hence are followed by a gen., which should be either the subject or object of the verb ("going over *these* individually"). See II. § 24. — Ξένους μὲν λέγω] "mercenary soldiers, indeed, I name," i. e. he meant to include this kind of soldiery in his proposed armament, although he had just alluded to them in somewhat contemptuous terms. To propose such forces was always a popular move among the pleasure-loving Athenians of the time of Demosthenes. The orator names them first, then, in order to conciliate his hearers, and show them that, although he had not a very good opinion of such troops by themselves, still he did not intend entirely to exclude them. But having it in his mind to propose what he knew would seem but an insignificant force to the magnificent notions of the Athenian legislators, who were famous for voting great things and executing nothing (III. § 14), he throws in, in a parenthesis, a reason for so doing, and then, when he resumes the subject (§ 21, λέγω δὴ), proceeds to speak of the force as a whole, commencing as though nothing had been said upon the point before. — νομίζοντες] "while considering." K. § 312. 4, a. — τοῦ δέοντος] "what is nec-

essary," "what the case requires." — ἀλλὰ] This stands opposed to ὅπως μὴ; but being separated from that by a long intervening parenthetical clause, and influenced by the construction of that, it assumes the form of direct discourse, and hence the imper. προστίθετε; or, perhaps we should consider ὅπως as hortatory, depending upon ὁρᾶτε understood. See VIII. 38.

21. λέγω δὴ] "I name then," or "I say *there should be.*" δὴ resumes the discourse after a digression or interruption, as often. See § 22. — στρατιώτας] "*pedites*, nam equitibus opponuntur. Cf. §§ 28, 33." Franke. For the position of πάντας between this word and the article ("the whole body of soldiers"), see K. § 246. 5, β. — ἧς . . . . τινος . . . . ἡλικίας] lit. "from what any age," or "from any age from which." The orator proceeds very gently in developing this unpopular feature of his plan; he will be very condescending and deferential to the sovereign people in the details, if only he may gain the main point. — ἐκ διαδοχῆς ἀλλήλοις] lit. "by way of relieving each other," "upon the principle of relieving each other," = *vicissim*, "in turn." For the dat., see I. § 22, note. — διακοσίους] One tenth the number of the infantry, which, according to Vömel, was the usual proportion. These accusatives, expressing the different descriptions of the force to be raised, are governed by λέγω, above. — "Attende vero, quanta brevitate et orationis simplicitate orator, in innumerandis iis quæ sibi fieri oportere viderentur, usus sit, ut celeriter et perspicue auditores omnia quæ facienda essent animo perciperent." Saupp. — τοὺς πεζοὺς] This is for the nom., it being attracted into the case of the subject of the principal sentence (στρατευομένους), as is often the case after ὥσπερ, ὡς, ὥστε. K. § 342, R. 3.

22. Εἶεν] "be it so," "so far, so good." It supposes his plan to be assented to thus far. See Plat. Gorg. 466, C. Ταχείας τριήρεις] "fast-sailing vessels." Opposed to ἱππαγωγοὺς and στρατιώτιδες τριήρεις, i. e. to *transports*, whether for cavalry

or infantry. The purpose for which they were wanted is described in what follows. "Duo millia militum igitur, quos Demosthenes vult mitti, non pugnaturi sunt nisi in terra. Ut naves στρατιώτιδες, quibus vehuntur, tuto navigent, naves decem ad certamen navale instructæ addendæ sunt." Saupp. — διότι] "why," "wherefore." It here expresses the *final cause*, instead of the *reason*, which it generally expresses, when used causally. In this sense it must be derived from δι' ὅ τι, and not from διὰ τοῦτο ὅτι. — τηλικαύτην] "so small." Thus also τοσαύτην, below. These pronouns express the general idea *so great*, and if the degree of greatness happens to be low, they may properly be translated "so small." — τοὺς στρατευομένους] The article is used because the citizens, though not the whole force, were the most important part of it, and, indeed, the only soldiers who could be said to *make an expedition*, since the mercenaries were generally procured abroad.

23. τὴν ἐκείνῳ παραταξομένην] "to confront him in battle," "to meet him in just battle." Opposed to λῃστεύειν, below. Observe the force of the fut. part. Strictly, these words, being connected with the preceding noun by the articles, bear an attributive relation to that noun ("the competent-to-meet-him force"). See II. §§ 16, 27. — λῃστεύειν] "to privateer," "freeboot it," i. e. to carry on a vexatious petty warfare, depending upon plunder, rather than regular pay, for their support. See De Coron. § 145. — τὴν πρώτην] See III. § 2. — πρότερόν] "Id est Ol. 96. 3. De re cf. Schneid. ad Xen. Hellen. IV. 4, 14." Franke. — ἀκούω] For the pres. see III. § 21. Hence the infin. pres. following, referring to past events (τρέφειν), or, perhaps, because the identity of the state continues from age to age, and hence that an action of a former generation might be attributed to the present generation, as in III. § 20. See note l. c.

24. καθ' αὑτὰ] "by themselves," "alone." — ὑμῖν στρατεύεται] "make expeditions for you," "serve in the field for you."

— *οἱ δ' ἐχθροὶ*] "Maxime Phillippus, præterea Thebani, Chii, Rhodii, Coi, Byzantini, allii." Franke. The Athenians, besides their war with Philip, were in the midst of the Social War. See De Coron. § 17, note. — *νείζους τοῦ δέοντος*] lit. "greater than is required," "too great for convenience." An Attic euphemism, used to avoid expressing the true character of something very disagreeable or undesirable, just as we, in a similar case, sometimes say, *worse than could have been desired, too plentiful for convenience,* etc. — *παρακύψαντα*] lit. "taking a side-glance at," hence, "negligently attending to," "neglecting." It refers to *ξενικά*, alluding particularly to Chares, who, a few years before, had left the service to which he was appointed, on an adventure to the East, as here mentioned. See II. § 28. — *πανταχοῖ*] "every whither," "to every place." Used instead of *πανταχοῦ* with verbs of motion. — *μᾶλλον*] "rather," "in preference," i. e. *rather* than where they were sent. — *ἀκολουθεῖ*] That is, his mercenary troops. That he might not seem to reflect upon the generals, the orator represents them merely as following where the unruly mercenaries led. — *οὐ γὰρ . . . . μισθόν*] An important maxim in military affairs.

25. *Τὰς προφάσεις*] "the pretexts." See II. § 27. — *ἐπόπτας*] "overseers," "witnesses." — *τῶν στρατηγουμένων*] "of the events or conduct of the campaign." See § 47. — *Εἰρήνην ἄγετε*] "are you in a state of peace?" We have here a passage of great keenness and spirit: — "They knew there was war, and made all the necessary arrangements for war, and yet did nothing." The war referred to was for the recovery of Amphipolis, which was never formally declared, and prosecuted but feebly.

26. *Οὐκ ἐχειροτονεῖτε*] The orator here resumes the discourse himself, after the supposed dialogue. The Athenians were in the habit of choosing ten generals (*στρατηγοὺς*) annually, one from each tribe, who shared among them the

chief command of the army and management of military affairs. Also, ten *taxiarchs*, under the generals, each of whom led the infantry of his tribe in war; then two *hipparchs*, who led the cavalry, and under these ten *phylarchs*, one for the cavalry of each tribe. It is worthy of remark, that, in naming these officers, the lower officer is mentioned before the higher, just as we say *captains and generals*, and not the reverse. For a fuller explanation of the duties of these officers, see the words in Smyth's Dict. Antiq. — ὃν ἂν ἐκπέμψητε] "whom you may have despatched." This is a relative clause, the principal clause being implied in πλὴν ἑνὸς ἀνδρός. Thus, "only one general goes to the war, whomsoever you may have despatched," i. e. "if you have despatched one, he goes to the war" (see K. § 333. 3). It is merely a supposed case (see § 28), but one which was liable to take place at any time, on being required, and may have taken place in the present instance. Perhaps they had voted to send out some particular general, or that only one of the ten was generally expected to go. See De Coron. § 38, note. — οἱ λοιποὶ . . . . ἱεροποιῶν] "the rest conduct the processions for you in conjunction with the masters of sacrifices." The generals and subordinate military leaders seem to have acted as marshals on these occasions, and to have exercised their skill in ordering, arranging, and conducting the processions at the numerous festivals at Athens, so as to give greater *éclat* to these popular entertainments. In this way they pleased the people, who, in consequence, readily excused them from severer service. — τοὺς πηλίνους] "those earthen ones," i. e. those images of the taxiarchs, etc., prepared by the κοροπλάσται (see Becker's Charicles, pp. 182, 183), and seen exposed for sale about the agora. Now, just as the potters made these for the aogra, so, he goes on to say, they made their military leaders for the agora, — for parading processions there, and not for the war.

27. παρ' ὑμῶν] "by means of you." Expresses the author

after ἄρχοντας, which is intrans., and hence admits the same construction, in this respect, as the pass. ("holding their office through you"). — ἵν' ἦν] "that it might be." The orator is speaking of what ought to have been, but was not. It was proper, in choosing their military leaders, to appoint citizens, that the force might be truly a city force; but this purpose of the appointment had been defeated by their remaining at Athens, exhibiting shows, etc. In such a case, that is, to express a *purpose contrary to fact*, the Greek uses ἵνα or ὡς with the indic. of a historical tense ("was it not proper that the leaders should be citizens, that the force *were* [might be] most truly of the city?"). K. § 330. 5. — εἰς μὲν Λῆμνον] That is, to conduct the procession thither, which is supposed to have been sent out from Athens every year. The citizen hipparch, the orator goes on to say, must be sent to conduct this, while a foreigner (Menelaus) led those who defended their possessions abroad. This is said, of course, in sarcasm. — τὸν ἄνδρα] That is, *Menelaus*. Nothing certain is known of this Menelaus, beyond what is here said of him, though Harpocration says he was the son of Amyntas, the brother of Philip. He seems to have been a mercenary leader of that time of some notoriety, and perhaps served in the recent expedition to Thermopylæ, in which the Athenians foiled Philip in his attempt to force that pass. — ὅστις ἂν ᾖ] Pres. subj. after an imperf., because stating a general principle.

28. δὴ .... τοίνυν] The one *resumptive* and the other *transitional*. See § 22; I. § 25. — Χρήματα .... πρὸς] "money then, — there is indeed the support, i. e. ration money for this force, ninety talents and a little more." This was the usual allowance for a force of this size. (See Boeckh. p. 273.) Χρήματα merely introduces the general subject to be spoken of. μὲν is responded to by δέ (Εἰ δέ). It will be seen that he proposes to provide only for the bare support of the troops, leaving them to obtain their pay from the

enemy; just as lately we heard that a large part of the expenses of our army in Mexico might be supplied by levying upon the inhabitants, etc. The details of his scheme of payment are well presented in a note upon the passage by Vömel, thus:—"20 minæ per mensem × 12 menses = 240 × 10 naves = 2,400 minæ, sive 40 talenta; porro 10 drachmæ per mensem × 2,000 pedites = 20,000 drachmæ × 12 menses = 240,000 drachmæ, sive 40 talenta; denique 30 drachmæ per mensem × 200 equites = 6,000 drachmæ × 12 menses = 72,000 drachmæ, sive 12 talenta. Peditem igitur per diem accipere jubet Demosthenes 2 obolos, equitem 1 drachmam, quod minimum erat."—καὶ μικρόν τι πρός] lit. "and a little something more," = *and a little more.* πρός is used as an adverb, as several of the prepositions are occasionally, even in Attic writers, and especially in connection with γέ, δέ. K. § 300. 1, examples. The whole sum, it will be seen, is ninety-two talents. The estimate is evidently for a year, though this is not expressly mentioned.

29. ἀφορμὴν] "means," "pay."—σιτηρέσιον] "ration-money," not "*the* ration-money." Hence without the article.—τοῦτ' ἂν γένηται] "if this shall be," "if it can only have this," i. e. if the soldier can only be sure of his ration-money. The subj. always has a future meaning in Greek, especially with ἐάν and ἄν (K. § 339, R. 2). The aor. is used here of an independent momentary action, instead of the present, which would represent the action as continued. Hence it is accompanied by the future in the principal sentence. K. 339. II. b.—ἔχῃ] "shall have themselves," "shall be." Fut. in sense; see above.—ΠΟΡΟΥ ΑΠΟΔΕΙΞΙΣ] "Talentis 92 opus fore dixit, quæ uti probabile est, populus conquiri jussit a quæstoribus, qui ratione inita exposuerunt, unde ea pecunia petenda esset. Catalogus autem de scripto, ut apparet, recitatus hic prætermissus est, ut et leges et decreta et testimonia et alia scripta complura." Wolf.

30. δεδυνήμεθα εὑρεῖν] "have been able to discover," i. e.

by a report or *exposé* (as Wolf supposes, in the above note) obtained by Demosthenes from the proper financial officers (πορισταί), of the means at the command of the government. — ἐπιχειροτονῆτε τὰς γνώμας] "may vote upon the resolutions *or* bills," i. e. the different bills or plans for conducting the war which would be proposed by different orators. Observe the force of ἐπί in composition, by comparing the compound with the simple verb immediately following. — χειροτονήσετε] "you will vote, *I am sure*." Instead of the imperat. but much milder (K. § 225. 4). He wished them to adopt the measures which pleased them, because they would be more likely to carry them out, and this was the main thing. — ἐπιστολαῖς] See § 19, note.

31. Δοκεῖτε] For the construction here, see I. § 10. — τὸν τόπον] "the locality," "situation." — τὰ πολλὰ .... διαπράττεται] "the greater part taken unexpectedly (or by anticipating you) he accomplishes," i. e. taking advantage of the winds and seasons in anticipating the Athenians in any enterprises which they were deliberating upon, he had accomplished the greater part of what he had accomplished. See II. § 9, Vömel's note. — 'Ετησίας, venti anniversarii, plerumque dicuntur ii, qui diebus canicularibus ab occasu solstitiali flare solent et septentriones versus navigaturis mare infestum reddunt." Saupp. — μὴ δυναίμεθα] μή is used instead of οὐ, because it is the view of Philip.

32. βοηθείαις] "auxiliary forces," "temporary forces." — ὑστεριοῦμεν] "we shall fail of." — χειμαδίῳ] "as a winter station." — τῇ δυνάμει] "for the force." Dat. of advantage. See I. § 22. — τόπῳ] "regione sive tractu. XX. 60. τὸν περὶ Θρᾴκην τόπον." Franke. That is, in the vicinity of Thrace and Macedonia. For τόπον in this sense, see § 4. — τὴν δ' ὥραν τοῦ ἔτους] "while (δ') in the season of the year." This sentence is closely connected with the preceding, as is indicated by the δέ corresponding to the μέν in that. ὥραν expresses the *time* without a preposition. — πρὸς] With dat.

denoting *rest at or before*, hence "near." — γενέσθαι] Aor., and hence denoting the action as independent and momentary, "to have been," i. e. "to approach," but not "to be," "to remain"; this would require the pres. — τὸ τῶν πνευμάτων] "the power of the winds," "the winds." — ῥᾳδίως ἔσται] Understand ἡ δύναμις ("while at the season of the year when the approach to the land is easy, and the wind is right, it shall easily be on the very borders of the country and at the mouths of the emporiums"). This seems to me to be the true interpretation of this difficult passage, which is substanstantially that of Franke.

33. Ἃ μὲν οὖν] "for what then." Acc. of *aim*. K. § 278. 4. — παρὰ . . . . βουλεύσεται] "the one established by you over these affairs (the general) according to the occasion will determine." For this use of παρά, see II. § 22. — γέγραφα] That is, in the decree, suppose, the passage of which he was endeavoring to procure. — ἃ λέγω] "which I speak of," i. e. the ninety-two talents mentioned in § 28. Observe the order of the words in this sentence. — ἐντελῆ] "entire," "as a whole." — κατακλείσητε] "shall bind." The apodosis commences at παύσεθ'. For the use of the aor. subj. here and in the preceding sentence, in a fut. sense, see § 29. — τόν λόγον] "Rationes, quas imperator munere suo defunctus reddere debet." Franke.

34. Ἔστι δ' οὗτος τίς;] See § 10. — Ἀπὸ] "from," "by means obtained from." — ἄγων καὶ φέρων] lit. "driving and bearing." The first referring, originally, to that kind of plundering which consisted in *driving off* cattle, and the second to that which consisted in *carrying off* things without life. But by use it became a phrase applied to all sorts of plundering. See De Coron. § 230, note. Most of the allies of the Athenians were islanders, and engaged in commerce. — Ἔπειτα] Expressing the second point after πρῶτον μέν. — Τοῦ πάσχειν . . . . γενήσεσθε] "you yourselves will be out of danger of suffering indignity." — οὐχ ὥσπερ . . . . χρόνον] The

demonstrative clause, corresponding to this clause, is not expressed, except in a general way by the verb of the preceding clause. The same verbs which here stand in a past tense must be supposed to be repeated in the fut. (viz. οἰχήσεται ἔχων, ἐκλέξει, also, ἀποβήσεται below). The time here referred to was Ol. 106. 2. — Γεραιστῷ] "Promontorium Eubœæ, ubi templum Neptuni celebre erat." Rüd. — τὴν ἱερὰν .... τριήρη] That is, one of the two sacred galleys, kept by the Athenians for making the annual theoric procession to the island of Delos, in honor of Apollo. As this service was required but once a year, these galleys were often employed in some of the more honorable and less hazardous duties of war; as in carrying out or bringing home generals, ambassadors, etc. — ᾤχετ' ἔχων] See K. § 310. 4, l. — ὑμεῖς δ'] "but you," or "whereas you," i. e. as they were at the time of his speaking, and hence the pres. (δύνασθε). — εἰς τοὺς χρόνους .... βοηθεῖν] "to bring aid at the times which you have appointed." For εἰς with acc., instead of ἐν with dat., after βοηθεῖν, see I. § 18.

35. Παναθηναίων .... Διονυσίων] These were great national festivals at Athens, held at stated times. For an account of them, see Smyth's Dict. Antiq. — χρόνου] Gen. of the time *within which* any thing takes place. K. § 273. 4, b. — ἄν τε .... ἄν τε] "whether .... or." Coördinate disjunctive particles, taking the subj. (K. § 323. 1). Translate the two clauses, "whether those skilled in these matters may have obtained the management of them, or those superintending each of them be unacquainted with the business." — ὄχλον] Governed by ἔχει, which has for its nom. ἅ, to be supplied from εἰς ἅ. "ὄχλου de choreutis, tibicinibus, choregis, gymnasiarchis, omnibus iis qui ad varia certamina prodirent vel pompas ducerent, intelligendum est. παρασκευῇ vasa pretiosissima, vestitum, exercitationum varia genera alia complectitur." Saupp. — τι τῶν ἁπάντων] "any of all things," i. e. he knew of nothing which drew together such crowds of

people. — Μεθώνην] The expeditions to this place and to Pagasæ were undertaken Ol. 106. 4, and that to Potidæa, Ol. 105. 3.

36. ἐκ πολλοῦ] "from a long time," "for a long time." See § 1, note. — χορηγὸς] A person appointed by each tribe, in order to prepare and defray the expense of all choruses at the scenic and musical exhibitions during the term of his appointment. — γυμνασίαρχος] "superintendent of the gymnasia." This officer was appointed in the same way as the above, and performed very much the same service in the superintendence and management of the gymnastic exercises, as he did in the scenic and musical entertainments. Both services belonged to what were called the regular *liturgies*, or public duties performed in turn by the rich or ambitious, without charge to the state. — παρὰ τοῦ .... ποιεῖν] "from whom and what receiving what is necessary for him to do." "Græcis non solum liberas enunciationes, sed etiam aliunde pendentes, i. e. finales, temporales, conditionales et relativas interrogative efficere licet." Krüg. See § 3. — ἠμέληται] "has been neglected." The employment of this verb instead of λέλειπται shows that ἀνεξέταστον and ἀόριστον are used in a predicative sense ("so as to be unexamined and unsettled"). — Τοιγαροῦν] "for this very reason, then." A compound deductive particle, embracing three deductive words. K. § 324. 3, c. — ἀκηκόαμέν] Nearly in a present sense, but better adapted to express, in connection with the following presents, the rapidity of action, the crowding together of things, which is here intended ("we have no sooner heard of any loss than we appoint trierarchs," etc.) — ἀντιδόσεις] "actions for an exchange of property." Any one who had been appointed trierarch might call upon any person passed by, whom he supposed to possess more property than himself, either to take his place or exchange property with him. The investigation of the case before the courts was called ἀντίδοσις. — ἐνβαίνειν] "to embark," i. e.

for the war. The verbs must be understood with each of the acc. which follow. — *μετοίκους*] "*metics*," i. e. foreigners resident at Athens. — *ἔδοξε*] Aor. to express a single independent act ("it has pleased you," i. e. "you decree"). — *τοὺς χωρὶς οἰκοῦντας*] "Sc. *τῶν πρώην δεσποτῶν ἀπελευθέρους*, libertinos, qui relicta patroni familia suum ipsi negotium gerunt." Wolf. — *αὐτοὺς ἀντεμβιβάζειν*] "to substitute themselves," "to go themselves." But the common reading is *αὐτοὺς πάλιν* (sc. *ἐμβαίνειν*), *εἶτ' αντεμβιβάζειν*. — *ἐν ὅσῳ*] "while." — *μέλλεται*] See § 9. — *τὸ ἐφ' ὅ*] "that for which," i. e. some place or some object of public interest. For this use of *τό*, as demonstrative, see K. § 247. 3, c.

37. *μένουσι*] "wait for." — *εἰρωνείαν*] See § 7, note. — *τὸν μεταξὺ χρόνον*] "in the intervening time," i. e. while a larger force is collected. — *οἷαί τε*] See II. § 17, note. — *ἐπ' αὐτῶν τῶν καιρῶν*] "at the favorable junctures themselves," i. e. they had been proved to be unable to avail themselves promptly of favorable opportunities. *ἐπ'* seems to be used here very much as in the phrase *ἐπ' ἐμοῦ*. See III. § 2, note. — *τοιαύτας*] That is, *such* as the one which he was about to read. But some editions have ΕΠΙΣΤΟΛΑΙ, above. "*ὁ σκοπὸς τῆς ἐπιστολῆς ἐστιν οὗτος· ὁ Φίλιππος ἐπέστειλεν Εὐβοεῦσιν συμβουλεύων μὴ δεῖν ἐλπίζειν εἰς τὴν Ἀθηναίων συμμαχίαν, ὅτι οὐδὲ αὐτοὺς δύνανται σώζειν.*" Schol.

38. *ὡς οὐκ ἔδει*] "as they ought not to be," i. e. it was a shame that such things could be said of them with truth. This is a parenthetical clause, and hence the following adversative particles (*οὐ μὴν ἀλλ'*, for which see I. § 4) do not refer to it, but to *ἀληθῆ ἐστι*. — *ὑπερβῇ τῷ λόγῳ*] "may pass over in word." Referring to the unwelcome truths in the letter just read, which, that they might not offend (*ἵνα μὴ λυπήσῃ*), might have been omitted. — *τὰ πράγματα ὑπερβήσεται*] "the things themselves (the realities) shall pass away," i. e. the disagreeable or disgraceful things supposed to be described. — *ἂν ᾖ μὴ προσήκουσα*] "if it be not appropriate *or* fitting," i. e.

the agreeableness of the words used by an oratoı, the cautious, mealy-mouthed style of addressing the people, which he is here inveighing against. — *ζημία*] "loss," "injury." — *φενακίζειν*] "to deceive," "humbug." — *ἀναβαλλομένους*] "putting off," "winking out of sight."

39. *οὐκ ἀκολουθεῖν τοῖς πράγμασιν*] "not to follow affairs," i. e. not to make temporary provisions from time to time, as suggested by one unfortunate event and another, but to make preparations for the future, so as to be able to take advantage of favorable opportunities and circumstances. An important military precept, undoubtedly, and applicable to other than military affairs. — *τις ἂν*] For the position of *ἂν* here, after *τις*, see I. § 14, note; also, Philip. II. § 37. — *τῶν πραγμάτων*] Understand *ἡγεῖσθαι*. — *ἐκείνοις*] Used instead of *αὐτοῖς*, in order to form a stronger contrast with *συμβάντα*.

40. *εἰς δέον τι*] See § 14. — *οὐδὲν δ' ἀπολείπετε, κ. τ. λ.*] "Nihil reliquum facitis, quin ut barbari luctantur, sic cum Philippo bellum geratis. Cf. Plat. Phæd., p. 69, D; *ὧν δὴ καὶ ἔγωγε . . . . οὐδὲν ἀπέλιπον . . . . γενέσθαι*." Saupp. — *οἱ βάρβαροι*] Originally *barbarian*, or other than Greek; but afterwards the word acquired a meaning generalized from this, viz. *ignorant, rude, unskilful*. It is thus used here, — those unacquainted *with boxing*. This illustration of the tardy, patchwork policy of the Athenians, in carrying on their wars with Philip, from the unskilful and ludicrous movements of a raw hand in protecting himself from the blows of an expert boxer, is so ingenious, and at the same time so apt, that it seems to illuminate the whole subject, and render all further explanation or argument unnecessary. It has not only been admired by scholars, but, drawn forth from its concealment and applied to other subjects by some popular orator, has not unfrequently been made to tell with great effect upon modern audiences. We find it in the mouths of some of the fiery orators of the

French Revolution, and Camille Desmoulins thus uses it to stir up the people to protect their rights: — "Foolish people! The Parisians are like those Athenians to whom Demosthenes said, 'Shall you always resemble those athletes, who, struck in one place, cover it with their hand, — struck in another, place their hand there; and thus always occupied with the blows they receive, do not know how to strike or defend themselves?'" Hist. Girondists, Vol. I. p. 119. — τῆς πληγῆς ἔχεται] "holds on to the wound," i. e. brings his hands up to the part of the body struck. — πατάξῃς] The second person indefinite, "if you strike," "if one strike." — προβάλλεσθαι .... ἐναντίον] "but to extend the hands to fend off, and look his antagonist in the eye." This is as one acquainted with boxing would do.

41. ἄνω κάτω] "up and down," i. e. hither and thither, without any order, wherever the prospect of success called him. See II. § 16. — πρὸ] "Videtur ab eo displicuisse quæ sequuntur: πρὶν .... πύθησθε, sed sæpissime similem epexegesin addi non est quod exemplis demonstremus. Cf. Orat. V. 2." Saupp. — ἐνῆν] "were possible." — ἐγχωρεῖ] That is, ταῦτα ("that they no longer admit it"). On the personal use of verbs, generally impersonal, see Funkhänel, Quaest. Dem. pp. 30, 31.

42. ἀποχρῆν .... δοκεῖ] "it seems to me that these things would have satisfied some of you." ἂν belongs to the infin. ἀποχρῆν, and gives it an optative meaning. See § 13. — ὠφληκότες ἂν ἦμεν] "should have incurred." — ἐκκαλέσαιθ'] "might call out," "arouse."

43. περὶ .... ὑπὲρ] A good illustration of the difference between these prepositions. With περί the object appears as passive, as with *de* ("concerning," "about"), while with ὑπέρ it appears as the cause or ground of the accompanying action ("for the sake of," "out of regard to," "in defence of," etc.). See I. § 5. — στήσεται] "Ne quis enim speret illum iis quæ circa Macedoniam sunt expugnatis finem im-

positurum esse bello; certum est nos ipsos petitum iri." Saupp. — Εἶτα] Expresses indignation. See I. § 24. — κενάς] "i. e. πολιτικῆς δυνάμεως κενάς. Cf. III. 5." Franke. — παρὰ τοῦ δεῖνος] That is, of some popular orator, who encouraged them to think that Philip could be conquered by a very small force. See § 45. — ἐὰν] This particle generally stands at the first of the sentence, but occasionally after several words, immediately before its verb. See § 29; also, Æsch. I. 17.

44. μέρει γέ τινι] "as some part at least." — Ἤρετό τις] "some one asked," i. e. I seemed to hear one say. — Εὑρήσει τὰ σαθρά] See II. § 21. — λοιδορουμένων .... αἰτιωμένων] See II. § 25, note. — οὐδέποτ' οὐδὲν .... δεόντων] "be assured,"(strictly, "never fear")"that nothing desirable will ever be to you." Observe the extraordinary accumulation of negatives. οὐ μὴ (the first of which has been rejected from the text by some editors) are explained by supposing a verb of *fearing* to be understood between them. See Jelf's K. § 748. 2, a.

45. μέρος τι τῆς πολέως] That is, as citizen soldiers. See § 44. — τοὺς τοιούτους ἀποστόλους] In the acc. after δέει, as though it were a verb. K. § 279. 5.

46. ἕνα ἄνδρα] That is, simply a leader, without citizen soldiers with him. — ποτε] "ever." — ὑποσχέσθαι] "Pollicitationum vanitate non unus, sed maxime insignis fuit Chares. Zenob. 2. 13: αἱ Χάρητος ὑποσχέσεις." Saupp. — ἐκ τούτων] "by these means." — ἀθλίων ἀπομίσθων ξένων] "wretched mercenaries without pay." ἀπόμισθοι means often (Dem. Contr. Aristocr. § 154) "paid off," "discharged," *emeriti*, but cannot have that meaning here. — ὑπὲρ] Much like περί, but used, perhaps, because he is speaking of the readiness with which certain enemies which a general might have at Athens, would lie against him (*out of regard to the evil* which he had done, rather than out of regard to him). See § 43; also I. 5. — τί καὶ] "what also," "what under these circum-

stances." The Greek often uses a copulative where we should not. See § 8.

47. εἰς τοῦθ' .... αἰσχύνης] See II. § 8. — τῶν στρατηγῶν ἕκαστος, κ. τ. λ.] "Duces, qui quidem non semel accusati et damnati sint, plures cognovimus, ut hac ipsa ætate Iphicratem et Timotheum a Charete accusatos. Illi vero pugnam cum hoste ineundam neutiquam detrectabant. Itaque Charetem et non semel accusatum et absolutum et bellum justum fugientem ejusque similes hic significare putamus." Vöm. — ἐχθροὺς] "Raro pro πολέμιος dicitur." Krüg. — τοῦ προσήκοντος] Understand θανάτου ("the death which becomes them").

48. περιιόντες] See § 10, note. — μετὰ] "in conjunction with." The Thebans were envied and hated, both by the Athenians and the Lacedæmonians, on account of the great military preëminence which they had enjoyed since the battle of Leuctra (see De Coron. § 18, note). The prospect of their destruction, then, even by Philip, must have been a matter of interest to the Athenians, especially as it promised to give him occupation for some time. — πολιτείας] See I. § 5. — διασπᾶν] "to tear asunder," "annihilate," i. e. in order to establish in their place either monarchical or oligarchical governments. — οἱ δ' .... οἱ δὲ] The proper predicate is not expressed. The orator breaks off suddenly at last, and changes the construction. But the predicate is contained in πλάττοντες .... περιερχόμεθα. — λόγους πλάττοντες ἕκαστος] "forging account, each for himself." See De Coron. § 121.

49. τοιαῦτα] That is, *such* as before described. — ὀνειροπολεῖν] "to dream." "κοινὸν γάρ ἐστι τῶν μεθυόντων τὸ ὀνειροπολεῖν." Hermog. — τήν τ' ἐρημίαν] See III. § 27. — οὐ μέντοι .... μὰ Δί'] Understand οἶμαι. — ὥστε .... εἰδέναι] "Philippi erat consilia callidissime tegere et dissimilare, ut saepe prius perfecta esse quam inita viderentur." Saupp. — λογοποιοῦντες] "news-mongers."

50. ἐκεῖνο] Refers to what follows. See II. § 24, note. —

ἀποστερεῖ] "is depriving," "keeps depriving." A common meaning of the pres. — *τινα*] "Ut Charidemum Oritam, is enim, qui Atheniensibus se favere simulabat magnasque spes Chersonesi recuperandæ excitaverat, Philippo fidem obtulit Ol. 106. 4." Vöm. — *εὔρηται*] Understand *πράξας*. — *ἐν*] "Id est. *penes*. Vide Matth., § 577. 6." Franke. — *καὶ τὰ δέοντα, κ. τ. λ.*] "we shall both know what should be done and be freed from vain accounts." This forms the apodosis or conclusion of the sentence occupying all the preceding part of the section. For the periphrastic form, see I. §§ 7, 14, etc. — *ἅττα ποτ' ἔσται*] "what possibly will be," i. e. what possibly might happen in the future. Referring to the surmises and predictions of the news-mongers as to what would probably occur.

51. *Ἐγὼ μὲν*] "Tacite opponit alios oratores. Vid. ad III. 8." Franke. — *οὔτ' .... τε*] Connecting a negative and a positive clause. See Jelf's K. § 775. 3, a. — *ὑποστειλάμενος*] See I. § 16, note. — *Ἐβουλόμην*] See I. § 15. — *συνοῖσον*] Fut. part., agreeing with *τὸ τὰ βέλτιστα εἰπεῖν*, understood, and completing the verbal idea of *εἰδέναι*, taken in the sense *to know* (and not *to know how*). K. § 311. 2. The orator fears danger to himself for speaking freely what he deemed for the public good. See I. § 16; III. § 32, *et alias.* — *ἐπ'*] "upon condition" ("even upon condition of what shall happen to me on this account being unknown"). Or, for convenience' sake, it may be rendered here "although," and the other words to correspond. — *ἐπὶ*] "in consequence." A slight modification of its meaning in the preceding case. *τῷ*, following it, belongs to *πεπεῖσθαι* ("in consequence of having become persuaded that these things will benefit you," etc.). — *Νικῴη*] Opt. expressing a wish. See II. § 36.

ON THE CHERRONESUS.

THE Thracian Cherronesus was an ancient possession of the Athenians, but, after the Peloponnesian war, fell for a time under the protection of Sparta, and afterwards under that of the king of Thrace. The Athenians had recently recovered it, and in order to make the possession more sure, had sent out Diopithes with a company of Athenian settlers. They were kindly received and permitted to make settlements by all but the Cardians. These Diopithes raised a force to subdue, and, in consequence of their being aided by Philip, proceeded even, during his absence in the interior of Thrace, to ravage his possessions on the coast. Philip sent a letter to Athens complaining of these injuries, which was the signal for the orators of his party to assail Diopithes, and demand his recall and the disbanding of his army. It was in reply to such a demand that Demosthenes delivered this oration (B. C. 342), in which he attempts to show that the most urgent question for their consideration at the present time was, not the conduct of Diopithes, but how they should protect themselves against the dangers with which they were threatened by the restless ambition of Philip. The course of thought is something as follows:—

1. That an impartial view of the subject before them, and a regard for the interests of the country, would lead him to dwell upon an aspect of the question which had been studiously kept out of sight by most of the speakers who had preceded him,—the dangerous attitude of Philip towards the city; since this was much more important, and required much more immediate attention, than the conduct of Diopithes. § 1–3.

2. That what had been said about keeping the peace with Philip was to no purpose, since Philip himself had so gross-

ly violated the peace as to leave them no choice whether to resist him or not, unless they were prepared to say that he could not violate the peace if he did not invade Attica itself. 4–8.

3. It was improper, then, to demand the recall of Diopithes and the disbanding of his army, of however desperate a character, unless they at the same time showed that Philip would disband his forces; since it would only be giving him an opportunity of doing what he had often done before, seizing upon their possessions when they had no force in the field to protect them. 9–12.

4. That this complaint about Diopithes by Philip and his favorers was a mere pretext to get the Athenian force out of the field, that he might take possession of Byzantium, in the vicinity of which he was then collecting a large force, and then descend upon the Cherronesus itself, or some other possessions of the city. 13–18.

5. Could any thing be more unwise, then, than the attempt which had been made to excite the public indignation, at this critical time, against Diopithes, and thus procure the disbanding of the only force which they could avail themselves of for protection? 19, 20.

6. And yet that they were doing nothing to encourage and sustain him, but only slandered and suspected him, till it seemed almost useless to attempt to arouse them to a proper sense of their duty in the case. 21–23.

7. That Diopithes, in levying upon the enemy and the allies for contributions to support his army, had done no more than all generals were in the habit of doing, as it was the only way to provide for the support of their soldiers abroad. Hence, that nothing could be more pernicious than the course of crimination and suspicion which the opposite faction had pursued towards Diopithes, except it were that disposition in the people themselves, which had been fostered by these same orators, to be savage towards their own

generals, but mild and timid towards the enemies of the State, till their quiet submission to the encroachments of Philip had become matter of astonishment to all the Greeks. 24–37.

8. That, if he were asked what he proposed should be done, he would answer in general, any thing rather than what they were then doing; but more particularly, that, having settled it in their minds that Philip was their determined enemy, especially of their democratic institutions, and hence that, wherever they met him, it was in their own defence, even if it were in Thrace (where his ultimate designs most unquestionably were upon Athenian possessions), they should arouse themselves from their inactivity, raise funds for the support of a standing army in the field, and make all the necessary arrangements for making this force effective. 38–47.

9. That if this should seem to any to require great expenditures and much exertion, they should consider what would be the consequences if they did not do it, and whether any thing would ever be likely to occur better calculated to arouse them to their duty, till they felt the blows and scorn of slavery. 48–51.

10. So, also, those who advocated peace on account of the hardships of war and the danger of peculation, should think rather of the hardships which would follow if they now sacrificed their safety to ease, and of the wholesale peculation which Philip was carrying on upon Grecian interests, and especially their own. 52–55.

11. That, obvious as it was that Philip was making war upon them, none of his partisans would allow it, but accused those who advised resistance to his encroachments, of designing to make war, in order to turn against them the indignation occasioned by any unfavorable event in the war, and thus keep the people from opposing Philip, as well as from inquiring into their conduct. And that if they waited for

Philip himself openly to declare war, they would wait till they were destroyed. 56–60.

12. That their first duty was to hate and destroy these traitors, since, as long as Philip was sure of their coöperation at Athens, he would go on boldly from one aggression to another, as he had done hitherto. 61–67.

13. That although he did not pretend nor desire to have the impudent daring possessed by these traitors, he claimed to have much more real courage, since the proposing of what he deemed the best measures, instead of the most agreeable, for the time being, not only rendered his services far more useful, but required also much more courage than to arraign eminent citizens before a public which would rejoice in their downfall. 68–72.

14. Neither was it any thing against him that he merely laid before the people plans of action, without carrying them out personally, since the orator was only responsible for good counsels; the people should execute them. 73–75.

15. The sum of what he had said, then, was, that they should raise funds, keep an army constantly in the field, correcting and guarding against all abuses connected with it, send ambassadors in all directions to secure coöperation, and especially punish and despise the traitors, that the wholesome counsels of good men might be better appreciated. If they did thus, perhaps they might still recover themselves. 76, 77.

§ 1. *μήτε πρὸς ἔχθραν . . . . μήτε πρὸς χάριν*] The exordium is of the conciliatory kind, and hence aims to prepare the minds of the people for a favorable hearing. To effect this, the orator represents himself as free from personal feeling in what he is about to say, and influenced only by the public good and what seemed to require immediate attention. — *ἄλλως τε καὶ*] See I. § 5. — *ἡτινιδήποτ' αἰτίᾳ*] "Quamvis aliam ob causam, quam quæ virum bonum patriæque amantem decet." Franke. For this use of δήποτε in connection with relative words, implying something improper, and casting suspicion upon the manner or motive of an action, see III. § 7; also, De Coron. §§ 21, 261. — τούς πολλοὺς] "the many," i. e. "the people." In apposition with ὑμᾶς. See III. § 30. — ἀφελόντας] "having set aside."

2. σπουδή] "interest," "stress of the question." The subject for their deliberation was twofold; having reference partly to the proceedings of Diopithes in the Cherronesus, and partly to the expedition of Philip into Thrace. Most of the orators, he goes on to say, had dwelt chiefly upon the former topic, but he should speak principally of the latter, since it seemed to require much more immediate attention. — αἰτιᾶταί] The acc. ὅσα is the attributive of the cognate idea ("what *accusations*"), instead of the gen. See K. §§ 278. 2, and 274. 2; C. § 53. R. 10. — ἐφ' ὑμῖν ἐστὶν] "it is in your power." For this use of ἐπὶ, see § 55. Diopithes was an Athenian subject, and hence might be punished for his misdeeds at any convenient time; but the aggressions of Philip required immediate attention. — κἂν . . . . ἐγχωρεῖν] "that it is permitted you at once, if it seems best, and delaying, if it seems best, to consider upon them." The adverbial idea opposed to ἤδη, i. e. *leisurely*, is expressed by the part. in the dat. (ἐπισχοῦσι, "while delaying," "at your leisure").

3. δυνάμει] Dat. of accompaniment. K. § 283. 2, b. — προλαβεῖν] See IV. § 31, note. — περὶ τούτων δ'] The demonstrative here, as often, is placed after its relative (ὅσα) for oratorical effect. (K. § 332. 8). It resumes the subject with emphasis, and to increase the emphasis repeats the δέ. Jelf's K. § 658. — βεβουλεῦσθαι] In the perf. to express the duty with emphasis, by speaking of it as already accomplished. K. § 255, R. 7. — τῶν ἄλλων] "Scil. περὶ ὧν Διοπείθης πράττει καὶ μέλλει ποιεῖν." Franke. — θορύβοις] Causal dat. ("on account of the clamors"). So also κατηγορίαις. K. §

285. 1. (1); C. § 60. 1. — ἀπὸ τούτων ἀποδρᾶναι] "to run off from these," "be diverted from these."

4. οὐδενὸς ἧττον] "less than nothing," i. e. "most of all." See I. § 27. — ὡς ἄρα] "that then," "that to be sure," "that forsooth." Often used thus, to represent as untrue, contemptible, or ridiculous, some opinion or statement of another put forth with confidence, and generally received. See §§ 57, 73.

5. Ἔστι δέ] "But the case is." Thus Schäf. and Vömel. Others explain the passage by an anacoluth, or change of construction, making the last part of the sentence depend upon δεῖ rather than ἔστι. For an explanation of the nature and uses of this figure, see K. § 347. 5. — συσκευάζεται] "prepares," "excites." — καὶ τά γε .... ὁρῶ] "and matters, at least on your side, I see prepared for this," i. e. for keeping the peace. See § 54.

6. ἃ μὲν ὠμόσαμεν] "what we swore to," i. e. the articles of the treaty of peace made with Philip at the close of the Amphipolitan war. — τοὺς κληρούχους] The settlers sent out with Diopithes, to squat upon the Cherronesus. — ὑπὲρ ὧν .... ταυτί] "for which here are your ratified decrees complaining of him." Understand ἐστίν. "Vult Athenienses suo ipsorum gladio jugulare, quasi dicat: nos ipsi decrevistis, pacem esse a Philippo violatam, et tamen dubitatis adhuc, an pro hoste sit habendus?" Wolf.

7. ὑπολείπεται] "there is left," "there remains to us," i. e. they were compelled by the aggressions of Philip to turn their attention to this part of the subject, which had been so studiously passed over by the other speakers. — Πλὴν εἰ] See III. § 18.

8. Εἰ δ' .... ὁρίζονται] "but if upon these principles they establish our rights and define the peace thus," i. e. as is implied in the supposed case which precedes. — δήπουθεν] Nearly the same as δήπου. See III. § 17. — οὐ μὴν ἀλλ'] See I. 4. "Construe: οὐ μὴν ἀλλὰ συμβαίνειν αὐτοὺς λέγειν καὶ αὐτὰ

ταῦτα ἐναντία ταῖς κατηγορίαις, ἃς Διοπείθους." Krüg. That is to say, as appears from what follows, the very license which they claimed for Philip was calculated to destroy the force of their accusations against Diopithes. — *δήποτε*] "I should like to know now." A meaning derived directly from that of the separate words of which it is composed.

9. *'Αλλὰ . . . . ἐξελέγχονται*] "but in these things, perhaps you will say, they are refuted," i. e. the orators who were for punishing Diopithes. For this use of *νὴ Δία*, see IV. § 10. — *περικόπτοντες*] "laying waste," "ravaging." From the practice of cutting down the *fruit-trees* in ravaging an enemy's country. — *κατάγων*] "taking into port," "detaining." Thus generally. See De Pace, § 25; De Coron. § 73. The *κατά*, in such cases, seems to have reference to the fact of their being brought to a *goal* or *stopping-place* (*κατά*, lit. "down through to some conceived limit").

10. *ὡς ἀληθῶς*] "really." Strictly *οὕτως* is understood ("*thus* as really"). But, as often with relative words, the corresponding demonstrative is understood. See I. § 21; also, Jelf's K. § 870, R. 4. — *ἐπὶ πᾶσι δικαίοις*] "upon condition of entire justice," "in good faith." For this meaning of *ἐπί* with dat., see IV. § 51. — *τὸν ἐφεστηκότα καὶ πορίζοντα χρήματα*] That is Diopithes, who seems to have received or to have taken a sort of general commission to plunder from Philip, and thus recruit his finances. — *διαλυθησομένην*] "about to be disbanded also." Above, it will be observed that the form of the verb compounded with *κατά* is used, but here with *διά*, to denote the idea *in turn, also*. See *διαλλαγή*, *καταλλαγή*, II. § 1. — *ἂν ὑμεῖς . . . . πεισθῆτε*] "if you are persuaded thus," "if you listen to them." For this meaning of *ταῦτα* ("thus"), see I. § 10, note. — *Εἰ δὲ μή*] That is, if Philip's forces were not to be disbanded. — *τρόπον*] "manner," "attitude," "state." — *τὰ παρόντα . . . . ἀπολώλεκεν*] "it has lost all the present opportunities."

11. *οὐδενὶ*] Dat. of instrument. K. § 285. 1. (2). — *τῷ*

πρότερος, κ. τ. λ.] See II. § 9, note. — δύναμιν συνεστηκυῖαν] "perpetuum exercitum, quem alibi (IV. 32) nominat συνεχῆ παρασκευήν." Wolf. — ἐφ' οὓς] "against whom." ἐφ' is used with an acc. after a verb of rest (πάρεστιν) on account of the previous *motion* implied in it ("he *goes* and is present"). See I. §§ 8, 14, 18.

12. ὑστερίζοντας] In the acc., to agree with the subject of προσοφλισκάνειν, although referring to ἡμῖν, and generally, in such cases, would be in the dat. K. § 307, R. 2; C. § 70. 10. — προσοφλισκάνειν] "incur in addition" (πρός).

13. ὅτι καὶ .... τοῦτο] "that these other things are but words and pretexts, while this is what is really attempted and plotted." λόγοι and προφάσεις belong to the predicate, and hence are without the article. νῦν properly qualifies λεγόμενα, understood (lit. "the now-said other things," "the other things now said").

14. οἱ παρόντες] That is, those present from where Philip was occupied, or who were acquainted with his movements. — πρῶτον μὲν] "Non sequitur ἔπειτα, sed mutata structuræ ratione, cujus mutationis causa est in verbis interpositis, pergitur his verbis: καὶ μὴν οὐδ' ἐκεῖνο, κ. τ. λ., § 16. Vid. De Pace, § 7." Franke. — μενεῖν ἐπὶ .... αὐτῆς] "will adhere to the same folly," "will persist in the same folly," i. e. would continue to reject the alliance of Athens, as they had since the Social War.

15. Ἐγὼ μὲν οὐκ οἶμαι] "I for one do not think *so*." μὲν is here used alone, as often. See III. § 8. — καὶ εἰ] "even if." — καὶ τούτους εἰσφρήσεσθαι] "even these they would receive." i. e. as coadjutors, allies, or protectors. — φθάσῃ λαβὼν] "shall anticipate in taking," "take first." See K. § 310. 4. (1). — ἀπολωλέναι] Intransitive, "to perish," and in the perf. to denote the certainty of the act, as if already accomplished. See § 3.

16. Νὴ Δία] "yes, and well they may." It supposes some one to approve of letting the Byzantians perish on account

of their perverseness. See § 9. — Πάνυ γε] "most assuredly," "no doubt." Thus generally in answers. See Plat. Gorg. 453, D., *et passim*. — Καὶ μὴν] "furthermore." See II. § 9. — ἐπιστολῆς] A letter which he sent them from Thrace, complaining of the conduct of Diopithes.

17. ᾖ τὸ συνεστηκὸς] "if there may be the existing army," "if the existing army may continue," i. e. the army already raised and under Diopithes. — νὴ Δία] "to be sure, you will say." See § 16. The supposed dialogue between the orator and an opponent is continued to the end of the section. — ὑπὸ] "by," "on account of." Used as with the pass. after the intrans. δυνώμεθα ("we should not be able *on account of*," "we should not be allowed by"). K. § 249. 3.

18. τὴν ἐπιοῦσαν ὥραν] "the approaching season," i. e. the winter, when it would be impossible to send aid thither. — εἰς ἣν] "into which," i. e. advancing into, or approaching which. εἰς is used from the influence of ἐπιοῦσαν, which, by a singular construction, is made to agree with ὥραν, rather than with the subject of the principal verb ("the advancing season *in* which," instead of "*into* what season advancing"). For this blending of sentences, see K. § 347. 3. — τινες] Those who were for recalling Diopithes and his army. — πρῴην] "Ol. 109. 2. De re cf. § 59; Philip. III. 33, 59." Franke.

19. ἣν . . . . δύναμιν] The relative clause often stands thus before the principal clause, containing the substantive of the principal clause transferred to it, with which the relative seems to agree directly, like our *what* ("what force, this," instead of "the force, which"). K. § 332. 8; C. § 52. 11. αὐτοὺς] "ourselves." — χρημάτων] Partitive gen. after συνευπορoῦντας. — οἰκείως] "Id est. ὡς δεῖ, ut usus postulat." Wolf. Or, perhaps, as Jacobs renders it, "in a friendly *or* cordial way."

20. τοὺς ὁποιουστινασοῦν] "those of whatever sort," "those represented as so bad" (see § 9). — εὐθενεῖν] "to flourish."

Explained by the words which follow. This is Attic for the Ionic εὐθηνεῖν. — συναγωνιζομένης] "coöperating with them." — Τοῦτ'] "this," "the latter." So § 18: ἐγὼ μὲν οἶμαι τοῦτο. — Εἶθ' .... Εἶτα] Expressing indignation. See I. § 24, note.

21. τῇ πόλει] "Dativus a verbo παρόντα pendet (cf. De Pace, 8), ne dativum pro genitivo positum credas." Franke. ὅπως .... αὐτοῖς] Referring to πράγματα. — τῶν κοινῶν] "public money." Referring to the use of the public funds for theatrical purposes. See I. § 19. — τὰς συντάξεις] "stipendia, pacta condita." Reisk.

22. πόθεν] "whence," i. e. from what source he may obtain his means. Referring to the complaint which had been made of Diopithes for levying upon the country of Philip for the support of his army. — ἐν μὲν τοῖς λόγοις] "in our speeches indeed." Opposed to τοῖς ἔργοις. — τοῖς ἐναντιουμένοις τούτοις] "horum adversariis. Nota hunc concursum duorum dativorum, quorum utrique sua est σύνταξις." Schäf.

23. οὐκ ἔχω τί λέγω] "I have not (I know not) what to say." τί is for ὅ τι, the direct for the indirect. See II. § 27, note. καὶ .... καὶ] "even .... even." For the general structure of the sentence, see § 19, note.

24. δύναται .... ποιεῖν] "are able to effect *or* bring about." — ταῦτα] That is, the course pursued towards Diopithes. — ὑμῶν] Partitive gen., governed by ἐνίους. — ἢ .... τιμῶμαι] "aut (i. e. si mendax deprehendar) quovis me supplicio dignum fateor." Franke. — Ἐρυθραίων] "Cives Erythræ, urbis Ionicæ, dicit." Franke. — χρήματα λαμβάνουσιν] That is, for the support of their soldiers. These levies were called *benevolences* (εὐνοίας, § 25), when made upon their allies. See De Coron. § 145, note.

25. ἀντ' οὐδενός] "for nothing" (see I. § 1, note). For these benevolences they received, in turn, as appears from what follows, protection to their commerce, etc. — ἐμπόρους] "merchants," "traders." — παραπέμπεσθαι] "to be escorted."

— τὰ τοιαῦτα] "Sæpius Demosthenes, ubi res aliquot enumeravit, hoc pronomen in cumulum addit, articulo nunc præposito, nunc omisso. Cf. Philip. III. 49." Schäf. For the omission of the copulative before it (*asyndeton*), see K. § 325. 1, e. — εὐνοίας] See above.

26. μήτε .... μηδὲν μήτε] Used instead of the direct negatives (οὔτε, etc.), because not referring to Diopithes exclusively, but a general case is supposed, applicable to all in his situation. See I. § 10. — ὁπόθεν] The dependent interrogative form, correlative to πόθεν. K. § 94. 3, b. — προσαιτεῖ] "demands in addition," i. e. in addition to what he obtains as regular contributions or benevolences (ἀγείρει).

27. προλέγουσιν] "proclaim." — τοῦ μελλῆσαι] "of what he is about to do." Understand ποιεῖν, to be supplied from ποιήσαντί. — μή τι ποιήσαντί γε] "not at all to him having actually done." For an explanation of the construction, see II. § 23; C. § 53. R. 9. — τοὺς Ἕλληνας ἐκδίδωσι] "he is selling the Greeks," i. e. to the king of Persia, perhaps; for it appears, from what follows, that the Asiatic Greeks are specially referred to. — τινι τούτων] "Scil. τῶν διαβαλόντων Διοπείθην. Qui sequitur genitivus a verbo μέλει pendet." Franke. For the construction of μέλει with a gen. and dat., see K. § 274. 1, b. — Ἀμείνους .... κήδεσθαι] "better, indeed, would they be to care for others than for their country." κήδεσθαι is governed by ἀμείνους. K. § 306. 1, c.

28. Καὶ τό γε, κ. τ. λ.] "Nam et hoc adversarii rogasse videntur, sive observandi Diopithis causa, sive ut vi cogi posset se imperio abdicare." Franke. — τοῦτ' ἐστίν] "is this," "is to be judged of thus," i. e. by what follows. — πινάκιον] "bill of denunciation." It was the tablet on which was written the εἰσαγγελία, for the specific meaning of which, see De Coron. § 13, note. — Τοῦτα τοὺς ἀδικοῦντας] "Vocabulis oratorio more transpositis, pro vulgari loquendi more τοὺς ταῦτα ἀδικοῦντας." Reisk. — τοσαύταις] That is, as would be required if they sent out another general and army. — ἡμᾶς

αὐτοὺς] "ourselves," i. e. citizens, such as were with Diopithes. See below, § 29.

29. λαβεῖν ὑπὸ τοῖς νόμοις] "to take under the laws." Or, perhaps, the verb is used in a pregnant sense, "to take so as to keep under the laws." — πάραλος] "a sacred vessel." Often despatched to bring home generals for trial, etc. See IV. § 34. — ταῦτ' ἐστίν] "these are the things." — ἐπερεαζόντων] "Scil. Διοπείθει, insultantium malitiose et cum voluntate nocendi, quod fere sycophantarum est." Franke.

30. τούτων] Partitive genitive governed by τινάς. The whole phrase is used as a noun, as is indicated by the article (τὸ), but the individual words have the same government among themselves as though they sustained barely their simple relations to each other. — δεινὸν ὂν οὐ δεινόν ἐστιν] "horrible as it is, is not horrible," i. e. compared with some other things, especially their own readiness to charge all the blame upon Diopithes or other citizens, rather than upon Philip. — ἀλλ' ὑμεῖς] Properly, in order to correspond to the preceding part of the sentence, we should have here τὸ δὲ ὑμᾶς . . . . οὕτως ἤδη διακεῖσθαι δεῖνόν ἐστιν; but the construction is changed, in order to avoid expressing so unwelcome a truth, which is left to be inferred. — καθήμενοι] "sitting," i. e. in the Assembly, and hence "hearing," which is the meaning here. See Philip. II. § 3. — 'Αριστοφῶν] Not Aristophon of Colyttus (see De Coron. § 75), but Aristophon of Azenia. — φατὲ καὶ θορυβεῖτε] "you assent to it and applaud."

31. ὅτι] Often used thus before a quotation given in its exact words. K. § 329, R. 3. — πρᾶγμα] "trouble," "difficulty." Thus often. See De Coron. § 246. — ὡς] "that." Introduces a substantive sentence, forming the object of ἀντιλέγειν. K. § 329. — καὶ ὥσπερ . . . . νομίζειν] "and as if you thought you had lost something," i. e. by fixing the blame upon Philip, and exonerating their own general, they lost an object upon which to vent their hatred and envy. — ἕνεκα τοῦ βελτίστου] "for the highest good." ἕνεκα may either precede

or follow its word, but, perhaps, more frequently follows it. K. § 288, R.

32. παρεσκευάκασιν ὑμᾶς] "have prepared you," "rendered you." — ὃν ἴστε . . . . αὐτοῖς] "Id est, si civis aliquis accusatur, qui vobis elabi non potest." Wolf. — φατὲ καὶ βούλεσθε] "you say yes, and wish for him," i. e. wish to take and punish him. — ὃν . . . . ὅπλοις] Supply ἔστι κολάσαι, from the following clause. — ἐξελεγχόμενοι] "being convinced," i. e. that they could do nothing, that they had lost the object upon which to vent their rage. See above, § 31.

33. γάρ] Seems to refer to some clause to be supplied after the preceding sentence; as, *and well you may be enraged.* — τοὐναντίον ἢ νῦν] "just the contrary of what now is." ἢ is often used thus after ἐναντίος and other words denoting *difference*, even to the degree of entire *opposition*, as here. K. § 323. 2. — ἐν ταύταις] "in these," i. e. the assemblies. Here the rights (τὰ δίκαια) of the citizens and allies were discussed and decided. — ἐκεῖνος . . . . ἀγών] "that is the action," i. e. war.

34. ὥστ'] Followed by the infin., because the result is one which has its ground in the very nature or condition of the cause. K. § 341. 3, a; C. § 70. R. 2. — τρυφᾶν καὶ κολακεύεσθαι] "you are fastidious and receive flattery." — ἐν δὲ . . . . γιγνομένοις] "Τὰ πράγματα sunt respublicæ, administratio reipublicæ, τὰ γιγνόμενα ea quæ forte fiunt vel accidunt." Franke. — Φέρε] "come." Used, in such cases, like εἰπέ (see IV. § 10), without reference to the number of persons addressed, whether one or many. See K. § 242, R. 13, a. — λόγον] "account." — παρείκατε] "you have omitted *or* neglected." Perf. act. of παρίημι. — καὶ ἔροιντο' ὑμᾶς] "and should interrogate you thus." The interrogatory is not complete till the last part of the supposed address, § 37.

35. πέμπετε] Indic. pres. — ὡς ἡμᾶς] ὡς = πρός, as often with designations of persons. — ἑκάστοτε] "in each case," "on

each occasion," i. e. of the aggressions of Philip. Ἀνάγκη] Understand ἐστί, which is commonly omitted with this word. K. § 238, R. 8, b; C. § 50, n. — ἀπογενομένου τἀνθρώπου] "although the man (Philip) has been absent," i. e. from Macedonia, away from his home. Opposed to οἴκοι μενόντων, below. — μὴ ἂν δύνασθαι] The ἂν refers to a conditioning clause understood ("he could not, *if he would*").

36. τὴν Εὔβοιαν] "In qua insula Philippus nuper (Ol. 109. 2) duos tyrannos, alterum (Clitarchum) Eretriæ, alterum (Philistidem) Orei constituerat." Franke. — τὸν μὲν . . . . ἐπιτειχίσας] "having established the one (Clitarchus) as a bulwark right opposite to Attica." See De Coron. § 71. — ἐπὶ Σκίαθον] Id est τὸν δ' ἀπαντικρὺ Σκιάθου (cf. De Coron. § 71), alterum (Orei) versus (adversus) Sciathum (insulam parvan Eubœensibus ad septentrionem prope a litore Thessaliæ sitam), in qua insula Atheniensium præsidia fuisse videntur. Cf. IV. 32." Franke.

37. ὑμεῖς δ' . . . . ἀπελύσασθε] "but you have not even freed yourselves of these," i. e. the outworks which Philip had established around them, to annoy and overawe them. — ἀφέστατε . . . . αὐτῷ] "you have relinquished them, as is evident to him." For this use of ὅτι without a predicate expressed, see De Coron. § 293, note. — ἀποθάνῃ] That is, Philip. — τί ἐροῦμεν . . . . φήσομεν] "what shall we say or what shall we assert?" An oratorical expansion. — Ἐγὼ μὲν] "I for one" (perhaps others do). In such cases the corresponding adversative clause is sufficiently implied by the emphasis μέν gives the concessive clause, and hence is not expressed. There are two other cases in which δέ is omitted after μέν: either when the opposition is expressed by other adversative words (IV. § 4), or when, by the insertion of intervening clauses or qualifying circumstances, the writer loses sight of the antecedent μέν, and consequently does not employ the corresponding δέ.

38. τότ'] Opposed to ἐπειδὰν ("*then*, when"). — ἐξελέγχειν]

"refute," "silence." — τὸν παριόντα] "the one who comes forward," i. e. the orator who came forward to the *bema* to speak. — οὐ μὴν ἀλλὰ] See I. 4. — καθ' ἕκαστον] "individually," i. e. he would not barely make the general reply made above, but would go into particulars. See IV. § 20. — ὅπως] This is what is called the *hortatory* ὅπως (ὅρα or ὁρᾶτε being understood). K. § 330, R. 4; C. § 79, R.

39. Πρῶτον μέν] The second point is introduced by δεύτερον δ', § 43. But at the commencement of that section, having singled out, as the most important feature of his hostility, the hostility which he bore to their democratic institutions (πολιτεία), in summing up, he introduces it there again by πρῶτον μέν. — γνῶναι] "Infinitivus pendet a verbo χρή, quod tacite repetendum e verbis τί οὖν χρὴ ποιεῖν, § 38." Wolf. — κακόνους μέν] The corresponding adversative sentence is οὐδενὶ μέντοι, § 40. For the omission of δέ there, see § 37, note. — ὅλῃ] ὅλος is usually placed in a sort of predicative relation to its noun, either before the noun with its article, or after them both ("*all the*," instead of "the whole"). K. § 246. 5, γ; C. § 49. 10.

40. εἰδὲ μή] That is, *if they do not believe me.* — Εὐθυκράτῃ .... Λασθενῃ] Olynthians who betrayed their city to Philip. See De Coron. § 48. — πῶς] For ὅπως. The direct for the indirect. See II. § 27.

41. οὐδ' ἂν] "not even should he." — ἕως] "as long as." Introduces an adverbial sentence of time. K. § 337. 1. — συμβῇ] That is, to himself (Philip). — πταῖσμα] See II. 9. — πολλὰ] Understand πταίσματα. — ἥξει] "Scil. πρὸς ὑμᾶς ex insequentibus." Reisk. — τὰ νῦν συμβεβιασμένα] "Quæcunque nunc a Philippo coacta, i. e. undecunque vi collecta et in unum (Philippi regnum) conjuncta sunt." Franke.

42. εὖ πεφυκότες] "well adapted." The Athenians are here represented as less fitted for extending or retaining their possessions, than for annoying any one who may have taken or was endeavoring to take them from them. They

were tardy, and little more than defensive in their policy, and hence often lost their possessions (see IV. § 40), but would never relinquish their right to them, or consent that any other than democratic institutions should be established over them. They were the great defenders of democratical, as the Lacedæmonians were of oligarchical institutions. — Οὔκουν] "not therefore." For a fine exhibition of the various usages of this word, see K. § 324, R. 7. — καιροῖς] Dat., governed by ἐφεδρεύειν ("to lie in wait for"). — τὴν παρ' ὑμῶν ἐλευθερίαν] "the liberty proceeding from you." — οὐδὲ πολλοῦ δεῖ] "not simply much does it want" (but all) = *not at all.* See Orat. De F. L. § 30. — λογιζόμενος] "considering," or rather, "since he considers."

43. δή] Resumptive. See IV. § 22. — ὑπειληφέναι] For the perf., see § 3. — τοῦτο] "of this," "thus." See § 10, note. — κατασκευάζεται .... παρασκευάζεται] Observe the difference between these two words, corresponding to the difference in meaning between the prepositions with which they are compounded; σκευάζειν means "to prepare;" hence, with κατὰ ("down," "against"), generally with the idea of *underhandedness*, or *against, to the hurt* of some one, but with παρά ("by," "parallel to"), "to prepare with reference to *or* as parallel to something." They are in the mid., because he did it for himself."

44. ὅς] Stands for ὥστε αὐτός. See K. § 334. 2, a; also, I. § 14. — κακῶν] "worthless places." The idea is taken up again, after the parenthesis, by τούτων, which is what is called the retrospective use of the pronoun. See II. 6.

45. δὲ] "while." Corresponding to μὲν above, and so closely connecting the sentences that they form but different parts of one general statement. See III. § 20. — ἔργων τῶν ἀργυρείων] "silver works," "silver mines." At Laurium. — ἀλλὰ] Stands opposed to οὐκ ἐπιθυμεῖν ("does not want, *but*"). — σιροῖς] "pits," "caves," i. e. where their grain was kept. See Tac. Germ. 18, where he speaks of the same

practice among the Germans. — ἐν τῷ βαράθρῳ] "in that pit of death." The term properly refers to the yawning cleft behind the Acropolis, into which the Athenians plunged malefactors. But Demosthenes here applies it to the disagreeableness of a winter's residence in the cold and dreary country of Thrace. — κἀκεῖνα . . . . τούτων] The former refers to his operations in Thrace, the latter to Athenian possessions and resources which he was aiming at.

46. Εἰδότας . . . . καὶ ἐγνωκότας] "knowing and feeling these things." The latter refers to internal knowledge or consciousness. See De Coron. § 48. — ἀξιοῦν] "Scil. χρήματα εἰσφέρειν." Franke. — ὅπως] "that." Followed by the fut. after πράττειν ("to effect," "look out for"). K. § 330. 6; C. § 67. 4. — τὸ συνεστηκὸς] See § 17. — ἵν', κ. τ. λ.] For a similar sentiment and construction, see De Coron. § 177. The student will notice the force of the future participles.

47. βοηθείαις] See IV. § 32. So for ταμίας, which follows, see IV. § 33. — δημοσίους] "public servants." See II. § 19. — καὶ ὅπως ἔνι] "and how it is possible." Depending upon ποιήσαντας, in the same sense as πράττειν, above; hence the indic. — τούτων] That is, ταμιῶν, δεμοσίων. — ὡς ἀληθῶς] See § 10. — ἐξ ἴσου] "æquis viribus, quia et ille non βοηθείας, sed συνεχεῖ δυνάμει bellum gerit." Franke.

48. λυσιτελοῦν] Part., not infin. (see K. § 310. 4, b). It agrees with the following infinitive clause, used as a noun.

49. τελευτῶν] "at last," "finally." Thus frequently used, in the relation of an adverb. See Soph. Antig. 261 · κἂν ἐγίγνετο πληγὴ τελευτῶσ' ("and there would have been a blow *at last*"). — τῶν ὑπαρχόντων . . . . προγόνοις] "of the honors belonging to the city and obtained by our ancestors." This passage is happily illustrated by a passage in the De Coron. § 95, which see. — εἰρηκέναι] "to have mentioned," "to have proposed." — οὐ μὴν ἀλλ'] See I. § 4.

50. τοὐναντίον] "Hic, ut toties alias, adverbialiter dicitur: e contrario." Schäf. See § 33. — πρόϊσμεν] "know be-

forehand." From πρόοιδα. — ποῖ ἀναδυόμεθα] "whither do we escape?" "how can we escape?" i. e. from action, from doing something.

51. Ὅταν .... ᾖ] See IV. § 10. — ἀνάγκην] This is in the predicate after εἴποι. ἣν agrees with it by attraction. K. § 240. 3. — Διαφέρει δὲ τί;] "but what is the difference?" i. e. between the necessity of a freeman and a slave. See the phrase used in the same way, De Coron. § 205. — μήτε .... οὔτε] Observe the change of the negatives with the change of moods ("which neither should be nor is it meet to mention").

52. εἰπὼν ἂν] "although I might speak." For this use of ἄν with a part., see III. § 27; C. 73. 5. — ὑμᾶς .... καταπολιτεύονται] "Id est, vos perdunt administratione reipublicæ." Franke. Observe the force of κατὰ in composition. See § 43, note. — ὡς ἀγαθὸν .... ὡς χαλεπόν] "how good .... how difficult!" — διαρπάζειν] Not violently, perhaps, but by peculation, as is always the case in times of war. Those overzealous for war may generally be suspected of having scent of the loaves and fishes. — ἀναβάλλουσι μὲν ὑμᾶς] "while they put you off," "defer your action." More commonly used without an object. See III. § 9. For the plur. after τίς, see II. § 18, note.

53. ἃ δέδοιχ' .... γεγενῆσθαι] "which I fear you may one day think have existed at great cost" (or "you have enjoyed at great expense"). — ὅπως μή] "lest." A final substantive sentence, having its predicate in the indic. to denote a reality. — τούτοις] The advisers of this course. — τὴν μὲν εἰρήνην] "Respondent verba νομίζειν δ' εἶναι, § 54." Franke. — πεπεισμένοι] "having been persuaded," "already persuaded." — τὸν .... πράττοντα] Philip. Governed by πείθειν.

54. τά γ' ἀφ' ὑμῶν] See § 5. — ὑπάρχειν] Depends upon οἶμαι. — καὶ τὸ .... χρήματα] "and this plundering of the money which is to be." Used as a noun governed by κωλύειν. — τῷ φυλακὴν εἰπεῖν] "by naming a guard."

55. αὐτὸ τοῦτο] "this very thing." Governed by ἀγανακτῶ, as an acc. of the equivalent notion. See Jelf's K. § 549. c. — εἰ τὰ μὲν] εἰ is for ὅτι here, as commonly after nouns expressing *wonder*, *indignation*, etc. K. § 329, R. 7. — τοὺς ἀδικοῦντας] "the wrongdoers," i. e. the peculators. — ὑφ' ἐμῖν ἐστί] "it is in your power." ἐπί here = *penes*. See De Coron. § 215. — καὶ ταῦτ'] "and that too."

56. τὸ τὸν μὲν, κ. τ. λ.] The whole sentence, to § 57, is used as a noun, expressing the object of αἴτιον, and would be in the gen. if a simple substantive, but when an infin., is always in the acc., whatever case the word upon which it depends requires. This is what is called the use of the infin. with the article for the infin. without the article. K. § 308, R. 1. For a fuller account of the construction, see Jelf's K. § 670. In the present case, however, the infin. is not used, but by a change of construction, ὡς with the indic. is used in its place. — στρατεύοντα, ἀδικοῦντα] Philip. — μηδένα τούτων] That is, "no one of the orators who favored Philip." They admitted that there was war, but charged it upon those who opposed Philip, rather than upon Philip himself. — τοὺς δὲ] That is, Demosthenes and those thinking with him, that Philip was at war with the city, and should be resisted as such. This clause is closely connected with the preceding by the influence of μέν and δέ. See III. § 20. — τούτους] The retrospective use of the pronoun, referring to τοὺς δὲ, taking up the subject after it has been once mentioned, and thus making it emphatic. See § 44.

57. εἰκός ἐστι] "it is natural." — ἄν τι λυπῆσθε τῷ πολέμῳ] "si quam e bello molestiam ceperitis." Franke. — εἰς τοὺς] "against those," i. e. such as himself. — καὶ κατηγορῶσιν] "Ut ipsi (nos) accusent, non accusentur (a nobis) pœnasque proditionis dent, id quod certo futurum vident, si vobis Philippum hostem esse persuaserimus." Franke. — Τοῦτ' .... τὸ λέγειν] "thus much to them avails the saying," i. e. it kept the people from seeing that

Philip was already at war with them, and thus saved them from being brought to trial for treason, for having advocated the cause of an enemy. — ὡς ἄρα] See § 4. — τινες] Such as Demosthenes. — διαδικασία] "contest," "dispute," i. e. as to who caused the war.

58. πω] "as yet," i. e. before the time of his having taken certain places belonging to Athens. — καὶ . . . . καὶ] "not only . . . . but also." — μὴ προσποιεῖσθαι] "dissimulare." Franke. — ἐξελέγχοι] "should expose," "make evident."

59. Ἐκεῖνος μὲν . . . . πολεμεῖν] There is no δέ corresponding to μὲν here, but, after intervening clauses, the structure of the sentence where it would be required (Ἢ καὶ τότε) is changed (see § 37, note). φήσει is understood before πολεμεῖν; and after ὥσπερ both εἶπε and πολεμεῖν are understood. — Ὠρείταις] Dat. governed by πολευεῖν. For the event, see § 36, note. — τῶν στρατιωτῶν ὄντων] That is, "*although* his soldiers," etc. K. 312. 4, d. — πρότερον] "Pheræos enim, qui Ol. 108. 2 defecerant, priusquam Oritas, Ol. 109. 1, in potestatem suam redegit. Cf. Philip. III. 11. seq. πρότερον enim et ἐξ ἀρχῆς adjecta sunt, ut ordo rerum temporis notatione definiretur." Franke. — αὐτῶν] That is, the Pheræans. — ἀμύνεσθαι] "to repel," i. e. Philip. — ἄλλο γ' οὐδέν] "nothing else surely," i. e. no intermediate position.

60. Καὶ μὴν] See II. § 8, note. — ὑπὲρ τῶν ἴσων] "Quia nos de salute civitatis (ὑπὲρ τῶν ἐσχάτων, § 63), reliqui de libertate periclitantur." Franke. For a parallel passage, see De Coron. § 3. — πράγματα] "troubles," "difficulty." See § 31. — ἂν καιρὸν λάβητε] "if you should take occasion," "if you should be disposed to."

61. Ὡς] "as if." The gen. absolute after this particle stands in the place of an acc. with a part. or an infin. K. § 312, R. 12. — ἐκείνῳ] Philip. — ἀποτυμπανίσαι] "to cudgel to death." No one would have ventured to use such severe language as is used here and in many other places by De-

mosthenes, against a class of his fellow-citizens, unless there was very strong evidence of their corruption, and he was conscious of carrying along with him the convictions of the majority of his hearers. — πρὶν] Followed by the finite verb rather than the infin., because the principal clause is negative, and is conditioned by the clause with πρίν. See III. § 12, note. — ἀλλ'] Refers especially to οὐκ ἔστι. — τούτοις] The traitors at home. Opposed to ἐκείνων ("foreign enemies"). — προσβόλοις] "projecting rocks." The progress of the state is represented by that of a ship.

62. Πόθεν] "whence?" "on what ground?" "why?" — μὲν .... δ'] "while . . . . yet." — εὖ ποιοῦντα] "bestowing favors upon," "by bestowing favors." The part. expresses the *manner* of the action. K. § 312. 4, e. — Οἷον] lit. "such as," the corresponding demonstrative being understood, = "for instance." — ὅσα] "in how many things," "how greatly." Acc. of the attributive of the cognate idea after ἐξηπάτησε.

63. ὑπάγει] "he is bringing under his influence," "is deceiving." — Βοιωτίαν] That is, the country around Thebes, — the control of the towns and villages of Bœotia, which, properly, were independent of Thebes. — πολέμου] That is, the Phocian war, to which the Thebans were one of the principal parties. See De Coron. § 18, note. — τινα .... πλεονεξίαν] "some advantage." See II. § 9. — ὅταν] "Non dubium est, quin eos male tractaturus sit: quando autem, id est incertum." Franke. — ἐν αὐτῷ .... ποιήσασθαι] That is, the peace which they made with Philip at the close of the Amphipolitan war, Ol. 108. 2, B. C. 346. See chronological table. — πόσα] For the government of this, see ὅσα, § 62.

64. Πύλας] He passed Thermopylæ during the negotiations for the peace, and thus secured the conquest of the Phocians (see De Coron. § 33, seq.). These acc. depend upon ἔχει, below. — τὰ ἐπὶ Θρᾴκης] "the places upon the coast

of Thrace." These he took during the negotiations concerning the peace. See De Coron. § 69. — Κερσοβλέπτην] See I. § 13. — ὑπὲρ] "in behalf of." See I. § 5, note. — αὐτὸν] "himself," "one." Thus often. — τὰ ὑμέτερα αὐτων] "your own possessions." K. § 302, R. 4.

65. τὰ Φιλίππου] "the affairs *or* interests of Philip." — μὴ σὺν .... καρποῦσθαι] "unless the great body of the Olynthians had been benefited at the same time (σὺν) by enjoying Potidæa." μὴ is used instead of οὐ here, because the part., when resolved, makes a conditional sentence ("unless they had," or "if they had not"). Jelf's K. § 746. 2. — τῷ τοὺς .... Φίλιππον] "by Philip's having expelled the tyrants from them," i. e. the tyrants of Pheræ.

66. ἐπιτείχισμα] See § 36. — παριόντος] "Propius ad Byzantium accedere, silicet, ut occupet." Rüd. He was then on his expedition to Thrace, and in the vicinity of Byzantium. — Τοιγάρτοι] "for this very reason" (K. § 324. 3. c.) They had become rich, etc., from this very impunity of advocating the cause of Philip. — τοὐναντίον] See § 33.

67. τούτων] "His bonis, quibus modo dixit civitatis divitias effici." Franke. — τῶν ὠνίων ἀφθονίᾳ] "Vilitatem annonæ et copiam intelligo, quæ populo gratior est quam decus et laus." Wolf. Athens, as might be supposed from its position, was a great emporium for trade. See Boeckh's Pub. Econ. Ath., Bk. I. Ch. 9. — ὧν προσῆκε] Understand παρασκευάζειν. For the omission of the demonstrative, and the attraction of the relative into the case which the demonstrative would have been in, see K. § 332. 6. — οὐ δύνανται .... ἡσυχίαν] That is, not to be merely passive. They actually assailed the character of their enemies, as, for instance, that of Demosthenes, in what follows.

68. Εἶτά] "then," "accordingly," i. e. when they could no longer keep quiet. — παρελθών] That is, to speak in the Assembly. — κινδυνεύειν] That is, by bringing to trial obnoxious fellow-citizens (like Diopithes), which seemed to be at-

tended with personal danger, but was always agreeable to the populace, who would protect the prosecutor. See IV. § 51. This was what these traitors taunted him with. — *οὔτ' εἰμί μήτε γενοίμην*] "neither am nor would be." He contends that he was *ἀνδρεῖος*, but not *θρασύς*. Observe the use of the optative in expressing a wish, and the change of negative which it requires. K. § 259. 3, b.

69. *κρίνει, δημεύει, κ. τ. λ.*] These words are thrown together without any regard to their natural order, to express the varied and hurtful employments which the advocates of the cause of Philip pursued at Athens, in *trying, confiscating, bribing*, etc., those engaged in public affairs. See § 57. — *πολλὰ*] "Id est, sæpe. Cf. Philip. II. 35." Franke. — *ἐν ᾗ . . . . λογισμοί*] "in which fortune has the control of more things than calculation." That is, a bold, decided policy, involving war if the case demanded it, and hence giving scope for innumerable casualties. — *καὶ χρήσιμός γε πολίτης*] "and a good citizen too." *γὲ* is often used thus in introducing emphatically a sort of addition or afterthought. See Plat. Gorg. 449, A.

70. *τῆς παρ' . . . . χάριτος*] Gen. of price after *ἀπολωλεκότες* ("having ruined," "bartered away"). See III. § 22. — *τοσούτου δέω ζηλοῦν*] "I am so far from envying." K. § 307, R. 6. — *ἡμῖν*] What is called the *ethical* dat. K. § 284. 3. (10), d. — *χορηγίας*. See IV. § 36. — *φιλανθρωπίας*] "humanitatis officia." Schäf. Thus, generally, the plur. of abstracts expresses *instances, conditions*, etc., of the quality. K. § 243. 3. (3); C. § 47. 7.

71. *ἀλλὰ δυνάμενος ἂν*] "but on the contrary, although I might be able." See § 52. — *ἐφ' . . . . ἐμαυτὸν ἔταξα*] "did I place myself at," "did I devote myself to." See De Coron. § 62: *ὁ γὰρ ἐνταῦθα ἑαυτὸν τάξας τῆς πολιτείας εἰμὶ ἐγώ*. — *προήχθεν*] Understand *τάττειν ἐμαυτόν*. — *πολλῶν*] Those who were careful to please the people in what they said and proposed.

72. ἐξ ὧν] "by means of which." — ἐγὼ μὲν] That is, "I, the proposer." He introduces himself as an example, merely to illustrate the case. — τῶν ἄλλων ὕστατοι] "the last of the rest." This genitive includes all nations except themselves. As now, even when the genitive includes all, the subject of the superlative is really excepted (since a thing cannot properly be said to be *greatest*, *least*, etc., of itself), this case, except in the mere form of the language, is equivalent to that in which the superlative is commonly used. In such cases, the superlative is occasionally used with very happy effect. So in Latin: "ii ceterorum Britannorum fugacissimi" (Tac. Agric. 34). In English, also: "fairest of her daughters Eve" (Milton). On this use of the superlative, see Viger, p. 717. — ἐκεῖνο] This refers to τὸ ῥᾷστον, although standing nearest, on account of its being more remote in thought, since it is what was to be rejected. But τοῦτο refers to τὸ βέλτιστον, as what was to be preferred, and hence, logically, the nearer object. — βαδιεῖται] "will go," "will be sure to go," "always goes." What is called the aorist use of the fut. See Jelf's K. § 406. 2.

73. ὡς ἄρα] See § 57. — τοῦ συμβουλεύοντος] Possessive gen., governed by εἶναι. — ἀλλ'] ἀλλ' seems to be for ἄλλο here ("nothing else than"), but is always written thus before ἤ after a negative expression. K. § 322. R. 10.

74. δήπου] See III. § 17. — ποτ'] "Ol. 105. 3. Vid. IV. 17." Franke. — λέγων] "in speaking." — Εἰπέ] See IV. § 10. — ἔφη] Not unfrequently repeated thus after εἰπέ, in earnest appeals. See Xen. Mem. I. 4. 2, *et passim*. — χρήσεσθε] Understand αὐτοῖς.

75. ὡς οἷόν τε τὰ ἄριστα] "as it was possible (to speak) the best," = "the best possible." See the same usage, Plat. Gorg. 449, D. — ἐπιστήμῃ] "with knowledge," "understandingly."

76. ἐπανορθοῦντας . . . . καταλύοντας] Agree with the subject of συνέχειν ("correcting, not destroying"). — ὅσοις] "ob ea,

quæquæ sunt, quæ quis incuset." Franke. — παρὰ] "besides." — ἐπὶ] "upon," "upon condition of managing for their master." See § 10. — ἑαυτοῖς] Because unattended with danger from the traitors.

77. ἄχρι τοῦ, κ. τ. λ.] "usque ad applausum et laudationem rebus intenti, hoc est, si tantum laudabitis oratorem, ejus vero consilium non sequimini." Wolf. — ἀναδυόμενοι] See § 50, note.

FOR THE LIBERTY OF THE RHODIANS.

The Rhodians, having deserted the alliance of Athens and united with the other disaffected allies in the Social War, were afterwards drawn under the dominion of Persia, and subjected to an oligarchical government, through the machinations of Mausolus, satrap of Caria, a country of Asia Minor in their vicinity. At length, after the death of Mausolus, and during the reign of his widow, Artemisia, the democratical party applied to Athens for aid in restoring liberty to the island. It was on occasion of this application that Demosthenes delivered this oration, B. C. 351. The course of thought is as follows: —

1. That it was never difficult to make them understand what was best, but to persuade them to do it. And it was matter of congratulation, that in the present case there was so strong an inducement to do their duty, since it afforded them an opportunity of refuting the calumnies of their enemies, and of making alliance with them appear more desirable, by exhibiting magnanimity in a fallen enemy. § 1–4.

2. That it was surprising to see some manifest so much

fear of the king of Persia, when the question was about assisting the Greeks of Rhodes in recovering their liberty, who were ready to assist the Egyptians against him. For his part, he had only to reiterate here views which he had expressed on a former occasion, when anticipating a Persian invasion, and what he would express also to the king of Persia, were he his counsellor, to confine their military operations to the defence of what properly belonged to them. 5–8.

3. That their general, Timotheus, on a former occasion, and under similar circumstances, had liberated the island of Samos from the Persian rule, without provoking a war, since it properly belonged to them and not to him. 9, 10.

4. That Artemisia would not oppose them, since, as the king's power was very much weakened by the revolt of his provinces, she would have no occasion to conciliate him by retaining the island for him, and hence would be rejoiced to see it go into the hands of the Athenians, that it might not serve the king as a citadel to overawe and keep her in subjection. 11–13.

5. That he did not, however, recommend the liberating of the Rhodians out of any regard to them, who had shown themselves entirely unworthy of all sympathy or assistance, but for the good of the general cause of Grecian freedom, and recollecting that all were liable to be deceived by the arts of the designing. 14–16.

6. That while their wars with democratical states had been for private injuries, and had generally been easily adjusted, those with oligarchies had been a contest for the supremacy of different constitutions, and hence implacable. It was greatly for their interest, therefore, to prevent oligarchies from increasing around them. 17, 18.

7. That it was strange every one did not see, that, if all the Greeks around them were allowed to come under the influence of oligarchical principles, they must themselves

be destroyed, that there might be none left to restore freedom. Hence, they should consider oligarchies the common enemy of free institutions, and do by the unfortunate Rhodians as they would like to be done by under similar circumstances. 19–21.

8. That even the Argives, at a much greater risk, had manifested a sympathy for them, when oligarchy was established at Athens, which should stimulate them to do the same for the Rhodians. 22–24.

9. That those who were always advocating the rights and claims of others should first advocate the rights of their own country, especially as other nations were not over-scrupulous about invading their rights, a tame submission to which would be cowardice, not justice. 25–29.

10. That, as he was aware, it was more difficult for them than for others to do what they ought to, since, besides their public enemies, they had to encounter and overcome in all their deliberations these orators of an oligarchical leaning; for which, however, they were somewhat responsible, as they should have prevented their prevalence, by holding one who had deserted his post in politics in as great disgrace as one who had deserted his post in war. 30–33.

11. But that correction of evils, and not crimination, was needed; nor was it necessary to speak of all that was wrong, but rather to execute vigorously the case in hand, as the surest way of arriving at the correction of the other evils, remembering that the illustrious deeds and trophies of their ancestors were set before them, not only for admiration, but for imitation. 34, 35.

§ 1. *παῤῥησίαν*] "boldness," "perfect freedom of speech." That they might the better get at the truth. — *ὡς γὰρ εἰπεῖν ἁπλῶς*] "to speak plainly." "Alias *ὡς ἔπος εἰπεῖν* eodem sensu." Wolf. *ὡς* is to be explained here as with adverbs and superlatives. See I. § 24; VIII. § 10. — *ὑπάρχειν ἐγνω-*

κότες] Not exactly the same as the periphrastic infin. consisting of the part. with εἶναι. ὑπάρχειν means, not simply "to be," but "to be ready," "to be at hand;" hence, with ἐγνωκότες, "you know spontaneously," "are ready furnished with a knowledge of" (see De Coron. § 1, note). The Athenians were remarkable for their quick apprehension and ready understanding of things, but inefficient in action. See III. § 15. — δόξῃ] lit. "may please," = "may be resolved upon." Like the Latin *placet*. — ἴσον] "an equal distance," "the same distance," "to the same extent." ἴσος often means "the same." Thus De Coron. § 3: οὐ γάρ ἐστιν ἴσον νῦν ἐμοὶ ("for it is not now *the same* to me"). Hence it may be followed by relative words, as it often is.

2. διὰ τὴν αὐτῶν ὕβριν] "on account of their own violence *or* restiveness." The Rhodians, in connection with the Chians, Byzantians, and other allies, had revolted from Athens a few years before (οὐ πάλαι), in what was called the Social War. — τῆς αὐτῶν σωτηρίας] Having lost their liberty through the machinations of Mausolus of Caria (see § 3), now, after the death of Mausolus, under the reign of Artemisia, his widow, the popular party had applied to Athens for aid. — αὐτοῦ] "Referring to καιρῷ ("occasion," "favorable opportunity"). The orator considers this a favorable opportunity for refuting the calumnies of the traducers of their city, by the exhibition of magnanimity towards a fallen enemy. — ἔργῳ] "by act," "deed." Opposed to βλασφημίας.

3. ἐπιβουλεύειν αὐτοῖς] It seems that the allies alleged, as the cause of their revolt, the purpose of the Athenians to deprive them of their liberty. They had cause of complaint against Athens, undoubtedly, on many grounds; but especially on account of the misapplication of the contributions of the allies to the adorning of Athens, and the overbearing conduct towards them of many of her generals, while engaged abroad. Indeed, it is most probable that the immediate cause of the revolt was the overbearing conduct of Chares, who

had lately been invested with very extensive powers against Charidemus. See Thirlw. Chap. XLII. — *πρυτανεύσας*] "the one having taken the lead," "the instigator." The word properly expresses that particular kind of *precedency* and *initiative* enjoyed by the presiding tribe at Athens. See De Coron. § 29, note. — Μαύσωλος] Satrap of Caria, but was aiming to make himself entirely independent of the King of Persia. He pretended to be the friend of the Rhodians, but was really their enemy; and, as the orator says, would appear such if they now did their duty. The contrast between the conduct of the several parties is brought out with great strength and skill. — *οἱ δ' . . . .* Βυζάντιοι] That is, who had made them their allies in the Social War. *δ'*, "while," here; below (*ὑμεῖς δ'*) "whereas." See I. § 28.

4. *τοὺς πολλοὺς*] "the masses." Differs from *πολλοί*, as "*the* many" does from "many," in English. — *οὗ*] "of which," "from which," not "than which." Governed as possessive gen. by *γένοιτο*. The double comparative here is merely apparent. See Jelf's K. § 780, R. 2.

5. *τοὺς αὐτοὺς*] That is, "the same *orators*." — *ὑπὲρ μὲν* Αἰγυπτίων] The king of Persia was engaged about this time in a war against Egypt and other revolted provinces, and it seems the Athenians had been deliberating about sending them aid. — *τἀναντία πράττειν*] "*ἐναντιοῦσθαι*." Schäf. — *βασιλεῖ*] The king of Persia. Generally spoken of thus, merely as king, without the article, since it was sufficiently obvious who was meant, as he was the great enemy of the Greeks, and was often spoken of. — *μεμερισμένους*] "Id est, *μέρος ὄντας τῆς ἐκείνου ἀρχῆς*." Reisk.

6. *τῶν βασιλικῶν*] "the affairs of the king," i. e. of Persia. Referring to their deliberations relative to the expected attack of the king of Persia, Artaxerxes Ochus, a few years before (B. C. 354), during which he delivered his speech De Symmoriis. — *παρελθὼν*] See VIII. § 68, note. — *παρῄνεσα*] "I advised," "suggested." — *μόνος ἢ δεύτερος εἰπεῖν*] "the only

one or one of two to say it." The ordinals often signify, thus, *one out of a certain number.* See De Coron. § 104: ἕκτος καὶ δέκτος συντελής ("*one out of* sixteen contributors"). — δοκεῖτε] This is more in accordance with the usage of the language than δοκοῖτε, the reading of Bekker ("you seem to me you would," instead of "it seems to me you would"). See § 11; also, I. § 10; II. § 1, notes. — ὑπάρχοντας ἐχθρούς] "existing enemies," i. e. those already openly declared, such as Philip, for instance. The attack of the king of Persia was only anticipated. — Καὶ οὐκ .... λέγειν] Translate μὲν .... δ' here, "indeed .... and yet," or "while." This arrangement of sentences, in expressing successive steps which stand related to each other by pairs (a sort of *pacing* movement), is a favorite one with Demosthenes. It is specially adapted to the climax. See the celebrated climax, De Coron. § 179.

7. μοι] Ethical dat. See VIII. § 70, note. — τῷ τότε ῥηθέντι] Governed by ἀκόλουθος ("consistent with what I then said"). K. § 284. 3. (3). — παρ' αὐτὸν ὄντα] "being with him," "being one of his subjects."

8. ὅλως] "in general," "in short." — ἐγνώκατε] "you have thought," "determined." — φθάσας ἢ παρακρουσάμενός] Aor. part., and hence, "by having anticipated or having deceived." — τούτων] "Scilicet τοῦ πολεμεῖν καὶ τοῦ πάσχειν ὁτιοῦν." Schäf. — ὅσῳ] "by how much," "by as much as." The corresponding demonstrative (τοσούτῳ) is omitted with the preceding comparative, as is frequently the case, especially when the relative clause follows. K. § 343, R. 1. — ἐγνωκότες ἦτε ταῦτα] "statueritis hæc, scilicet ὅτι ὑπὲρ τῶν δικαίων πολεμεῖν χρή." Wolf.

9. Ὅτι] Refers equally to λέγω and ποιήσετε, just as οὐδὲν καινὸν form the object of both these verbs. — τῶν γεγενημένων .... καὶ συνενηνοχότων] "of transactions which have taken place and proved profitable." As both part. refers to the same things, and do not express each a separate idea, the article is used only with the first. Just as in English we

say, "*the* things said and done." K. § 245. 2. — Τιμόθεόν ποτε] See Isoc. De Antidosi, p. 69. — 'Αριοβαρζάνῃ] A Persian satrap of Asia Minor, in a state of rebellion against the king. "Hujus in Aristocratea fit mentio, quem Ulpianus Persicum satrapam fuisse scribit. Alius est ille 'Αριοβαρζάνης ὁ εὐσεβὴς καὶ φιλορώμαιος βᾶσιλεὺς τῶν Καππαδοκῶν, a Cicerone defensus." Wolf. — μὴ .... βασιλέα] He was to assist him in every way he could without violating their treaty stipulations with the king. But when he arrived, he found him so openly in rebellion against the king, that he thought it not safe to assist him, and so he turned his arms against Cyprothemis, who had been appointed tyrant of Samos by Tigranes, viceroy of the king. And as the island was properly theirs, and they had a clear right to rescue it, as he goes on to say, the king had never made war upon them for it. See Grote's Hist. Greece, Chap. 79. — φρουρουμένην] "guarded," "kept in subjection." — τῷ μὲν] Ariobarzanes. — ἀπέγνω μὴ βοηθεῖν] "he relinquished helping him." After negative verbs, the Greek repeats the negation, where we do not. K. § 318. 8; C. § 81. 5. — τὴν δὲ] Samos. — προσκαθεζόμενος] "blockading."

10. Οὐ .... οὐδεὶς] For the double negative, sée III. § 5. The distinction here made, between the efforts which a ruler will make to extend his possessions and to retain what properly belongs to him, is acute and just. — ἀλλ' ὑπὲρ .... ἐλαττοῦνται] "but for what they have been deprived of," i. e. of their own possessions. — ἐφίενται] "they covet them."

11. δοκεῖ] Has for its noun 'Αρτεμισία. For the construction, see § 6, note. — τῆς πόλεως .... πραγμάτων] "if the city should enter upon the undertaking," i. e. of liberating the Rhodians. The condition implied in ἂν, above, is expressed by the gen. absolute, instead of εἰ (K. § 312. 4. d). See also the same thing below (πράττοντος .... βασιλέως) — εἴτε καὶ μή] "or possibly not." Implies the greater probability of the first hypothesis. See De Coron. § 58, note. — ὡς ὥρμηκε] "as he has been intent upon," "as he has desired." — περιποιῆσαι]

"to reserve," "retain." — πλησίον . . . . ἐκείνου] "since he dwells near by her."

12. ὡς λέγεται] That is, "indifferently," "badly." — ὅπερ ἐστιν] "ut res vere se habet." Schäf. — τῆς δ' . . . . παρακινεῖν] "while it would be a fortress overawing (ἐπιτείχισμα, see IV. § 4) her command to prevent all revolt" (lit. "against disturbing any thing whatever"). μηδ' is a mere repetition of the negative idea contained in ἐπιτείχισμα πρὸς. See § 10, note. — 'κεῖνον] The king. — βοηθήσειν] That is, the king's faction in the island.

13. 'Επεὶ . . . . οἶδα] "since also the king, too, while I would not say that I know what he will do." This is an idiomatic construction, by which what is properly the *subject* of the subordinate clause is drawn into the principal clause as an *object* (instead of "since also while I would not say that I know what the king will do"). K. § 347. 3. — μέντοι] "yet." Supersedes the necessity of employing δέ. See IV. § 4. — δῆλον ἤδη γενέσθαι] "for it at length to have become evident," = "for it to be now known." Whether he would defend his title to the island or not could be ascertained only by their proceeding at once to assist the inhabitants in throwing off the yoke. Having proved, in what precedes, that there was no valid objection to doing so, and no immediate obstacle in the way, he supposes them urged to do it, and hence presented this sentence in the form of a motive to such a course ("let us go to their aid, then, *since*," etc.). — μόνον] Not only the Rhodians, but all the Greeks, were interested in the question, because it was, whether a portion of the Greek race should be free, or be deprived of their freedom and subjected to a foreign power, and that, too, the old hereditary enemy of the Greeks.

14. Οὐ μὴν οὐδ'] "not in truth not even." See IV. § 18. The ἄν following is repeated after παρῄνεσα. C. § 73. 7. — δι αὐτῶν] "by means of themselves," i. e. independently of the king of Persia or his agents, and, consequently, without any

danger of meeting with resistance from him, if they restored liberty to the island. See De Coron. § 18: οἱ πρότερον δι' ἐκεί-νων ἄρχοντες ("those ruling by means of them," i. e. *in dependence upon them*). — οἱ νῦν .... Ῥόδιοι] That is, the Persian party in actual occupation of the city of the Rhodians, either in subjection to, or, at least, in sympathy with, the rulers established there by Persian influence. The popular party had been banished, and were now seeking for aid at Athens. — ἑλέσθαι] That is, as friends and allies. See συμμάχους, below. — τὸ μὲν πρῶτον] The article gives πρῶτον more of a substantive idea. τὸ πρῶτον differs from πρῶτον, as "at the first" differs from "at first" or "firstly." See De Coron. § 87. — τὸν δῆμον] "the people," i. e. as a political body, "the popular government." — τινὰς τῶν πολιτῶν] The party intrusted with reducing the island under the Persian yoke at first associated with themselves some of the citizens, so as to conceal their purpose, whom they rejected as soon as they had accomplished it. — μηδετέροις] That is, neither the people nor their associates.

15. εἶπον ἄν] "would have said." — προξενῶ] "πρόξενοι dicebantur, qui publice in hoc constituti erant, ut exterarum civitatum legatos exciperent. Sed usitatissima et huic loco apta significatio vocabuli hæc est, ut is intelligatur, qui exteræ civitati est amicus ejusque negotia curat. Et sic accipiendum esse declarat id, quod sequitur, οὔτ' ἰδίᾳ ξένος, cum quo propter privatas rationas amicitia vel hospitium intercedit." Wolf. — εἰ οἷόν τε] "if it is allowable." — συναγορεύοντι] "advocating," "speaking in behalf of." Referring to himself. — συγχαίρω] "una vobiscum gaudeo. Ordo verborum: συγχαίρω τῶν γεγενημένων Ῥοδίοις." Schäf. The Rhodians were justly unpopular at Athens, and hence the orator is careful to clear himself of any suspicion that he is advocating their cause out of any sympathy with them by themselves. — ὅτι .... φθονήσαντες] "because, in consequence of having envied you the reception of what belonged to you," i. e. the

customary tribute paid by the allies for protection, etc.; or perhaps the reference was merely to their alliance and co-operation. This was probably one of the principal causes of the Social War (see § 3, note). For the gen. and dat. with φθονήσαντε, see K. § 274. 1, e. — Ἕλλησι .... ὑμῖν] "Greeks and you their superiors" — παρεῖνται] "a d m i s e r u n t, r e c e p e r u n t, a παρίημι." Wolf. The allusion is to the Persian rulers which they admitted.

16. ὡς καὶ .... αὐτοῖς] "that these things have even been for their good," i. e. the bitter experience which they had passed through. — εὖ μὲν γὰρ πράττοντες .... εὖ φρονῆσαι] See I. § 23, note. — ὄντες Ῥόδιοι] "Id est, homines pertinaces et superbi. Homerus Ῥοδίους ἀγερώχους cognominat. Vid. et Livium Decad. 5, lib. 5." Wolf. — ἔργῳ] "by reality," "by sad experience." — ἡ ἄνοια] "their folly," i. e. in rejecting the alliance of Athens and throwing themselves into the hands of the king of Persia. — εἰ τύχοιεν] lit. "if they should happen to," = "possibly," "perhaps." The personal forms of this verb seem to be used thus, in parenthetical sentences, very much like the impersonal form. See II. § 10. — δὴ] Resumptive. See IV. § 22, note. — δίκαιοι] Referring to the subject of εἶναι, but in the nom. by attraction, because the subject is the same as that of the principal verb (K. § 307. 4; C. § 70. 9). Besides, the personal form is used instead of the impersonal ("you are just," instead of "it is just"). This is common with δίκαιος, ἄξιος, etc. K. § 307, R. 6; also, De Coron. § 4, *fin.*

17. ἑκατέρους] "each of the two." In the masc. because persons are implied in δημοκρατίας and ὀλιγαρχίας. K. § 241. 1; C. § 52. 2. — ἐγκλημάτων] See I. § 7. By *private injuries* must be understood injuries done to other States by individuals or sections of the country, which were unauthorized by the city, and which could not safely be assumed or repaired by it. — φιλονεικίας] "rivalry." — ἡγεμονίας] "primacy." See De Coron. § 202, note. — ὑπὲρ δὲ .... ἐλευθερίας] "concerning

democratical institutions and freedom." Wars arising from difference in forms of government are always of the most sanguinary character. The Peloponnesian war was of this kind.

18. *οὐ γὰρ, κ. τ. λ.*] Observe the pairing off of the words into antithetic groups, — "few, to many," "those seeking to rule, to those preferring to live on terms of equality."

19. *τὴν παρ' ἡμῖν πολιτείαν*] For *ἔσθ' ὅπως*, see C. § 52. R. 8. "our free government." — *εἰ δι' . . . . συστήσεται*] "if by means of oligarchies all things shall subsist," = "if all things shall become established upon oligarchical principles." — *Ἴσασι*] That is, the oligarchs. — *ἐπανάξοντας*] "will bring back," "restore." The Athenians were the great defenders of democratic institutions in Greece. See VIII. § 42. — *ὅθεν*] That is, from Athens.

20. *Τοὺς μὲν οὖν ἄλλους*] That is, all but oligarchs. Such should be considered as enemies only to those whom they injured. This is the acc. of the whole, instead of the gen. K. § 266. 3.

21. *αὐτοὺς*] "yourselves." The sentiment here is similar to that expressed in what is called "the golden rule" of Scripture. — *ὃ μὴ γένοιτο*] "which Heaven forbid!" The wish is implied in the opt. — *Καὶ γὰρ*] See I. § 23. — *οὐκ ἐπιτήδειος . . . . ἐφησθῆναι*] "the occasion is not a fitting one for rejoicing." It was too serious for that.

22. *ἐνταυθὶ*] Attic, strengthened by *ί*, instead of *ἐνταῦθα*. — *ὅτε ἠτύχησεν*] Referring to the reign of the Four Hundred towards the close of the Peloponnesian war, when democracy for a time was abolished at Athens, and only maintained by the armament at Samos. — *συνεβουλεύθησάν*] "resolved." "Sic multo rarius dicitur *συμβουλεύεσθαι*, quam *συμβουλεύειν*. *συμβουλευομένων* hoc sensu bis usurpavit Xenophon Hellen. VI. 5. 34." Schäf. — *οἰκοῦντες, ὁρῶντες*] That is, "although they inhabited," etc. K. § 312. 4, d. — *ἐλθόντας*] That is, to the Argives. — *ἀπαλλάττωνται*] "take themselves off," "depart," i. e. the Lacedæmonian ambassadors.

23. καὶ ταῦτα γυναῖκα] "and that, too, a woman," i. e. Artemisia. The term ἄνθρωπος is of the common gender, meaning a human being, whether man or woman, and, besides, is often added in designating *classes* of men, so that βάρβαρον ἄνθρωπον means simply "a barbarian." — οἱ μὲν] The Argives. — δούλων] That is, his satraps, viceroys, generals, etc. It is gen. after ἥττησθε. — αὐτοῦ ἐκείνου] For the position of these words relative to each other, see IV. § 7. — εἰ γάρ .... βασιλεύς] "Hoc non ad excidium Athenarum bello Xerxis, sed ad alias clades bello Peloponnesiaco acceptas pertinet." Wolf.

24. συνενήνοχεν] That is, he received no particular benefit from these advantages which he had gained over them by unfair means. — ἀλλ' ἅμα, κ. τ. λ.] That is, even while attempting to injure them by unfair means, he was almost deprived of his kingdom by two Grecian adventurers. The adventures of Cyrus, Clearchus, and their companions, are related in the Anabasis of Xenophon.

25. τινες] Referring to the venal orators employed by Philip, the king of Persia, or any other power, to defend their interests at Athens. — πρὸς ὑμᾶς] "against you," "towards you." — τοσοῦτον] Refers to what follows. See De Coron. § 60. — αὐτοὶ] "they themselves," i. e. the venal orators. They should first do their duty as good citizens, before they attempted to teach others their duty. — αὐτὸν] "him," "one." — ἐσκέφθαι] "to have considered," "prepared."

26. ποτ'] See I. § 14. This is designed to show the impropriety of so scrupulously defending the rights of others, as some did, since others were far from being scrupulous of their rights. — εἴχετε] That is, formerly. Observe that it is the imperf. — οὐδαμόθεν] "from no source," "on no ground." — ὡς αὐτοὺς συντελῆ ποιεῖν] "ὡς pro πρός, — sibi vindicare, obnoxiam facere." Wolf. συντελῆ agrees with Σηλυμβρίαν. — Βυζαντίους ὁρίζειν, κ. τ. λ.] "Videntur illo temporis articulo Byzantii agrum Selymbrianum metati in Atheniensium

damnum novis finibus circumscripsisse." Schäf. — ἐν αἷς] That is, in the stipulations of the treaty (συνθήκας).

27. ἐκείνων] Mausolus and Artemisia. — ἀπέστη] "gave up," "relinquished." — Εἰ δ' ἄρα] *si autem forte.* See III. § 26, note. — λέγει] That is, as described above. — ἀμφοτέροις] Artemisia and the Byzantians. — ἀλλ'] "yet." — γε] For its position, see I. § 2. Its force may be given here by a simple accent ("yet those who will *listen* to them"). — τούτοις] Counsellors of the class referred to above. For the plur. after τὶς, see II. § 18, note.

28. κατάγειν] "to restore," "reinstate," i. e. the popular party, which had been banished (see § 14, note). For this use of κατάγειν, see Xen. Anab. I. 1. 7; and for the force of κατά, see VIII. § 9, note. — οὐ μὴν ἀλλὰ] See I. § 4, note. — οὗτοι] That is, the Byzantians, Artemisia, etc. — ὡρμηκότων] That is, "if all were intent upon." See § 11, note. In such case, he says, it would be base for them not to allow their demands, but as all were bent upon overreaching, not to assert their rights by vigorous action would be cowardice, rather than justice. See Tac. Germ. 36: "Inter impotentes et validos falso quiescas; ubi manu agitur modestia ac probitas nomina superioris sunt. Ita qui olim *boni æquique* Cherusci, nunc *inertes ac stulti* vocantur." — ὅπως] For the fut. indic. after this, see II. § 2, note. — παρασκευαζομένων] "preparing themselves," "furnishing themselves with the requisite means and forces." See *fin.* — προτείνεσθαι] "to demand," i. e. by words merely; to rely solely upon the justice of their claim. — μηδενὸς ἀντιλαμβανομένους] "taking nothing in hand," "while we enforce *or* claim nothing vigorously." — τὴν παροῦσαν δύναμιν] On the principle that "might makes right."

29. συνθῆκαι .... διτταὶ] One of these treaties was made by Athens, at the close of the Persian war, and the other by Sparta, at the close of the Peloponnesian war, common-

ly called the peace of Antalcidas. The former, dictated by the victorious Athenians, stipulated for the independence of the Asiatic Greeks, and in other respects imposed very humiliating terms upon the Persian king; while the other, entered into by the servile Lacedæmonians, sacrificed the independence of the Asiatic Greeks to Persia, declared the dependencies of each State independent, and committed to Sparta the enforcing of the conditions of the treaty. It was very unpopular at Athens (ὧν δὴ κατηγοροῦσιν). As to the question of the existence of the first peace, known as the peace of Cimon, or Callias, see Grote's Hist. Greece, Vol. V. pp. 335–342. — μετὰ ταῦθ' ὕστερον] An oratorical expansion. Thus De Coron. § 137. — κἂν] A crasis for καὶ ἐν. — ἐν ταῖς πολιτείαις] "in the constitutions," i. e. of the individual States. — ὁρισταὶ] "determiners," "arbiters." For the dat. which follows, see I. § 22, note.

30. ἐγνωκέναι .... ποιεῖν] "to know how to do justice," ποιεῖν, and not πράττειν, is used, because the result of the purpose is viewed as something to be *made* or *brought about.* See III. § 15. — πρᾶξαι] "to execute," "carry out in practice." — Ἔσται δὲ ταῦτ'] "but these things will be," i. e. they would have power to execute justice, — they would be awakened to greater energy by such a view. — κυρίοις] Belonging to the predicate after εἶναι, but in the dat. by attraction, to agree with αὐτοῖς. K. § 307. 2.

31. βουλευομένους] "in deliberating," i. e. before they could pass any measure. — τῶν τἀναντία .... προῃρημένων] That is, the venal orators before alluded to.— ᾖ] "may be," or "may be possible." Not a mere copula, but used as ἔστι often is, as an independent verb. — διὰ τούτους] "on account of these," i. e. the venal orators. — εἰκότως] "justly," "naturally."

32. Τοῦ μέντοι .... πολιτείας] A combined substantive

idea in the gen., governed by αἴτιαι. But the individual words have a separate government among themselves. The allusion here, also, is to the venal orators, who advocated oligarchical views and foreign interests. ταύτην τὴν τάξιν τῆς πολιτείας means, "this part of the administration," "this kind of service in the administration," i. e. opposition to home institutions and interests. πολιτεία means, literally, "the duty of a citizen," hence, "the management of the state," "administration," "policy," and, by a further step, "the *constitution* of the state," especially that which is managed by the citizens, i. e. "a democratical constitution." — οὐ μὴν ἀλλὰ] See § 28, note. — διάνοιαν] "state of mind," "feeling." See De Coron. § 192. — περ] See IV. § 8, note. — ἄτιμον] "disgraced," "deprived of all political privileges." Explained by what follows. See also De Coron. § 55, note.

33. τοῦ συμβουλεύειν] Separative gen., governed by ἀτίμους, in the sense "incapable of," "disqualified for." — τῶν μὲν συμμάχων] μὲν may be rendered "while." See I. § 2, note. — τούτους] For this retrospective use of the pronoun, see VIII. § 44, note.

34. Ἀλλὰ] "but indeed," = *at enim*. These particles are commonly used in checking one's self. See De Coron. § 42, note. — τούτων] The class of politicians spoken of above. It is governed by κατηγορήσει. K. § 292, R.; C. § 49, R. 11. — τοῖς ἄλλοις . . . . ἐπιπλήξει] "shall charge upon you the other party." For this meaning of ἄλλοι with the article, see K. § 246. 8, b; C. § 53, R. 11; and for its being in apposition with ὑμῖν, see III. § 30. — καιροῦ] Possessive gen. after ἐστί understood. K. § 273, 2, c; C. § 54, 11. — ἀλλ' ἐὰν . . . . σχοίη] "but what you have selected out from other cases (i. e. the case of the Rhodians), if you are able to consummate by some useful action, perhaps, also, the other things, one after another,

would continually grow better" (lit. "have themselves better"). By the opt. with ἄν, after the subj. with ἐάν, the result is represented as doubtful or undetermined. K. § 339. 3, a.

35. ἀντιλαμβάνεσθαι] See § 28, note. — ταῦτ'] That is, "these trophies."

TABLE

OF THE LIFE AND TIMES OF DEMOSTHENES.

B.C.	Olymp.	Archon.	Age Dem.	
*382 / 381	99.3	Evander or Menander.	—	DEMOSTHENES born, about July, 382.— The Lacedæmonians, in conjunction with Amyntas, king of Macedonia, make war upon Olynthus, and send an army thither, under Phœbidas, in the spring of 382. He takes the Cadmea on his way, for which he is recalled, and Teleutias is sent to take his place, in the spring of 381.
381 / 380	99.4	Demophilus.	2	Teleutias is conquered and slain before midsummer, and Agesipolis sent out to take the command.
380 / 379	100.1	Pytheas.	3	Agesipolis dies in midsummer (380), and is succeeded by Polybiades, who takes Olynthus and unites it to the Peloponnesian confederacy, in the spring of 379.
379 / 378	100.2	Nicon.	4	The Cadmea recovered by the Theban exiles under Pelopidas. Cleombrotus sent out by the Spartan government to reduce the Thebans to subjection again. He returns without succeeding, and leaves Sphodrias in command, who makes an unsuccessful attempt upon the Piræus, which arouses Athens and certain other allies to unite with the Thebans in carrying on what was called the Bœotian war

* The Attic year commenced in July; hence, according to our mode of reckoning, it included about a half of each of two years.

B.C.	Olymp.	Archon.	Age Dem.	
				against the Lacedæmonians. Agesilaus is sent to Bœotia, with a large army, during the summer of 378.
378/377	100.3	Nausinicus.	5	Agesilaus, after some indecisive battles, returns to Sparta, leaving Phœbidas in command, who is conquered and slain by the Thebans. Agesilaus returns, in the spring of 377, and conquers the Thebans at Tanagra. On his way home he falls sick.
377/376	100.4	Callias.	6	Cleombrotus is again sent out to Bœotia, but with no better success than before.
376/375	101.1	Charisander.	7	Chabrias conquers the Lacedæmonian fleet at Naxos (Sept. 376), and Timotheus, after having taken Corcyra and other Lacedæmonian islands and cities, gains another naval victory over them at Alyzia, in June, 375, which restored the naval supremacy to Athens. — Demosthenes left an orphan.
375/374	101.2	Hippodamas or Hippodamus.	8	The Lacedæmonians are overcome by the Thebans at Tegyra, in the summer of 375, and Cleombrotus is sent to their aid. This increases the pride of the Thebans and awakens the jealousy of the Athenians, so that they make peace with the Lacedæmonians, and recall Timotheus from Thrace, where he had reduced several cities to subjection to Athens.
374/373	101.3	Socratides.	9	Timotheus, on his way home, stops at Zacynthus (in the summer of 374), to reinstate a band of exiles, who had been banished by the oligarchical government of the place, which leads to a renewal of the war between Athens and Sparta. In the mean time, the Thebans destroy Platæa (in the summer of 374), and soon after Thespiæ and Orchomenus (the latter not till 364). Timotheus is sent to oppose Mnasippus in Corcyra, but, before he sails, is superseded by Iphicartes, who has Callistratus and Chabrias as colleagues.
373/372	101.4	Astoius.	10	Iphicrates reaches Corcyra in the summer of 373, just as Mnasippus had been slain,

B.C.	Olymp.	Archon.	Age Dem.	
				and carries on the war successfully against Sparta. In the autumn of the same year, Timotheus is tried and acquitted, and leaves to join the king of Persia in the spring of 372.
372/371	102.1	Alcisthenes.	11	The Athenians, indignant at the course of the Thebans towards the Bœotian Towns proposes a peace with the Lacedæmonians, which is concluded (July, 371), in a common council at Sparta, which the Thebans also attended, but would not sign the treaty, because it required, not only that each of the belligerent parties should disband their forces, but should acknowledge the independence of all the other Grecian cities (they were not willing to acknowledge the independence of the Bœotian towns).
371/370	102.2	Phrasiclides.	12	Cleombrotus is ordered to move from Phocis upon Bœotia, where, twenty days after the peace, he encounters the Thebans under Epaminondas, and is overcome in the famous battle of Leuctra, which gave the Thebans the supremacy of Greece. — Megalopolis founded and Mantinæa restored by the aid of the Thebans, to be the rivals of Lacedæmon in the Peloponnesus.
370/369	102.3	Dyscinetus.	13	Agesilaus is sent into Arcadia (in the winter of 370) to check the spirit of independence which seemed to be rising there, but returns without having accomplished much. In the same winter, while Pelopidas was assisting the Thessalians against the Macedonians, the Thebans, under Epaminondas, make an expedition into the Peloponnesus to assist their friends there against Agesilaus, but not meeting him, they invade Laconia and remain there three months. After this they restore Messenia, and return home in the beginning of 369, having been hurried home by the pressure of want, and the forces sent by Athens to aid the Lacedæmonians, under Iphicrates. After the Thebans withdraw,

B.C.	Olymp.	Archon.	Age Dem.	
				the Athenians complete a treaty with the Lacedæmonians against Thebes.
369/368	102.4	Lysistratus.	14	The Thebans again enter the Peloponnesus, but as the Lacedæmonians receive aid from Dionysius, they return after a few days (summer of 369). — An unsuccessful embassy from Ariobarzanes, king of Persia, to negotiate a peace between the Lacedæmonians and Thebans. — Death of Amyntas, king of Macedonia, and accession of his oldest son, Alexander, to the throne, by the aid of Iphicrates, who was in those parts on account of Amphipolis.
368/367	103.1	Nausigenes.	15	Archidamnus gains a great victory over the Thebans (367), in consequence of which Pelopidas goes on an embassy to the king of Persia for aid. — Ptolemy Alorites obtains the throne of Macedon, having slain Alexander.
367/366	103.2	Polyzelus.	16	After the return of the Persian embassy, Epaminondas makes an expedition into Achaia (366), in order to secure the fidelity of his allies in the Peloponnesus.
366/365	103.3	Cephisodorus.	17	Oropus is wrested from Athens by Themison and Theodorus, and delivered over to Thebes. Callistratus, with Chabrias and others, accused of treason for advising the relinquishing of Oropus, makes that celebrated speech, which first incited Demosthenes to the study of eloquence. — The Athenians and Arcadians form an alliance. — Demosthenes enrolled as a citizen.
365/364	103.4	Chion.	18	War between Arcadia and Elis. — Perdiccas, the second brother of Philip, gets possession of the throne of Macedonia, having, by the aid of his mother, destroyed Ptolemy.
364/363	104.1	Timocrates.	19	War between Arcadia and Elis continued into this year, and battle of Olympia during the games (July, 364). — Demosthenes prosecutes his guardians. — Pelopidas overcomes Alexander of Pheræ in a bloody battle, and makes him dependent upon Thebes. — Timotheus takes Torona

B.C.	Olymp.	Archon.	Age Dem.	
				and Potidæa, opposed by the Macedonians and Olynthians. — War with Perdiccas concerning Amphipolis, which is brought to a close by a truce made by Callisthenes, which left the place in the power of the Macedonians.
363/362	104.2	Chariclides.	20	Fourth expedition of the Thebans into the Peloponnesus, in which the battle of Mantinea is fought (June, 362), and Epaminondas slain.
362/361	104.3	Molon.	21	The Athenians undertake two expeditions, — one against Alexander of Pheræ, concerning Tenos; the other to Thrace, in support of Miltocythes, who had revolted from Cotys.
361/360	104.4	Nicophemus.	22	A general peace among the Greeks, which the Lacedæmonians refuse to enter into, because the Messenians are included.
360/359	105.1	Callimedes.	23	Timotheus repulsed from Amphipolis by the Olynthians, in whose possession it then was. — Philip ascends the throne of Macedonia; defeats Argæus, the Athenian candidate; declares Amphipolis free, and makes peace with Athens.
359/358	105.2	Eucharistus.	24	Philip subdues the Pæonians and reduces a great part of Illyria under his authority.
358/357	105.3	Cephisodotus.	25	Amphipolis threatened by Philip, and, not being protected by Athens, under the promise, that, if he took it, he would deliver it to them, is taken by him, soon after the celebrated expedition of the Athenians to Eubœa, to expel the Thebans thence. He soon after took Pydna, also. A war ensued with Philip in consequence, which lasted eleven years. — Near the end of 357, before Amphipolis was taken, the Rhodians, excited by the overbearing conduct of Chares, and urged on by Mausolus of Caria, unite with the Byzantians, Chians, and Coans in revolting from Athens. Thus arose the Social War, which lasted three years.
357/356	105.4	Agathocles.	26	Philip, after taking Amphipolis, takes Potidæa, and, in order to reconcile the Olyn-

B.C.	Olymp.	Archon.	Age Dem.	
				thians to his course, presents to them Potidæa. — Death of Chabrias at the siege of Chios.
356/355	106.1	Elpines.	27	Iphicrates and Timotheus are sent out with a fleet of sixty ships to join Chares in reducing to obedience the rebellious allies, but are soon after removed from their office, on the accusation of Chares, for refusing to engage the enemy in a storm. Soon after this, Chares, destitute of means to support his fleet, leaves for Asia, and assists Artabazus against the king in order to replenish his military chest. The Athenians, learning that the king, indignant at this conduct of Chares, was about to send aid to the rebellious allies, make peace with the confederates in the summer of 355. — Philip suppresses the designs of the Thracians, Pæonians, and Illyrians to unite their efforts against him. — Demosthenes makes his speeches against Androtion and Leptines.
355/354	106.2	Callistratus.	28	The Sacred or Phocian War, carried on by the Locrians and Thebans since 356, becomes a general war, and engages most of the Grecian States. — Philip seems to have invaded, during this year, the islands of Imbros, Scyros, and Lemnos.
354/353	106.3	Diotimus.	29	Philomelus, the Phocian general, severely beaten by the Thebans, and, apprehending that he should not long survive, delivers up the command to his brother Onomarchus. — Demosthenes commences his political career by delivering his oration Περὶ Συμμοριῶν, in which he dissuades the Athenians from undertaking a war against the king of Persia. — In the spring of 353, Philip lays siege to the Macedonian city Methone, which was in alliance with Athens.
353/352	106.4	Eudemus.	30	Philip takes Methone, and soon after Pagasæ and Magnesia in Thessaly, whither he had been invited by the Thessalians to expel the tyrants of Pheræ and their allies, the

B.C.	Olymp.	Archon.	Age Dem.	
				Phocians. After succeeding in part, he is repulsed, but immediately returning with a larger army, he effects their complete expulsion, and, in order to transfer the war to Phocis, attempts to pass Thermopylæ, but is prevented by the Athenians (in the summer of 353). — Demosthenes delivers his orations against Timocrates and for the Megalopolitans.
352/351	107.1	Aristodemus.	31	War of Lacedæmon and Megalopolis. — Demosthenes (summer of 352) delivers his first Philippic, in which he urges the Athenians to form some definite plan of resistance to the dangerous aggressions of Philip. — Philip repulsed from Thermopylæ, enters Thrace and lays siege to Heræum, in order to open the way to Byzantium. — Demosthenes delivers his oration against Aristocrates.
351/350	107.2	Thessalus.	32	Demosthenes delivers his speech for the Rhodians.
350/349	107.3	Apollodorus.	33	While Philip is still occupied in Thrace, Phocion conducts an expedition to Eubœa, in aid of Plutarchus, against the tyrant Clitarchus, and, in the end, ejects Plutarchus for his treacherous conduct. — Demosthenes χορηγός in this year, and delivers his orations against Bœotus and Phormio.
349/348	107.4	Callimachus.	34	The Olynthians, who had made peace with the Athenians in 352, threatened with war by Philip, sent ambassadors to Athens for aid. Three embassies are sent during the year, either by Olynthus or the Chalcidian towns, and as many armaments sent out by Athens, — the first under Chares, the second under Charidemus, and the third of citizen soldiers. It was on these three different occasions that Demosthenes delivered his three Olynthiacs.
348/347	108.1	Theophilus.	35	Philip, having taken most of the Chalcidian towns, takes Olynthus, in the spring of 347, about which time Æschines goes on his embassy to the Peloponnesians, in accordance with his plan of forming a gen-

B.C.	Olymp.	Archon.	Age Dem.	
				eral alliance against Philip. — Demosthenes delivers his oration against Midias.
347/346	108.2	Themistocles.	36	The Athenians, having endeavored in vain to arouse the other Greeks to unite with them in prosecuting the war against Philip, and learning that he was desirous of peace, send to him the first embassy (περὶ εἰρήνης) to negotiate for a peace, which returns early in 346. Philip consents to a peace, and while his ambassadors are at Athens negotiating it, he proceeds to Thrace and takes the Athenian fortresses Serium, Doriscum, etc., and threatens the Cherronesus itself. Peace and alliance with Philip are voted at Athens on the 19th of Elaphebolion (March 18th, 346), and on the 22d, a second embassy is appointed to obtain the ratification of the treaty from Philip. In the mean time, the ambassadors of the allies which are at Athens (but the Phocians and Cersobleptes had no ambassadors present) sign the treaty, and, as the ambassadors still remain in the city, Demosthenes procures the passage of a decree directing them to perform the embassy with all despatch. Still they do not leave Athens till the 9th of the following month (Munychion), and from various unnecessary delays, by which Philip gets in readiness to pass Thermopylæ in order to finish the Phocian war before the peace is concluded, do not return till about three months from the time of their appointment (Scirophorion 13), three days after which (16) a decree is passed extending the peace and alliance to the descendants of Philip, to convey which to him a third embassy is despatched. About fourteen days after the return of the second embassy to Athens, Philip, having passed Thermopylæ and hastened into Phocis, takes possession of the Phocian towns, which is announced at Athens by Dercyllus, who, with others, had lately been

B.C.	Olymp.	Archon.	Age Dem.	
				sent on an embassy to Philip. The Athenians receive the news with indignation, but refrain from declaring war.
346/345	108.3	Archias.	37	Thus the Phocian war is brought to a close, after ten years. At a meeting of the Amphictyonic Council, convoked by Philip in the autumn of 346, but which the Athenians, indignant at the course of Philip, refused to attend, Phocis is doomed to destruction, and Philip elected to fill its place in the council. Subsequently, the Athenians, when visited by ambassadors from Philip (among whom was Python) and the Thessalians, for the purpose of obtaining their approbation of the measures of the council, at the instance of Demosthenes (Orat. de Pace), acquiesce in them and keep the peace.
345/344	108.4	Eubulus.	38	Philip subdues the rebellious Illyrians; enters Thessaly to quiet intestine troubles; and, in order to reduce it to a greater state of obedience, divides it into tetrarchies, each to be governed by ten men appointed by himself.
344/343	109.1	Lyciscus.	39	Philip, having sent aid and encouragement to the Argives and Messenians, that they might make war upon Lacedæmon, and even being upon the point of going to their aid in person, Demosthenes is sent as an ambassador into the Peloponnesus to frustrate his designs. — Demosthenes delivers his second Philippic, on occasion of certain complaints being made against them by Philip and his friends in the Peloponnesus, advising a renewal of the war with Philip. But the Athenians first send an embassy to him, requiring, as a condition of continuing the peace, that he should restore to them and the other States of Greece the places which he had taken during the peace. He promised only the restoration of Halonesus.
343/342	109.2	Pythodotus.	40	Philip is frustrated in his attempts upon Megaris by Phocion; also in Ambracia

B.C.	Olymp.	Archon.	Age Dem.	
				and Acarnania, by a force despatched thither, and by an embassy, of which Demosthenes was a member, who visited both Ambracia and the Peloponnesus, everywhere stirring up the Greeks to resist Philip; about which time, also, as is probable, a force under Aristodemus made an attempt upon Magnesia.—Philip attempts to establish tyrants in Eubœa, to the prejudice of Athens. Demosthenes avails himself of the public indignation excited by this event against Philip and his friends, to prosecute Æschines for treason, on the second embassy to Philip (Orat. de Falsa Legatione). In the spring of 342, Philip leaves for Thrace, upon what is commonly called his Scythian expedition, and sends ambassadors to Athens complaining of the course of Diopeithes in disturbing his interests and possessions in Thrace, and again offering them Halonesus. Demosthenes, Hegesippus (author perhaps of the oration on Halonesus), and others, advise the Athenians not to take as a gift what is their own by right.
342/341	109.3	Sosigenes.	41	In the spring of 341, while Philip was passing his tenth month in Thrace, Demosthenes delivers his oration on the Cherronesus, which arouses the Athenians to send ambassadors to Philip, and also to Diopeithes, in order to endeavor to save Cersobleptes and the Cherronesus. They succeed in saving the country, but Cersobleptes is conquered by Philip, and driven from his kingdom to Athens. Philip finally succeeds in establishing the tyrants Clitarchus and Philistides in Eretria and Oreus, having obtained possession of Porthmus through the dissensions of the Eubœans. It was at this time that Demosthenes delivered his third Philippic.
341/340	109.4	Nicomachus.	42	At the instance of Demosthenes, an expedi-

B.C.	Olymp.	Archon.	Age Dem.	
				tion, under Phocion, is sent into Eubœa to expel the tyrants, and succeeds; for which Demosthenes is publicly crowned by a bill proposed by Aristonicus. — Philip besieges Selymbria.
340/339	110.1	Theophrastus.	43	Philip attacks Perinthus, and lays siege to Byzantium.— Philip ravages the Cherronesus.—The bill of Demosthenes, reforming the trierarchy, is passed. — Æschines sent as Pylagoras to the Amphictyonic Council; procures the passage of the decree against the Locrians of Amphissæ, which leads to the Amphictyonic war.
339/338	110.2	Lysimachides.	44	The siege of Byzantium being still continued, the Athenians are at length induced by Demosthenes, after the peace had nominally continued seven years, to vote that Philip had violated the peace, and send to the aid of the Olynthians forces under Chares, and afterwards under Phocion, by which Philip was compelled to raise the siege both of Byzantium and Perinthus. The command of the Amphictyonic war is given to Philip, and he takes Elateia in Scirophorion (June, B. C. 338), just before the passage of the decree of Demosthenes for negotiating an alliance with Thebes.
338/337	110.3	Chærondas.	45	Embassy of Demosthenes to Thebes, where he succeeds in adding the Thebans to the other allies which he had gained within a few years past for resisting Philip. — Battle of Chæronea, August, B. C. 338. — Ctesiphon proposes to crown Demosthenes, October, B. C. 338. — Æschines lodges his accusation against Ctesiphon with the archon in the following March (B. C. 337), at which time Demosthenes was repairer of the walls of Athens and treasurer of the theoric fund. Philip makes an expedition into the Peloponnesus.
336/335	111.1	Pythodemus.	47	Murder of Philip, and accession of Alexander at the age of twenty.

B.C.	Olymp.	Archon.	Age Dem.	
335/334	111.2	Euænetus.	48	Revolt of Thebes and its destruction by Alexander. The Athenian orators demanded by Alexander.
334/333	111.3	Ctesicles.	49	Alexander leaves Greece on an expedition to the East, on which he is absent till his death, in B. C. 323.
331/330	112.2	Aristophanes.	52	Attempt of the Lacedæmonians, under Agis, to resist the Macedonian power, crushed by Antipater.
330/329	112.3	Aristophon.	53	Æschines brings on the prosecution of Ctesiphon, on which occasion Demosthenes makes his speech on the Crown.
324/323	114.1	Hegesias.	59	Demosthenes tried for taking a bribe of Harpalus, a refugee from Alexander, is condemned, and retires to Trœzene and Ægina.
323/322	114.2	Cephisodorus.	60	Demosthenes, in banishment, joins the embassy sent out from Athens, on the reception of the news of the death of Alexander, to stir up the Greeks to another effort to throw off the Macedonian yoke, and when it has completed its circuit, is recalled to Athens.
322/321	114.3	Philocles.	61	This effort at resistance proving unsuccessful, Demosthenes is pursued by the agents of Antipater, governor of Macedonia during the absence of Alexander in the East, and being overtaken in the temple of Poseidon, in the island of Calaurea, puts an end to his life by poison.

INDEX TO THE NOTES.

I. NAMES AND SUBJECTS.

II. GREEK WORDS AND PHRASES.

END.

www.ingramcontent.com/pod-product-compliance
Lightning Source LLC
LaVergne TN
LVHW050514100826
845148LV00002B/331

9781425521813